Volker Ebersbach

CARL AUGUST
VON SACHSEN-WEIMAR-EISENACH

Volker Ebersbach

CARL AUGUST
VON SACHSEN–WEIMAR–EISENACH

Goethes Herzog und Freund

1998

Böhlau Verlag Köln Weimar Wien

Die Deutsche Bibliothek – CIP-Einheitsaufnahme

Ebersbach, Volker:
Carl August von Sachsen–Weimar–Eisenach : Goethes
Herzog und Freund / Volker Ebersbach. –
Köln ; Weimar ; Wien : Böhlau, 1998
ISBN 3-412-10997-5

Umschlaggestaltung: Anakonda Ateliers, Frankfurt/M.
Satz und Lithos: Punkt für Punkt GmbH, Düsseldorf
Gedruckt auf chlorfrei gebleichtem, säurefreiem Papier
Druck und Bindung: WB-Druck, Rieden

Printed in Germany
ISBN 3-412-10997-5

INHALT

Vorspiel: MUSENHÖFE

Man kennt Carl August von Sachsen-Weimar-Eisenach als den Fürsten, der es Wieland und Herder, Goethe und Schiller ermöglicht hat, unter günstigen Arbeitsbedingungen die Fähigkeiten zu entfalten, die sie zu den ersten Köpfen ihrer Zeit machten. Sein Verdienst, daß er damit der kleinen, bis dahin unbedeutenden thüringischen Residenz einen Glanz anderer Art gab, als ihn die meisten Souveräne seiner Zeit anstrebten, ist oft gewürdigt worden. Wer mehr über den Herzog und späteren Großherzog erfahren will, fragt vielleicht nach den Gründen, die ihn dazu bewegten, nach Ererbtem, dem Charakter und den Begabungen, die ihn dazu befähigten, und nach Erworbenem. Als einen profilierten Politiker in den Wechselfällen der Zeit sieht man ihn weniger. Die Rolle, die er als Duodezfürst in seinem Ländchen, auf dem Parkett der Diplomatie und auf den Schlachtfeldern spielte, hätte ohne die kulturgeschichtliche Dimension seiner Persönlichkeit allenfalls ein regionales Interesse.

Diese Besonderheit prägt die beiden umfassendsten Biographien, die bisher erschienen sind: Willy Andreas gab seinem Buch den Untertitel „Ein Leben mit Goethe", stellte Carl August also vor allem als Schirmherrn der Weimarer Klassik vor. Auch Hans Tümmler, der das nur bis zum Jahr 1783 gediehene Werk zunächst fortsetzen wollte, behandelte Carl August als „Goethes Freund". Er wandte sich ihm aber auch als dem Regierenden, dem Politiker zu und nannte die ganz eigenständige und für gründlichere Studien bis heute unerläßliche Biographie im Untertitel eine „vorwiegend politische". Eine erzählende Darstellung, wie sie hier versucht wird, die den Freund Goethes und den aufgeklärten Fürsten über das Anekdotische oder das rein Faktische hinaus auch als sehr menschlichen Privatmann mit seinen Vorzügen und Schwächen erkennen läßt, kann vielleicht zeigen, wie Carl August als Förderer der Kultur das erreichte, was ihm in der Politik, wenn er es überhaupt erstrebte, nur in Ansätzen gelang, und wie der Politiker es verstand, seine kleine Kulturmetropole Weimar in einer Zeit der Umbrüche, zwischen Absolutismus und Revolution, Bonapartismus und Restauration so zu schützen, wie es Goethes Verse meinen:

„Manches Herrliche der Welt
Ist in Krieg und Streit zerronnen.
Wer bewahret und erhält,
Hat das schönste Los gewonnen."

Etwas ist eigentümlich an Carl August: Das, was ihn groß machte, hatte er nicht von seinen Vätern ererbt, sondern es war ihm von seiner Mutter in die Wiege gelegt worden. Eine Vorahnung des „Musenhofes", zu dem die Residenz Weimar werden sollte, kam aus Wolfenbüttel, der Heimat der „Herzoginmutter" Anna Amalia (1739–1807), und später auch aus Darmstadt, der Residenz, in der Carl Augusts Braut Louise Auguste herangewachsen war. Als Carl Augusts Vater Ernst August II. Constantin von Sachsen-Weimar-Eisenach starb und seine junge Witwe mit der Regentschaft auch die Verantwortung für die Erziehung ihrer beiden Söhne übernahm, fand das geistige Erbe, das sie selbst mit ihrer Bildung übernommen hatte, eine neue Heimat. Den ersten Schritt zu einem Musenhof tat sie, als sie den Dichter und Märchenerzähler Musäus aus Jena als Gymnasiallehrer nach Weimar holte, der schließlich eine Wolfenbüttelerin heiratete. Der zweite, viel größere und folgenreichere Schritt war die Berufung Wielands zum Prinzenerzieher. Die Nachricht ging wie eine Sensation durch das literarische Deutschland. Sie machte Weimar für Goethe gerade zu dem Zeitpunkt interessant, als er sehr unentschlossen auf sein künftiges Leben schaute. Kaum war Goethe am Hof Carl Augusts, der in geistigen Belangen immer noch der Anna Amalias war, heimisch geworden, fand der Rat, Herder auf die freigewordene Stelle des Superintendenten zu berufen, Goethes Ohr, und ein Dichter empfahl den anderen bei Hofe.

Anna Amalias Eltern, der Welfenherzog Carl I. von Braunschweig-Wolfenbüttel (1713–1780), und Philippine Charlotte aus dem Haus Hohenzollern, eine jüngere Schwester Friedrichs II. von Preußen, waren ihrerseits Verwalter eines illustren Erbes gewesen. Schon Herzog August der Jüngere, Mitglied der in Weimar ansässigen „Fruchtbringenden Gesellschaft", hatte den Grundstock einer Bibliothek geschaffen. Unter seinen Söhnen Rudolf August und Anton Ulrich (1633–1714), letzterer selbst Verfasser von Moderomanen, nahm die Herzog-August-Bibliothek in Wolfenbüttel für Zeitgenossen die Dimensionen eines „Weltwunders" an.

Sie zog den Barockdichter, Sprachforscher und Grammatiker Justus Georg Schottelius (1612–1676), der mit seinen Hauptwerken „Teutsche Sprachkunst" (1641), „Teutsche Vers- und Reimkunst" (1645) und „Ausführliche Arbeit von der Teutschen Hauptsprache" (1663) die literaturtheoretischen und poetologischen Bemühungen eines Martin Opitz fortsetzte, nach Wolfenbüttel. Große Bibliotheken waren, solange weltliche Herrscher dem Schwert gegenüber dem Buch den Vorzug gaben, ein Privileg der Geistlichkeit geblieben. Der Architekt Hermann Korb schuf 1705 bis 1713 den ersten profanen Bibliotheksbau Europas.

Der braunschweigische Hof entfaltete seine Pracht im Lustschloß Salzdahlum, einem „Versailles des Nordens". Musik gehörte wie die Malerei zu den Eckpfeilern künstlerischer Repräsentation. Michael Praetorius (1571–1621) war Hofkapellmeister gewesen, Heinrich Schütz (1585–1672) als Berater gekommen. Johann Adolf Hasse (1699–1783) wurde 1721 Hofkomponist, und Karl Heinrich Graun (1703–1759), später der Musiklehrer Friedrichs von Preußen, gab Proben seiner Kunst. Die Schauspielertruppen der Neuberin und Ekhofs gastierten in Wolfenbüttel.

Doch Anna Amalia wuchs in einer sterbenden Residenz auf. Ihre Eltern fanden die Musen zu teuer. Das Opernhaus wurde bereits 1748 abgebrochen, Schloß Salzdahlum verfiel so gründlich, daß man es Anfang des 19. Jahrhunderts restlos abtrug. Als Thronfolger wurde Anna Amalias Bruder Carl Wilhelm Ferdinand von Braunschweig und Lüneburg (1735–1806) Wortführer jener bornierten Adelskaste, die den geistigen Aufschwung der Zeit nicht nur ablehnte, sondern ihm entgegenwirkte und aus der Französischen Revolution nichts lernte. Sein ultimatives Manifest vom 25. Juli 1792 versuchte die Familie Ludwigs XVI. zu schützen, indem es Paris einen Vernichtungsfeldzug und jedem Franzosen ein Strafgericht androhte. Mit dieser Schroffheit bewirkte es das Gegenteil; jeder

9

Vermittlungsversuch war durchkreuzt, und einer konstitutionellen Monarchie, die den revolutionären Terror hätte aufhalten können, war in Frankreich auf lange jede Chance genommen. Warum eigentlich war es so wichtig, daß Musen und Fürstenhöfe zueinander fanden? Dies ist eine Frage des bürgerlichen Zeitalters, das zwar längst begonnen, seine Maßstäbe aber noch nicht gefunden hatte. Vor dem Erstarken des Bürgertums und seinem Streben nach Emanzipation verstand sich das von selbst. Solange die Gesellschaft ständisch geordnet blieb und, mit welcher Legitimation auch immer, ob mit dem Gottesgnadentum des Mittelalters oder einer mythischen Genealogie von den Göttern her wie in der Antike, ein Adel die unumschränkte Herrschaft behauptete, war Kunst, um groß zu werden, auf seine Protektion angewiesen, also höfische Kunst.

Die Reiche des Alten Orient zeigen dies so gut wie das Ägypten der Pharaonen. In Griechenland war die attische Polis-Demokratie ein knapp hundertjähriges Zwischenspiel. Sie unterlag im Peloponnesischen Krieg dem aristokratischen Ständestaat Sparta, den dann Platon zum Muster seiner Staatsutopien wählte. Zur späten und üppigen Blüte des Hellenismus verhalfen der griechischen Kultur der makedonische Königshof unter Philipp und Alexander und die Höfe der Diadochen. Rom war zwar bis zu Caesar eine Republik – allerdings eine Adelsrepublik: Die Kultur blieb weitgehend in den Händen der Patrizier. Auch die Kaiser, die ihre populistischen Militärdiktaturen errichteten, kamen aus patrizischen Familien, und als das anders wurde, begann der Niedergang. Im Mittelalter war die Kunst eng an die Höfe der weltlichen Herrscher und an die geistlichen Machtzentren gebunden. Sonst blieb sie „Volkskunst". Der Rückgriff auf volkstümliche Ausdrucksmittel gehörte eben deshalb zu den Emanzipationsbestrebungen der bürgerlichen Kunst. Das Volksliedhafte, das Herder dem jungen Goethe in Straßburg anempfahl, wurde, als die Weimarer Klassik wieder höfisch zu werden drohte, in erneuerten Bemühungen zum Gegenprogramm der Romantiker. Wieweit die Kunst Aufträge entgegennehmen mußte oder dennoch einem „Selbstauftrag" zu folgen vermochte, darum ringt Torquato Tasso in Goethes gleichnamigem Theaterstück.

Eine Besonderheit lag im Geist des Jahrhunderts, der Carl August prägte – sich verbürgerlichend und doch, ja gerade darum in Abwehr bürgerlicher Ansprüche, absolutistisch, pietistisch in den bescheideneren Verhältnissen und galant bis ausschweifend bei den durch Reichtum und Macht Vermögenden, aufklärerisch und doch nicht aufgeklärt. Das Mittelalter war noch nicht völlig vergangen. Der junge Goethe sah auf einer Frankfurter Brücke noch Reste aufgespießter Köpfe, Zeugen einer mittelalterlichen Blutjustiz. Er wuchs in einer fast völlig bürgerlichen Stadt auf und sah dennoch eine der letzten Kaiserkrönungen des Heiligen Römischen Reiches. Die Schatten des Dreißigjährigen Krieges verdüsterten lange auch geistige Horizonte. War Deutschland dem reisenden Kardinal Enea Silvio de' Piccolomini, dem späteren Papst Pius II., im 15. Jahrhundert als die sauberste und wohlhabendste Region Europas erschienen, so hatte es der Westfälische Frieden als eine der rückständigsten hinterlassen. Die wirtschaftlichen Wunden heilten gerade erst, als die Heere des Nordischen Krieges, des Spanischen Erbfolgekrieges, der Schlesischen Kriege und des Siebenjährigen Krieges hindurchstampften. Republikanische Ideen, die in den wirtschaftlich fortgeschrittensten Gebieten Englands und der Niederlande entwickelt worden waren, die erste Modelle konstitutioneller Monarchien vermittelt hatten, und Herrscherwillkür stießen hart aufeinander. Der Wunsch nach einer guten, womöglich weisen Regierung und der Mangel an Erfahrung mit anderem Regieren als dem monarchischen schufen das Bild des aufgeklärten Fürsten und die Idee der Fürstenerziehung.

Der griechische Philosoph, der das ganze Mittelalter hindurch als der bedeutendste gegolten hatte, Aristoteles, war der Erzieher Alexanders des Großen gewesen war. Das ließ Zweifel am Charakter des Frühverstorbenen zugunsten seiner Leistungen als Eroberer in den Hintergrund treten. Einen der scharfsinnigsten Köpfe des 18. Jahrhunderts, Voltaire, bezauberten die Gaben des preußischen Kronprinzen Friedrich so sehr, daß er eine philosophische Freundschaft zwischen Geist und Macht für möglich hielt und dem Ruf des jungen Königs auf Schloß Sanssouci folgte. Platon hatte gefordert, daß der Herrscher ein Weiser sei, daß nur ein Weiser herrschen dürfe; seine Schüler, Stoiker wie Epikureer, und auch Aristoteles, wollten sich damit begnügen, daß der Herrscher auf den Rat des Weisen hört. Aber Senecas Hoffnungen auf den jungen, schönen, edelmütigen, kunstsinnigen und begabten Nero, den Agrippina, Urenkelin des Kaisers Augustus, zum besten Herrscher aller Zeiten hatte erziehen lassen wollen, versanken in einem Blutstrom herrscherlicher Willkür, und der Philosoph öffnete sich selbst die Adern, um einem Todesurteil zuvorzukommen. Voltaires Erfahrungen mit dem flötespielenden und dichtenden „Roi de Prusse" weisen manche Parallele auf. Es muß nicht immer so viel Blut fließen wie unter Nero. Das Dilemma der Subordination des Geistigen unter die Macht eines „Freundes" ähnelt sich immer. Der Philosoph und Poet Voltaire, der für ein ansehnliches Jahresgehalt die mittelmäßigen französischen Verse des Monarchen korrigierte, hatte sie auch besser zu finden als die eigenen, und seinen Widerspruchsgeist schätzte der anscheinend so liberale Herrscher nur so lange, wie er ihm auf Kosten anderer Spaß machte und mit ordinären Machtfragen nicht kollidierte. Als sich der König mit der Protektion einer erwiesenermaßen falschen Theorie seines Hofmathematikus Maupertuis blamierte und der umtriebige Geist ihm auch geschäftlich ins Gehege kam, klärte sich das Kräfteverhältnis: Ein magerer, kränklicher Kopf unter der Allongeperücke floh vor „hundertfünfzigtausend Schnurrbärten" unter soldatischem Dreispitz.

Aber Voltaire korrespondierte auch mit der Zarin Katharina II., die nicht nur aus Machtgier, sondern ebenso um eines ehrgeizigen aufgeklärten Reformprogramms willen ihren unfähigen Gatten Peter III., einen Enkel Peters des Großen, durch einen Putsch beseitigen ließ. Peter I. selbst hatte versucht, Rußland mit oft genug gewaltsam durchgesetzten Reformen in ein neues Zeitalter zu stoßen. Die jungen russischen Adligen jedoch, unter ihnen der Page Alexander Radischtschew, der ein kritischer Schriftsteller wurde, die zur selben Zeit wie Goethe in Leipzig Jura studierten, fanden dann kein Betätigungsfeld in Rußland, weil kostspielige Kriege gegen die Türken und aufständische Bauern der Zarin fortwährend die Hände banden. Immer vereitelt die – vermeintlich oder wirklich – notwendige Gewalttat, vor der Shakespeares Prinz Hamlet, „von des Gedankens

Blässe angekränkelt", zurückschreckt, die Besserung, die ein Machthaber gelobt hat. Daß Reformen aber gerade gewaltsamen Veränderungen zuvorkommen sollten, zeigt am deutlichsten die aufgeklärte Politik, mit der Kaiser Joseph II., weit über die Pläne seiner Mutter Maria Theresia hinausgreifend, Österreich und seine Erblande zu reformieren versuchte, während in Frankreich eine zügellose Adelskaste mit Ludwigs XV. Unwort „Nach uns die Sintflut" einen Staatsbankrott nach dem andern riskierte, bis sich unter seinem schwachen Nachfolger der Sturm auf die Bastille zusammenbraute. Die Eigenbrötelei der deutschen Teilstaaten war jedoch bereits so weit gediehen, daß sich kaiserliche Reformen kaum auf das ganze Reich auswirken konnten.

Das Beharrungsvermögen des Alten, Abgelebten zwingt den einen Reformer großer Staatsgebilde, zu den überholten Mitteln der Gewalt zu greifen und das Neue gleich am Anfang in Mißkredit zu bringen, dem anderen schränkt gerade die Ausdehnung und Vielfalt seiner Länder den Wirkungsradius so ein, daß sich das Neue totzulaufen droht. Mancher aufgeklärte Kopf des 18. Jahrhunderts sah nun gerade darum in der deutschen Kleinstaaterei, mochte sie auch das Reich, wie der Staatsrechtler Samuel Pufendorf 1667 feststellte, immerhin einem „Monstrum" ähnlich machen, eine gewisse Chance. Die Hoffnung, in kleinen, überschaubaren Verhältnissen mit den überkommenen Mitteln absoluter Macht für alle Bewohner segensreiche Neuerungen durchzusetzen, hatte gerade da etwas Verlokkendes, wo sich ein Hof den Musen aufgeschlossen zeigte. Die Renaissancepotentaten italienischer Stadtstaaten, in Florenz die Medici, in Mailand die Sforza, in Mantua die Gonzaga, in Ferrara, dem Schauplatz von Goethes „Tasso", die Este, mochten einzeln recht düstere oder schillernde Persönlichkeiten gewesen sein – im Ganzen hatten sie seit dem Hochmittelalter dazu beigetragen, daß Italien zum kultiviertesten Land Europas geworden war.

Der aufgeklärte Publizist Justus Möser fand in seinen „Patriotischen Phantasien", erschienen 1774–1778, Gelegenheit, davon anregend zu plaudern. Ihr Erster Teil lag auf dem Tisch, als Carl Ludwig von Knebel, Prinzenerzieher und später Goethes „Urfreund", auf einer Durchreise mit dem Erbprinzen Carl August und dessen

Bruder Constantin, den Dichter 1774 in Frankfurt zum erstenmal besucht hatte und seinen Gegenbesuch im „Rothen Haus" empfing. Christoph Martin Wieland, ein Bürgerlicher, hatte bereits zwei Jahre zuvor als Fürstenerzieher in Weimar das sinnvolle Amt gefunden, das seiner Muse noch einige Freiheit ließ – ein verlockendes Beispiel, das Goethes skeptische Phantasie beschäftigte. „Und hier", berichtet Goethe in „Dichtung und Wahrheit", „fand sich der schicklichste Anlaß zu einem Gespräch mit einem jungen Fürsten, der den besten Willen und den festen Vorsatz hatte, Gutes zu wirken. Mösers Darstellung, so dem Inhalt als dem Sinne nach, muß einem jeden Deutschen höchst interessant sein. Wenn man sonst dem Deutschen Reiche Zersplitterung, Anarchie und Ohnmacht vorwarf, so erschien aus dem Möserschen Standpunkte gerade die Menge der kleinen Staaten als höchst erwünscht zur Ausbreitung der Kultur im einzelnen, nach den Bedürfnissen, welche aus der Lage und Beschaffenheit der verschiedensten Provinzen hervorgehn."

Mösers Gesichtspunkt hat Goethe, mochte ihm in Weimar auch bald manche Illusion zerronnen sein, ein Leben lang nicht losgelassen. Unter dem 23. Oktober 1828 verzeichnet Johann Peter Eckermann in seinen „Gesprächen mit Goethe" dessen Worte:

„Wodurch ist Deutschland groß als durch eine bewundernswürdige Volkskultur, die alle Teile des Reiches gleichmäßig durchdrungen hat? Sind es aber nicht die einzelnen Fürstensitze, von denen sie ausgeht und welche ihre Träger und Pfleger sind? Gesetzt, wir hätten in Deutschland seit Jahrhunderten nur die beiden Residenzstädte Berlin und Wien, oder gar nur eine, da möchte ich doch sehen, wie es um die deutsche Kultur stände, ja auch um einen überall verbreiteten Wohlstand, der mit der Kultur Hand in Hand geht. Deutschland hat über zwanzig im ganzen Reiche verteilte Universitäten und über hundert ebenso verbreitete öffentliche Bibliotheken, an Kunstsammlungen und Sammlungen von Gegenständen aller Naturreiche gleichfalls eine große Zahl; denn jeder Fürst hat dafür gesorgt, dergleichen Schönes und Gutes in seine Nähe heranzuziehen. Gymnasien und Schulen für Technik und Industrie sind im Überfluß da, ja es ist kaum ein deutsches Dorf, das nicht seine Schule hätte. Wie steht es aber um jenen letzten Punkt in Frankreich?
Und wiederum die Menge deutscher Theater, deren Zahl über siebzig hinausgeht, und die doch auch als Träger und Beförderer höherer Volksbildung keineswegs zu verachten. Der Sinn für Musik und Gesang

und ihre Ausübung ist in keinem Lande so verbreitet wie in Deutschland, und das ist auch etwas!

Nun denken Sie aber an Städte wie Dresden, München, Stuttgart, Kassel, Braunschweig, Hannover und ähnliche; denken Sie an die großen Lebenselemente, die diese Städte in sich selber tragen; denken Sie an die Wirkungen, die von ihnen auf die benachbarten Provinzen ausgehen: und fragen Sie sich, ob das alles sein würde, wenn sie nicht seit langen Zeiten Sitze von Fürsten gewesen.

Frankfurt, Bremen, Hamburg, Lübeck sind groß und glänzend, ihre Wirkungen auf den Wohlstand von Deutschland gar nicht zu berechnen: würden sie aber wohl bleiben was sie sind, wenn sie ihre Souveränität verlieren und irgendeinem großen deutschen Reich als Provinzialstädte einverleibt werden sollten? Ich habe Ursache, daran zu zweifeln."

Voran gehen die bekannten, meist aber allzu verkürzt zitierten Worte, ihm, Goethe, sei nicht bange, daß Deutschland eins werde. Auch der Historiker Golo Mann meint in seiner „Deutschen Geschichte des 19. und 20. Jahrhunderts", nachdem er eingeräumt hat, daß das Fehlen einer „Zentralmacht" vor allem „den Territorialstaaten, den Fürsten zugute" kam: „Ich will nicht sagen, daß das in jeder Beziehung ein Unglück gewesen sei." Die föderalistische Verfassung der Bundesrepublik Deutschland versucht ganz in diesem Sinn den Vorzügen gewachsener Strukturen Rechnung zu tragen.

Natürlich dachte Goethe auch daran, daß Weimar inzwischen seinen Rang, seinen Ruf als „Musenhof", dem Umstand verdankte, daß es Sitz eines Fürsten war, und er meinte 1828, im Sterbejahr Carl Augusts, im Grunde ihn.

KURZE EHE

Zwischen Mitte und Ende des 18. Jahrhunderts hatte die Residenzstadt Weimar rund achthundert Häuser und um die sechstausend
Einwohner. Es waren außer Beamten und Hofbediensteten vorwiegend Ackerbürger – Städter, die ihren Lebensunterhalt aus der
Landwirtschaft bezogen. Herder fühlte sich, wie er 1785 an Knebel
schrieb, in einem „unseligen Mitteldinge zwischen Hofstadt und
Dorf". Wer laufen konnte, säumte am 24. März 1756 die Straßen, von
denen noch nicht alle gepflastert waren: Herzog Ernst August II.
Constantin zog mit seiner Frau Anna Amalia von Braunschweig-
Wolfenbüttel festlich in die Stadt ein. Der gemäßigte Prunk der Fest-
lichkeiten trug das Gesicht des Rokoko. Es hatte mit der Rocaille
zwar manchen dekorativen Schnörkel des Barock übernommen, holte
aber nicht so weit aus, nahm das kulissenhafte höfische Pathos und
das feierlich-laszive Gepränge der Gegenreformation zurück, gab sich
leicht und gefällig, entdeckte die Chinoiserie und andere Schwärme-
reien für Exotisches, liebte Pastellfarben und Schäferszenen.

Das fürstliche Paar war dafür jung, aber nicht schön genug; die
zierliche Braut mit den großen blauen Augen und der kräftigen
Nase ihres so berühmten wie gefürchteten Onkels, des Preußenkönigs Friedrich II., zählte sechzehneinhalb, der blasse, hochauf-
geschossene, schmächtige Bräutigam keine zwei Jahre mehr. Die
Ehe, am 16. März in Braunschweig geschlossen, verfolgte, nach
dynastischen Gesichtspunkten umsichtig angebahnt, auf beiden
Seiten ihre unumgänglichen Zwecke. Ernst August Constantin war
nur wenige Monate zuvor volljährig geworden, im Februar nach
Braunschweig gereist, um die Messe zu Lichtmeß zu besuchen,
hatte aber schon ein Bildnis der Erwählten bei sich getragen und am
20. des Monats um die Hand der welfischen Prinzessin angehalten.
Zwei seiner Schwestern konnten nach seiner Hochzeit gleichfalls
vorteilhaft verheiratet werden, drei andere erhielten aus der Mitgift
der Braut das Erbteil, auf das sie Anspruch erheben durften.

Der jugendliche Herzog war, kaum aus der strengen Aufsicht seiner Erzieher entlassen, der einzige, obendrein spät geborene männliche Erbe des Herzogs Ernst August I. von Sachsen-Weimar-Eisenach und, wie in Fürstenhäusern oft, der schwächliche, schüchterne, unselbständige Sproß einer starken, bis zur Zügellosigkeit selbstgewissen absolutistischen Herrscherpersönlichkeit. Er schien den Wechsel aus dem wuchtigen Barock ins zerbrechliche Rokoko anschaulich zu verkörpern. Das Erlöschen einiger Seitenlinien hatte dem winzigen Herzogtum Gebietszuwachs beschert: Seit 1690 gehörte nach knapp vierzigjähriger Selbständigkeit Jena wieder dazu, seit 1741 auch der waldreiche, zur Jagd einladende Landesteil Eisenach. Das Amt Ilmenau stammte aus einer früheren Erbschaft der Grafen von Hennegau. Im Norden, dem Kyffhäuser nahe, gehörte das Amt Allstedt als Exklave zu Weimar. Selbst im benachbarten kurmainzischen Erfurt war neben der Statthalterei das „Geleitshaus", in dem ein „Obergeleitsmann" das „Gütergeleitsrecht" ausübte, weimarischer Besitz.

Die Ländereien zogen begehrliche Blicke aus der benachbarten wettinischen Verwandtschaft auf sich, besonders derer von Sachsen-Gotha. So war denn auch beim Tod Ernst Augusts am 19. Januar 1748 sofort ein Streit um die Vormundschaft über den erst zehnjährigen Erben ausgebrochen. Man einigte sich friedlich: Ernst Josias von Sachsen-Coburg-Saalfeld begnügte sich mit der Regierung Weimars, während Friedrich III. von Sachsen-Gotha, Senior der ernestinischen Wettiner, die Regentschaft über die Landesteile Eisenach und Jena und über den Erbprinzen die Vormundschaft erhielt. Daß man es ohne Furcht vor einem Giftmord oder anderen Anschlägen zugelassen hatte, Ernst August Constantin als Mündel nach Gotha zu geben, zeigt den Unterschied des vernünftig-pietistischen Zeitalters zum Barock oder zur Renaissance. Denn das Bangen, wohin die Steuern fließen würden, wenn das regierende Haus aussterben und das Land an eine andere Linie fallen würde, einte alle Untertanen. Die Heirat des jungen Weimarer Fürsten ließ nun auf die baldige Geburt eines Erbprinzen hoffen, unter dem für eine weitere Generation alles beim bewährten Alten bliebe. Die Adelsfamilien würden ihre Privilegien und Ämter behalten dürfen,

17

die Bürgersleute fühlten sich in den Verhältnissen, die sie kannten, sicherer als in allen denkbaren anderen, und noch weiter unten machte sich um die Obrigkeit niemand Gedanken. Am 18. Dezember 1755 endlich erklärte Kaiser Franz I. den Weimarer Prinzen für volljährig.

Die junge Herzogin Anna Amalia steht vor der dynastischen und politischen Aufgabe, den nächsten Erbprinzen zur Welt zu bringen. Mehr erwartet niemand von ihr, und ob sie von ihrem Leben in Weimar und von ihrer Ehe mehr erwartet, wird sie nicht gefragt. Man hat sie nach den Heiraten ihrer älteren Schwestern eilfertig mit dem ebenbürtigen Herzog zusammengetan, dem es gleichfalls eilt: „Man verheiratete mich so, wie gewöhnlich man Fürstinnen vermählet." So sieht sie es später desillusioniert in der autobiographischen Aufzeichnung „Meine Gedanken", die man in Goethes Nachlaß fand. Die Sorgfalt, die ihre Eltern auf ihre Erziehung und Bildung verwendet hatten, mochten allerdings Grund zu höheren Hoffnungen gewesen sein. Es geht Anna Amalia wie den wenigen anderen Frauen ihres Jahrhunderts, die mehr lernen dürfen, als für Frauen üblich ist, und dann doch nur eine untergeordnete Rolle spielen sollen.

In dem Renaissanceschloß Wolfenbüttel, das auf Grundmauern einer mittelalterlichen Wasserburg stand, wuchs sie auf, bis 1754 die Fürstenfamilie in die neue klassizistische Residenz Braunschweig umzog. Die Prinzessin genoß den Unterricht des Aufklärers und Theologen Johann Friedrich Wilhelm Jerusalem. Der Sohn eines Superintendenten aus Osnabrück hatte seine theologischen Studien autodidaktisch auf andere Wissenszweige ausgedehnt, die griechischen und römischen Klassiker gelesen und dem Leipziger Literaturtheoretiker Gottsched und seinem Kreis nahegestanden. Er hatte auch die Welt gesehen. Nach Beendigung seines Studiums in Leyden und einer Hofmeistertätigkeit in Göttingen war er nach London gereist und im Gefolge König Georgs II. nach Hannover gekommen, wo ihn 1742 das Angebot Herzog Carls I. erreichte, Hofprediger in Wolfenbüttel zu werden. Eine Mitverantwortung als Politiker im Kabinett des Herzogs – wie sie später Goethe angetragen wird – wollte er nicht übernehmen.

Stattdessen regte er 1745 seinen Dienstherrn an, das nachmals berühmte Collegium Carolinum in Braunschweig zu stiften, das in dem uneinheitlichen Schulwesen dieser Zeit für viele Begabte eine Lücke zwischen Schulabschluß und akademischer Laufbahn schloß. Diese erste vorwiegend naturwissenschaftlich ausgerichtete höhere Schule, an der später auch Georg Forster lehrte, machte die Residenz zu einem in ganz Deutschland geschätzten Hort der Bildung. „Es ist gewiß noch kein teutscher Fürst gewesen", schreibt Jerusalem, bescheiden sein eigenes Verdienst verschleiernd, in einem seiner Briefe an den Dichter Friedrich von Hagedorn, „der sich der Erziehung der Jugend mit mehrer Vernunft und Liebe angenommen hätte, als unser regierender Herr." An anderer Stelle resümiert er zufrieden: „Der gute Geschmack und die guten Sitten nehmen wenigstens immer mehr zu." Als geistlicher Herr erwarb er sich den Titel eines Propstes und wurde auch kurz „Abt Jerusalem" genannt. Er schärfte aber mit seiner universalen Bildung Anna Amalias Geschmack sowohl für den rationalistischen Geist der Aufklärung als auch für die literarischen Strömungen, die daraus hervorgingen. Es war übrigens sein Sohn Carl Wilhelm Jerusalem, der sich 1772 – seltsame Verknüpfung der Schicksale – in Wetzlar aus unglücklicher Liebe einen Kugel in den Kopf schießen und dem jungen Goethe nach seiner Affäre mit der verlobten Charlotte Buff als Fallstudie für den „Werther" dienen sollte.

Jerusalem entdeckte an der Prinzessin „den soliden Verstand, die feine Empfindung, das edle Herz", vermißte aber die „brillante Lebhaftigkeit" ihrer Geschwister. Als fünftes von dreizehn Kindern erfuhr Anna Amalia nicht nur die Zurücksetzung des weiblichen Nachwuchses, sondern auch die Geringschätzung der Schüchternen, Gehemmten. Wie stark ihre Reize durch eine große Nase, das Hohenzollernerbe von seiten der Mutter, wirklich beeinträchtigt wurden, läßt sich nur ermessen, wenn man voraussetzt, daß ihre zahlreichen, einander zumeist sehr ähnlichen Porträts aus verschiedenen Lebensaltern respektvoll geschönt sind. In der fürstlichen Familie war der Umgang nicht immer vornehm gemäßigt. Man nannte die Prinzessin auch mal „den Ausschuß der Natur". Das war hart für ein feinfühliges Mädchen. „Durch diese Unterdrückungen", bekennt sie in ihrem autobiographischen Manuskript, „zog ich mich ganz in mich selbst. Ich wurde zurückhaltend, ich bekam eine gewisse Standhaftigkeit, die bis zum Starrsinn ausbrach. Ich ließ mich mit Geduld schimpfen und schlagen und tat doch so viel wie möglich nach meinem Sinn." Noch der alternde Goethe erinnert sich dem Kanzler von Müller gegenüber an ihr „allerliebstes, vortreffliches, aber indefinibles Wesen".

Was sie bei ihrer Niederschrift weiß, ahnte sie als Kind noch nicht: Diese frühen Erfahrungen bereiten sie auf ein schwieriges Schicksal vor. Bosheit schon in der Kinderstube und seitens der Nächsten ist eine Herausforderung für jedes Selbstvertrauen und lehrt Menschenkenntnis, macht aber auch argwöhnisch und verschlossen. Früh verwitwet, wird sie es an einem unübersichtlichen, vom Myzel der Kabalen durchwachsenen Hof, den sie auch in zwei Ehejahren nicht durchschauen kann, mit den Günstlingen einer fremden Familie, ihren Vorurteilen und Ansprüchen, Schmeicheleien und Intrigen zu tun bekommen. Nur daraus erklärt sich, daß sie für Höflinge, die ihr, wie sie befürchtet, durch Schmeicheleien den Erbprinzen entfremden wollen, die Vokabel „Ungeziefer" verwendet.

Gotthold Ephraim Lessing kam erst 1770 nach Wolfenbüttel. Anna Amalias Bruder Carl Wilhelm Ferdinand bestellte ihn zum Bibliothekar. Als sie, nun Regentin in Weimar, im Jahr darauf zu ihren Verwandten nach Braunschweig kam, versäumte sie es nicht, einen Abstecher in die verlassene Residenz zu machen und mit dem Dichter über das deutsche Theater zu sprechen. Später, während in Weimar ein neuer Musenhof nach und nach die Geister der Zeit versammelt, reist der erste freie Schriftsteller, der ein paar Jahre lang allein vom Schreiben hatte leben können und schließlich doch kapitulieren mußte, mit dem Prinzen Leopold nach Italien, heiratet, verwitwet, schreibt „Emilia Galotti" und „Nathan der Weise", polemisiert mit dem „Anti-Goeze" gegen die klerikale Engstirnigkeit nicht nur des Hauptpastors Johann Melchior Goeze in Hamburg, korrespondiert auch mit Weimar, vor allem mit Wieland, und philosophiert über eine „Erziehung des Menschengeschlechts". Man liest ihn in ganz Deutschland, und die Weimarer Klassik wäre nicht ohne ihn zu denken. Aber er welkt dem Tod entgegen. Schon 1772 schrieb er in einem Brief: „Eine anhaltende Arbeit, die mich abmattet, ohne mich zu vergnügen; ein Aufenthalt, der mir durch den gänzlichen Mangel alles Umgangs unerträglich wird; eine Aussicht in das ewige Einerlei – das alles sind Dinge, die einen so nachhaltigen Einfluß auf meine Seele und von der auf meinen Körper haben, daß ich nicht weiß, ob ich krank oder gesund bin." 1781, im elften seiner Wolfenbütteler Jahre, stirbt er, gerade zweiundsechzig Jahre alt. Die kluge Wolfenbütteler Prinzessin ist zu der Zeit schon seit mehr als zwei Jahrzehnten Witwe. Fast zwei Drittel dieser Zeit hat sie als Regentin das Land ihres Sohnes verwaltet, ohne auf irgendwelche Erfahrungen oder Grundsätze ihres Gatten zurückgreifen zu können.

Denn die Geschicke von Sachsen-Weimar-Eisenach lagen bei ihrer Ankunft keineswegs in den schmalen Händen des jungen „Souveräns". Für ihn prüfte, dachte und entschied wie vor der Volljährigkeit noch immer Graf Bünau. Heinrich von Bünau gehörte noch zu den mit allen Wassern des Höflings gewaschenen Gestalten aus der Zeit Augusts des Starken. Aber Mißgeschicke, Mißgriffe und Ränke hatten ihn auch gebeutelt und seine Karriere mehrfach geknickt. Der aus altem thüringischem Adel stammende Vater, der 1707 in Dresden Kanzler wurde, zog ihn zunächst in kursächsische Dienste. Einen ähnlichen Weg war schon der später berüchtigte Graf Brühl gegangen, sogar die Ausgangsorte lagen nahe beieinander - Brühl kam aus Gangloffsömmern, das bei Weißenfels, dem Geburtsort Bünaus, liegt. Von der Fürstenschule Pforta bei Naumburg, aus der auch ein Klopstock, ein Fichte, ein Nietzsche hervorgehen sollten, kam Bünau zum Studium der Rechte nach Leipzig und auf der üblichen „Kavalierstour" schon in jungen Jahren nach Paris. Unterwegs lernte er mehrere deutsche Fürstenhöfe kennen. Ab 1716 lehrte er in Leipzig und versah zugleich hohe Ämter. Seine historischen Studien gehörten zu den ersten, die sich auf kritisch geprüfte Quellen stützten. 1728–1743 verfaßte er eine „Genaue und umständliche teutsche Kayser- und Reichshistorie". Große Teile seines Vermögens steckte er in Bücher. Seine für einen Privatmann dieser Zeit gigantische Bibliothek ließ er von Buchbindern und

Bibliothekaren betreuen und durch den jungen, nachmals als Kunsthistoriker berühmten Johann Joachim Winckelmann mustergültig katalogisieren. Graf Brühl nahm sie sich beim Ordnen der eigenen Büchersammlung zum Vorbild.

Bünaus Gelehrtendasein war schon einem Einbruch in der Hofkarriere geschuldet. Noch kurz vor seinem Tod hatte August der Starke den Grafen Hoym, der ihm wegen der zu hohen Kosten der polnischen Königskrone in den Ohren lag und angeblich gegen das Münzrecht verstieß, mit einer fingierten Anklage wegen Ehebruchs auf die Festung Königstein gebracht; dem gestürzten Minister blieb in seiner Zelle nur der Selbstmord. Mit ihm war auch der Ehemann seiner Nichte, Graf Bünau, in Ungnade gefallen. Als Verwalter der kursächsischen Grafschaft Mansfeld 1734 nach Eisleben abgeschoben, kam er wieder in Aufwind, als der Kurfürst von Bayern, der Wittelsbacher Carl Albrecht, dessen Kandidatur er begünstigt hatte, als Karl VII. 1742 deutscher Kaiser wurde. Graf Bünau erschien als erster Lutheraner auf der Herrenbank des Reichshofrates und erhielt den Titel eines Reichsgrafen. Doch 1745 starb Kaiser Karl VII., dem Goethes Vater übrigens den „Charakter" eines Kaiserlichen Rates verdankte. Das ehrenvolle Intermezzo war zu Ende, die Kaiserwürde wurde wieder habsburgisch, der Reichsgraf mußte sich mit dem Posten eines weimarischen Statthalters in Eisenach und Jena anfreunden. In dieser Zeit wurde er zum Lehrmeister einiger fähiger Regierungsbeamter, die später im Geheimen Consilium zu Weimar sitzen sollten.

Es ging aber nochmals aufwärts; im Oktober 1750 erreichte ihn der Auftrag Herzog Friedrichs III. von Sachsen-Gotha, die Erziehung des weimarischen Erbprinzen Ernst August Constantin zu übernehmen. In neunzehn Unterrichtsbriefen über religiöse, moralische und verwaltungsrechtliche Dinge bereitete er den künftigen Fürsten auf seine Rolle vor – Grund genug, bei dessen Regierungsantritt im Dezember 1755 Erster Minister zu werden.

Bünau griff rasch und energisch durch. Die herrenlosen Jahre Weimars hatten die Hinterlassenschaft des kleinen Barockdespoten Ernst August I. in einen Sumpf von Verschwendung, Unterschlagung, Bestechlichkeit und Unordnung aller Art verwandelt. Die Schulden, die der „Bauwurm" seinem Ländchen aufbürdete, betrugen bei seinem Ableben 360 000 Reichstaler. Schloß Belvedere, seine Parks und Pavillons, seine Orangerie, sein Tiergarten und seine Reitbahn, hatten allein eine viertel Million verschlungen. Auch das Soldatenspiel nach dem Vorbild des Preußenkönigs Friedrich Wilhelm I. war für die Staatskasse ein Fluch gewesen. Rigorose Sparsamkeit wurde zum obersten Gebot des ärmlichen Landes. Sie weckte bald den Unmut derer, die sich plötzlich einschränken mußten. Selbst dem jungen herzoglichen Paar wurde die Macht, die Bünau sich als Prinzenerzieher und durch seine Härte als Staatsmann aufbaute, bald unheimlich – eine Chance für Ohrenbläser. Bünau ahnte, daß sein Stern nicht länger leuchten würde als der des kränkelnden Landesherrn. Auch die redlich gemeinten, notwendigen Eingriffe können zur Unzeit kommen: Der Siebenjährige Krieg verdarb die ersten Früchte, die Bünaus Ehrgeiz hätte tragen können. Aus einem teuren Spiel wurde blutiger Ernst. Friedrich II. von Preußen, der als Kronprinz so musisch interessierte Sohn des „Soldatenkönigs", mußte das in zwei vorangegangenen Kriegen Österreich geraubte Schlesien gegen Maria Theresia und ihre Verbündeten schützen und überfiel, preußisch präventiv, am 29. August 1756 Kursachsen.

An Neutralität war für die kleinen thüringischen Herzogtümer nicht zu denken; sie hatte auch Dresden nicht geholfen. Ein gemeinsamer Protest der ernestinischen Fürstenhäuser zugunsten des albertinischen Sachsen kam nicht zustande. Als Ernst August II. Constantin allein die Stimme erhob, belehrte ihn ein Reichstagsbeschluß darüber, daß er nicht reden, sondern handeln und gegen den Oheim seiner Gemahlin Krieg führen müsse. 1758 hatte Weimar für den „Reichskrieg" gegen Preußen 666 Soldaten zu stellen. Thüringen wurde Durchmarschgebiet für Reichstruppen und französische Kontingente. Es blieb nicht bei Einquartierungen; 1759 nahm die Reichsarmee Quartier in Ilmenau und Weimar.

Wie glücklich wird eine junge Ehe, die, nach politischem Kalkül geschlossen, dynastischen Zwecken dient? Das Paar wohnt den Sommer über nahezu idyllisch im barocken Belvedere, dem großväterlichen Lustschloß, von Parks umgeben, die in Wald übergehen. 1724–1726 erbaut, ist es bald darauf anspruchsvoller umgestaltet und ab 1739 nochmals erweitert worden. Den Winter verbringt es im alten Weimarer Schloß. Dieser alljährliche Wohnungswechsel wird auch die Kindheit Carl Augusts begleiten. Die kalte Jahreszeit wird zusätzlich verdüstert von den dicken, winkligen, noch mittelalterlichen, nach mehreren Bränden immer wieder umgebauten Mauern der Wilhelmsburg. Zum frühbarocken Hauptbau des 17. Jahrhunderts, in mehreren Etappen nach italienischem Vorbild aufgeführt, gehören auch eine Schloßkirche und ein 1696 eingerichteter Musiksaal für Konzerte und Opernaufführungen. Johann Sebastian Bach ist von 1708 bis 1716 in diesen Räumen als Hoforganist und Kammermusikus des Herzogs Wilhelm Ernst beschäftigt gewesen. Zur selben Zeit ist Johann Gottfried Walther Organist der Stadtkirche St. Peter und Paul. Aber Bachs Werk, ja sein Name hat, obwohl noch kein Jahrzehnt seit seinem Tod vergangen ist, nicht nur in Weimar, sondern auch in Köthen und Leipzig seinen Klang an einen ganz neuen musikalischen Stil verloren. Die Hofkapelle, die bei seinem Amtsantritt fünfundzwanzig Musikern Brot gab, wird 1735 aufgelöst. Bachs Weimarer Zeit selbst endete mit einem Mißklang: Nachdem ihn der Herzog 1716 bei der Ernennung eines neuen Kapellmeisters übergangen hatte, wollte Bach, ein Angebot des Fürsten Leopold von Anhalt-Köthen in der Hand, so hastig den Dienstherrn wechseln, daß er noch einen Monat, vom 2. November bis zum 2. Dezember, hinter Gittern absitzen mußte. Ein Organist namens Heinrich Schütz in Berka, mit dem berühmten Komponisten des 17. Jahrhunderts nicht zu verwechseln, kannte noch Orgelwerke des Thomaskantors, und Goethe meinte 1814 nach seinem Vorspiel, diese Musik klinge, „als wenn die ewige Harmonie sich mit sich selbst unterhielte, wie sichs etwa in Gottes Busen kurz vor der Weltschöpfung möchte zugetragen haben."

In den höfischen Unterhaltungen hat sich wieder leichtere Kost durchgesetzt. Anna Amalias musikalische Erziehung allerdings ist weit genug gediehen, daß sie für kleinere Konzerte gelegentlich selbst etwas komponiert, wie sie auch mit einigem Geschick zeichnet und malt. Die Theatertruppe eines Herrn Carl Theophilus Döbbelin spielt „Die Durchlauchtige Liebe". Geburtstage werden unterhaltsam gefeiert. Das Kartenspiel verschlingt Abende. Wenn es zu

Bett geht, vergißt das junge Paar nicht seine große Aufgabe. Sommer und Herbst vergehen noch ohne Anzeichen eines Erfolges. Doch Anfang 1757 ist Anna Amalia schwanger. Am 3. September bringt sie einen gesunden Erbprinzen zur Welt, der schon am folgenden Tag – man hat es damit eilig in der Zeit hoher Kindersterblichkeit – auf den Namen Carl August getauft wird.

Die Zeit ist unruhig. Im August sind 350 französische Husaren unter General Turpin an Weimar vorübergezogen, am 28. ungarische Husaren in Magdala und Mellingen eingerückt. Am 1. September sind die Franzosen wieder vor Buttstädt erschienen, und am Geburtstag des Erbprinzen kommen von Arnstadt her 380 Mann Reichstruppen in die Stadt; ihnen folgen zwei Tage später 200 Dragoner. Das Zeughaus wird aufgebrochen, 1500 Gewehre werden konfisziert. Im Gegenzug besetzt acht Tage darauf Friedrich II. zusammen mit seinem Bruder, dem Prinzen Heinrich, das nahe Erfurt.

Vielleicht will man für das künftige Wohl der Untertanen in solchen Zeiten sichergehen – oder ist doch auch ein bißchen Liebe dabei? Nicht lange, und die Herzogin ist wieder schwanger. Aber der Vater, so jung er ist, kränkelt dahin. Am Winter in den ungesunden alten Mauern der Wilhelmsburg allein kann es nicht liegen. Schlechte Nachrichten von den Kriegsschauplätzen drücken bei Hofe allgemein die Stimmung. Ernst August Constantin kann sein Krankenbett nicht mehr verlassen. Im Mai schenkt er dem Sohn Carl August, der noch nicht laufen kann, einen prächtigen Kinderwagen für das schöne Wetter. Am 28. Mai ist er tot. Sind die Folgen eines Reitunfalls verschleppt worden? Haben Regierugsgeschäfte und Familienpflichten seine schwache Konstitution überfordert? Eine Obduktion zeigt schwere Schädigungen an Magen und Lunge. Die Todesursache bleibt ungeklärt.

Fast genau nach Jahresfrist, am 8. September 1758, schenkt die knapp neunzehnjährige herzogliche Witwe einem zweiten Sohn das Leben. Mit Prinz Friedrich Ferdinand Constantin ist die Thronfolge für das Herzogtum Sachsen-Weimar-Eisenach nach einem Jahrzehnt der Unsicherheit doppelt gesichert. Die Mutter der beiden Prinzen muß ihre seelischen Kräfte sammeln, um der Zukunft eines verfilzten Hofes und ihrer eigenen Zukunft ins Auge zu sehen.

DER ERBPRINZ

Wer war nun dieser Erbprinz von Sachsen-Weimar-Eisenach, der im ersten Lebensjahr den Vater verlor und mit der Frage, wer sein Vormund würde, wer die Regentschaft für ihn übernähme, dynastischen Streit herausforderte? Zum deutschen, zum europäischen Hochadel gehörte er zweifelsfrei. Und doch war er mit den ganz großen Familien nur mittelbar verwandt.

Die Mutter kam mütterlicherseits aus dem Haus Hohenzollern und brachte das „Geblüt" der Kurfürsten von Brandenburg und Könige von Preußen mit. Auch die andere Großmutter, die Mutter Ernst August Constantins, hatte zur Hohenzollernfamilie gehört. Väterlicherseits war Anna Amalia ein Glied des viel älteren und sehr weit verzweigten Hauses der Welfen. Die Welfen hatten schon unter den Karolingern im ostfränkischen Reichsteil, in Bayern vor allem, Lehen innegehabt. Heinrich der Löwe, an den in Braunschweig die 1166 gegossene Bronzeskulptur eines Löwen erinnert, war zur Zeit der Staufer als Herzog von Bayern und Sachsen so mächtig und als Vasall so widerspenstig geworden, daß er mit dem Kaiser rivalisierte und Friedrich Barbarossa zu einem Kniefall zwingen konnte. Sein Sturz 1180 ließ ihm nur den aufs „Erbgut" geschrumpften Besitz. Aus Teilungen in den folgenden Generationen ging die Linie Braunschweig-Wolfenbüttel hervor. Der Zweig Hannover begründete 1714 mit Kurfürst Georg Ludwig, einem Urgroßenkel König Jakobs I., das später „Windsor" genannte britische Königshaus, das bis heute regiert: Als King George I. bestieg der deutsche Kurfürst den englischen Thron, für den sich sonst kein protestantischer Erbe gefunden hatte. Die Verflechtung europäischer Adelsfamilien durch dynastische Heiraten brachte es mit sich, daß Carl August auch Wilhelm von Oranien, Maria Stuart, Kaiser Ferdinand I. und Gaspard de Coligny, den Hugenottenadmiral aus der Zeit des französischen Königs Henri IV., zu seinen Ahnen zählen konnte.

Vom Vater her jedoch, und das zählte wie heute ein Familienname, war Carl August ein Wettiner. Auch dieses Adelsgeschlecht, das bei seiner Entmachtung 1918 immerhin als das am längsten regierende in Europa dastehen sollte, hatte seinen Ursprung im karolingischen 9. Jahrhundert. Seinen Namen gab ihm die Burg Wettin, nördlich von Halle an der unteren Saale über einer Furt gelegen. Ein Timo von Brehna (gest. 1051) hatte sie als Lehen erhalten. Schon 1288 fiel sie an das Erzstift Magdeburg.

Der aufhaltsame und wechselvolle Aufstieg der Wettiner vollzog sich vor allem in den östlich von Saale und Elbe gelegenen Gebieten, in die nach der Völkerwanderung aus Böhmen und von jenseits der Oder Slawen eingewandert waren. Diese „Elbslawen" vermischten sich mit den friesischen, fränkischen und alemannischen Siedlern, die deutsche Feudalherren auf ihren Eroberungszügen zusammen mit christlichen Missionaren ins Land führten. Groß wurden die Wettiner auch, weil ein territoriales Erbrecht nach und nach das hochfeudale Lehnsrecht unterwanderte. Von Generation zu Generation verwandelte es das Lehen, das der König von der Spitze der Lehenspyramide aus jederzeit einziehen durfte, in landesfürstlichen Grundbesitz, um dessen Vererbbarkeit oft lange Fehden ausgetragen wurden. Die Ahnengeschichte Carl Augusts von Sachsen-Weimar-Eisenach ist also auch ein Stück der komplizierten thüringisch-sächsischen Landesgeschichte.

Konrad I. (gest. 1157) heißt in der wettinischen Hausgeschichte, die unter ihren sprechenden Beinamen auch einen „Gebissenen" und einen „Entarteten" kennt, „der Große". Er wurde 1123 mit der ganzen Mark Meißen belehnt – ein Dank des umstrittenen Grafen Lothar von Supplinburg für treue Dienste. Als Herzog von Sachsen hatte Lothar an der Spitze der sächsischen Adelsopposition die Salier bekämpft und 1115 in der Schlacht bei Welfesholz Kaiser Heinrich V., den finsteren, skrupellosen Sohn des zu Canossa gedemütigten Heinrich IV., geschlagen. Nach dem Lehnsrecht war die Markgrafschaft Meißen von Konrads Oheim, dem Grafen Heinrich I. von Eilenburg, und dessen Sohn auf Wiprecht von Groitzsch übergegangen. Lothar bestätigte jedoch Konrads erbrechtlich begründeten Anspruch. Beim Aussterben der Salier war die Stimmung im Reich noch nicht reif für die nachher so mächtigen Staufer. Der Supplinburger siegte bei der Königswahl 1125 und wurde 1133 als Lothar III. zum deutschen Kaiser gekrönt. Seine kluge Suche nach einem Ausgleich zwischen dem partikularistischen Interesse der Stammesfürsten, dem Machtstreben der Kirche und dem Kaiserthron, der die Reichseinheit verkörperte, hatte wenig Zeit, und da ihm ein Sohn versagt blieb, kam bei seinem Tod 1137 die Stunde der Staufer.

Konrads Sohn Otto der Reiche (gest. 1190) hatte das Haus Wettin mit dem erzgebirgischen Silberbergbau so vermögend gemacht, daß es ein Lehen wie selbstverständlich als Erbgut verteidigen konnte. Wie in Österreich die Habsburger und in Brandenburg-Preußen die Hohenzollern schufen sich die Wettiner als Nutznießer des fortwährenden Streites mit den Fürsten, der auch die staufischen Kaiser zunehmend schwächte, auf neugewonnenem Territorium am Ostrand des Reiches ein zunächst geschlossenes, durch seine Ausdehnung im Vergleich zu anderen übergewichtiges Herrschaftsgebiet, mit dem sich die heutigen Freistaaten Thüringen und Sachsen nur annähernd decken. Eine frühe Teilung hob sich mit dem alsbaldigen Aussterben der Nebenlinien von selbst wieder auf. Die Einziehung des Reichslehens zugunsten der Askanier erwies sich bald als unwirksam, denn eine schwache Zentralgewalt ließ es geschehen, daß sich die Wettiner unter Dietrich dem Bedrängten alles mit Waffengewalt zurückholten und neue Gebiete hinzugewannen. Seit dem Gefecht bei Lucka 1307, in dem Friedrich der Freidige die von den Leipzigern gerufenen Reisigen des Königs auseinanderjagte, blieb der wettinische Besitz unangefochten.

Heinrich der Erlauchte, Dietrichs Sohn, hatte schon 1247, nicht ohne einen kleinen Erbfolgekrieg, die Landschaft Thüringen hinzuerworben. Mit Heinrich Raspe IV. waren die thüringischen Ludowinger ausgestorben. Nun standen die Vorfahren Carl Augusts mit einem Bein auf dem Territorium, das schon den Karolingern botmäßig gewesen war. Ein germanisches Königreich der Thüringer hatte bis 531 bestanden. In fränkisch-karolingischer Zeit christianisiert und von Markherzögen verwaltet, wurde dieses Kernland der im Unstruttal ansässigen sächsischen Herzöge aus dem Haus der

Liudolfinger, der ersten deutschen Könige und Kaiser, die Wiege des deutschen Reiches. In salischer Zeit wurde es von Landgrafen verwaltet. Die Ekkehardiner waren noch vor den Wettinern zeitweilig auch Markgrafen von Meißen. Der letzte von ihnen, Ekkehard II., ist durch sein Standbild unter den Stifterfiguren des Naumburger Doms der bekannteste. Die Ludowinger machten sich als Förderer des Minnesangs auf der Wartburg und auf der Neuenburg einen Namen. Der „Sängerkrieg", den Hermann I. 1206/1207 veranstaltete, gilt als Gipfelpunkt in der Blütezeit mittelhochdeutscher Dichtung. Die ungarische Königstochter Elisabeth, die wohltätige Gemahlin Ludwigs IV., der während des Kreuzzuges 1227 schon in Italien starb, wurde bereits 1236 heiliggesprochen.

Zunächst fällt aber Thüringen nicht als Ganzes an die Wettiner. Nicht alle Grafen huldigen 1249 in Weißenfels Heinrich dem Erlauchten. Die Henneberger mit Hildburghausen und Coburg halten sich heraus, die Grafschaft Orlamünde bleibt bis 1344 askanisch, ein Stückchen Anhalt mitten in Thüringen. Das Eichsfeld und später Erfurt unterstehen dem Erzbischof von Mainz. Die Landgrafen von Hessen halten alte Ansprüche aufrecht und riskieren dafür manche Fehde. Mühlhausen gelingt es, sich der neuen Herrschaft als Freie Reichsstadt zu entziehen. Sogar aus dem fernen Brabant versucht man, mit Hessen verschwägert, Gebietsansprüche durchzusetzen. Andererseits fällt Wittenberg, wo eine Linie der Askanier ausstirbt, an das Haus Wettin. Die Kurwürde, ein Lohn für hartes Vorgehen gegen die Hussiten, erhebt Friedrich IV. den Streitbaren, nun Friedrich I., unter die sieben Reichsfürsten, die seit 1257, in genauer geregelter Kodifizierung durch die Goldene Bulle von 1356, den deutschen König wählen.

Mit der Zerrissenheit der thüringischen Gebiete schleicht sich das Gespenst der Erbteilung, das die deutschen Lande in immer kleinere, verwinkeltere Ländchen zerbröselt, auch in die Herrschaft der Wettiner. Manche Teilung wird durch das Aussterben der Nebenlinie wieder aufgehoben; mancher Bruderzwist führt zu neuen Teilungen. Die thüringischen Besitzungen bilden jedesmal einen umstrittenen Anteil. Thüringen und Sachsen wachsen auch unter den Wettinern nie richtig zusammen. Die Altenburger Teilung von

1445 löst einen Bruderkrieg aus, der bis 1451 sinnlos das Land verwüstet. Ein strauchritterliches Mantel- und Degenstück eint das Haus Wettin ein letztes Mal: Mit dem „Sächsischen Prinzenraub" versucht der Ritter Kunz von Kaufungen in der Nacht vom 7. zum 8. Juli 1455 eine Entschädigung für – vermeintliche oder berechtigte – Ansprüche durchzusetzen, indem er die Prinzen Ernst und Albrecht aus dem Altenburger Schloß entführt. Der Geiselnehmer wird gestellt und zu Freiberg öffentlich enthauptet. Doch die Prinzen, die nach dem Ableben ihres Vaters, des Kurfürsten Friedrich II. des Sanftmütigen, das Land anfangs gemeinsam regieren, beargwöhnen einander, jeder für seine Seite bestärkt durch regional rivalisierende Adelsfraktionen. Mit der Leipziger Teilung von 1485 zerfällt das Haus Wettin endgültig in zwei Linien: Ernst, der erste „Ernestiner", bleibt Kurfürst von Sachsen und erhält Wittenberg und die thüringischen Landesteile, nachdem Albrecht, der erste „Albertiner", die meißnischen Gebiete gewählt hat.

Die Albertiner, die in Dresden residieren, halten bis auf vorübergehende Ausnahmen – Merseburg, Weißenfels, Zeitz – an einer Erbfolge nach dem Prinzip „primogenitur" fest, das dem Erstgeborenen das gesamte Erbe zuspricht, so daß sich ein Flächenstaat entwickeln kann. In Sachsen-Weimar gilt dieses Prinzip erst ab 1719. Den Albertinern kommt auch zugute, daß sie es mit der Reformation, zu deren Schirmherren sich die Ernestiner Friedrich III. der Weise und Johann der Beständige aufschwingen, nicht eilig haben und ihren politischen Konsequenzen ausweichen. Sie werden zwar evangelisch und treten dem Schmalkaldischen Bund bei. Ihre Kaisertreue im Schmalkaldischen Krieg jedoch, einem Vorspiel des Dreißigjährigen Krieges, bringt Moritz von Sachsen, dem „Judas von Meißen", 1547 die Kurwürde ein, die Johann Friedrich I. der Großmütige nach der Schlacht bei Mühlberg abgeben muß.

Die Ernestiner, deren auffallend kurze Oberlippe Carl August erbt, teilten ihr Land noch in mehreren Generationen. Ererbtes wurde mal diesem, mal jenem zugeschlagen oder blieb strittig, bis Kinderlosigkeit oder eine Zweckheirat entschied. Nichtwettinische Fürstenhäuser wie Schwarzburg und Reuß blieben souverän. Fremde Herren hatten ihre Enklaven; immer mehr wurden preußisch.

Als 1815 der Wiener Kongreß, napoleonische Eingriffe revidierend oder bestätigend, die deutsche Landkarte neu ordnete, bestand Thüringen aus zwölf Klein- und Zwergstaaten. Außer Sachsen-Weimar-Eisenach waren es: Sachsen-Gotha-Altenburg, Sachsen-Meiningen, Sachsen-Hildburghausen, Sachsen-Coburg-Saalfeld, Schwarzburg-Rudolstadt, Schwarzburg-Sondershausen, Reuß ältere Linie, Reuß jüngere Linie zu Gera, Reuß-Ebersdorf, Reuß-Schleiz und Reuß-Lobenstein.

Weimar, 975 erstmalig als Burg an der Ilm erwähnt, auf die Kaiser Otto II. einen Fürstentag berief, war anfangs Sitz der Grafen von Weimar gewesen, die im 11. Jahrhundert einmal als Lehen die Markgrafschaft Meißen verwaltet hatten, später an die askanischen Grafen von Orlamünde gekommen und erst nach deren Aussterben 1375 wettinisch geworden. Die Leipziger Teilung machte es ernestinisch; schon von 1382 an war es Sitz einer wettinischen Nebenlinie gewesen. Johann Friedrich der Großmütige, nach dem Sieg Kaiser Karls V. bei Mühlberg am 24. April 1547 knapp der Enthauptung entgangen, machte es 1552 zu seiner neuen Residenz. Aus Wittenberg brachte er seinen Hofmaler Lucas Cranach mit, der auch die Haft in Innsbruck mit ihm geteilt hatte, das Haus seiner Schwiegertochter am Markt aber nur noch gut ein Jahr bewohnen konnte. Der gedemütigte Fürst überlebte ihn nur um ein halbes Jahr. Mit der Kurwürde und Wittenberg war auch die 1502 gegründete Universität verloren. Die Söhne Johann Friedrichs hatten schon während der Gefangenschaft des Landesherrn mit einem „Akademischen Gymnasium" eine Neugründung eingeleitet. Herzog Johann Friedrich der Mittlere wurde nicht müde, über die kaiserlichen Vorbehalte gegen eine neue protestantische Hochschule hinweg die Genehmigung zu betreiben. 1557 gab Ferdinand I. endlich nach und stellte die Stiftungsurkunde aus. Am 2. Februar 1558 öffnete die Universität Jena ihre Tore.

Die Händel mit dem katholischen Kaiser hören nicht auf. 1557-1567 heißen sie „die Grumbachschen", weil Johann Friedrich der Mittlere den fränkischen Reichsritter Wilhelm von Grumbach, einen geächteten Schwager des Bauernführers Florian Geyer, der gegen den Würzburger Bischof eine Fehde angezettelt hat, nicht ausliefert. Der Chef des ernestinischen Hauses verfällt 1566 selbst der Reichsacht und wird in Gotha durch Truppen ihres Vollstreckers, des Kurfürsten August von Sachsen, eines nahen Verwandten also, belagert. Nach vier Monaten ist die Festung Grimmelstein gestürmt. Johann Friedrich verbringt den Rest seines Lebens in einem Kerker zu Steyr. Sein Bruder Johann Wilhelm hat sich aus allem herausgehalten und übernimmt die Herrschaft. Schon 1572 wird der ernestinische Besitz geteilt, und die Geschichte eines „Flickenteppichs" beginnt.

Der Dreißigjährige Krieg verschafft den Ernestinern Gelegenheit, sich weiter als Schirmherren des Protestantismus zu profilieren. Aber es ist nicht Wilhelm IV., dem dafür als regierendem Fürsten der Beiname „der Große" zugesprochen wird, sondern sein jüngerer Bruder Bernhard, der als Heerführer in schwedischen und französischen Diensten Siege über die Kaiserlichen feiert, aber auch Niederlagen hinnehmen muß. Goethe hat sich um 1779 mit dem Gedanken getragen, auf Wunsch Carl Augusts eine Biographie Bernhards zu schreiben. Am 16. November 1632 reißt Bernhard nach der tödlichen Verwundung des Schwedenkönigs Gustav Adolf die Führung der Schlacht bei Lützen an sich und entscheidet sie für die Schweden. Wilhelm ist mehr den Musen zugetan. Er lernt Sprachen, befaßt sich mit Theologie und Mathematik, unternimmt Bildungsreisen, hört gern Musik und komponiert selbst. Für arme Gymnasiasten führt er einen Freitisch ein. Als „der Schmackhafte" wird er 1651 nach dem Tod des Fürsten Ludwig von Anhalt-Köthen Oberhaupt der „Fruchtbringenden Gesellschaft", die ihren Sitz an seinen Hof nach Weimar verlegt.

Es mag Wilhelms Erbteil sein, das Carl Augusts Sinn den erzieherischen Bemühungen seiner Wolfenbütteler Mutter öffnen wird. Andere Vorfahren legen eine entgegengesetzte Strömung in sein Wesen: Wilhelms Sohn Johann Ernst II. liebt das Jagen und die Hundemeuten, auch das Trinken, mehr als das Regieren. Seine Vitalität verbraucht sich rasch. Melancholie und frühes Erschlaffen teilen sich seinem jüngeren Sohn Johann Ernst III., Carl Augusts Urgroßvater, mit, während Wilhelm Ernst, der ihn als Mitregenten duldet, eine energische Natur an den Tag legt, sparsam und schroff, zum Aufbrausen neigend, wie die Arretierung Johann Sebastian Bachs zeigt. Aber er versah die Residenz mit nützlichen Bauten, stellte umsichtige Bibliothekare ein, die auch seine Münzsammlung, seine Kunstschätze, darunter Meisterwerke europäischer Malerei, und das Staatsarchiv verwalteten, und ließ 1697 in der Wilhelmsburg von dem Venezianer Girolamo Sartorio den Opernsaal einbauen, in dem später Conrad Ekhof und die Schauspieltruppe des Kaufmanns Abel Seyler, die „Seylersche", auftraten. Ernst August I., ab 1707 Mitregent des kinderlosen Oheims, ab 1728 alleiniger Herzog, ist dann jener despotische, lieblose, rohe, launische, eitle, Todesurteile leichthin unterzeichnende, prachtliebende, geile, verschwenderische, bauwütige, jagdtolle, ins Exerzieren mit überflüssigen Soldaten vernarrte, gleichwohl bibelfeste Übervater, unter dessen Fuchtel die Untertanen verelenden, das Land an den Rand des Ruins gerät und ein spät geborener, zarter, eingeschüchterter Erbe, Carl Augusts Vater, die ersten zehn Jahre seiner Kindheit aushalten muß.

Widerstreitende Erbanlagen sind keineswegs ungewöhnlich. Die meisten Menschen wissen für ihren eigenen Fall nur darum nichts davon, weil sie ihren Stammbaum nicht über sieben Jahrhunderte oder mehr zurückverfolgen können. Ein überzüchtetes Exemplar des Hochadels war Carl August gewiß nicht. Incognito reisend wirkte der Herzog auf Uneingeweihte wie ein Forstbeamter. Aber das Wissen um die Tugenden und Schwächen der Vorfahren schärfte die Augen seiner Mutter und der Erzieher, die sie dem Erbprinzen bestellte, für Lob und Tadel, Korrektur und Bestätigung. In Anna Amalias Umgebung war man aufgeklärt und dennoch fromm, tolerant und zugleich wachsam. Das hohe Amt, das ihn erwartete, warf seine Schatten schon in die Kinderstube des Erbprinzen.

Dabei machen sich die Erziehenden wenig Gedanken darüber, wie die Strenge einer Autorität auf ein Kind wirkt, das früh seinen viel höheren Rang ahnt. Von Zeit zu Zeit führt man den Prinzen einer Öffentlichkeit vor. Ihm, der sich hinter den Kulissen unausgesetzt maßregeln lassen muß, der in Arrest kommt, wenn er die Hosen vollmacht, der seine Verfehlungen allabendlich wie ein Sündenregister aufzuzählen hat, bringen Unbekannte die respektvollsten Huldigungen entgegen. Es gehört noch zu den pädagogischen Irrwegen der Zeit, Kinder wie kleine Erwachsene zu behandeln und auch so zu kleiden. Ein gutes Betragen, worunter man unter den verschärften Bedingungen bei Hofe eine steife Einhaltung der Etikette versteht, glaubt man ihm am besten anzugewöhnen, indem man ihn und seinen Bruder mit Erwachsenen von Stand speisen läßt. Das sind außer dem Grafen Görtz, der die Erziehung übernimmt, und dem Konsistorialrat Seidler, der den Bildungsweg der Prinzen geistlich beaufsichtigt, der Hofmarschall von Witzleben, der Oberforstmeister von Schardt, die Geheimen Räte von Greiner, von Fritsch, von Nonne und Kammerrat Berendis, ein Freund Winckelmanns. Es braucht die Mutter eigentlich nicht zu ängstigen, daß der Sechsjährige nach dem Hofzeremoniell anläßlich des Besuchs der preußischen Prinzen bei der geringsten Lockerung der Zügel, sich endlich allein im Zimmer wähnend, seine Stimme lautstark ausprobiert, ungebärdig tanzt und wild herumtollt, daß er eigensinnig, ja aufsässig reagiert, sobald er wieder in die Zucht genommen wird, daß er Grimassen schneidet. Nur während der Sommermonate in Schloß und Park Belvedere darf er sich nahezu ungezwungen bewegen.

Ein Kind, an dem man so herumzerrt, wird altklug. Mit knapp fünf Jahren weiß Carl August, daß er an die Regierung kommen wird und dann „generös" sein muß. Immer wieder schärft man ihm ein, er dürfe mit Untergebenen nicht allzu familiär verkehren. Das Hofzeremoniell lehrt nachhaltiger als Worte: Der Erbprinz läßt sich gern die Hand küssen und genießt es spielerisch, Almosen zu verteilen. Im Stallgeruch adliger Männer, die ihre Zeit am liebsten auf der Jagd verbringen, keimt auch seine Jagdleidenschaft, und Versuche, ein Mitleid für Tiere zu wecken, finden kein Verständnis. Ein Erbprinz möchte auch hier und da ein bißchen Kaffee oder Champagner probieren – wer außer der Mutter dürfte es seinem Rang abschlagen? Wenn er davon nervös und fahrig wird – wen darf es wundern?

1763 hat der Sechsjährige zur Eröffnung und zum Schluß des Landtages zu reden. Die Anreden und Komplimente, die ihm vorgesagt wurden, bis er sie auswendig konnte, ohne sie zu verstehen, bringt er alle richtig über die schmalen Lippen seines kleinen Mundes. 1765 zeigt sich der Erbprinz „unter allgemeinem, rührenden Beifall unzähligen Volkes", wie Graf Görtz protokolliert, zum erstenmal in Eisenach. Das Land wartet voll Ungeduld darauf, daß dieser kleine Herr wirklich erwachsen ist. Bis dahin ist es aber noch ein langer, für ihn von lauter Unbegreiflichkeiten gesäumter Weg.

REGENTIN ANNA AMALIA

Alles, was das fürstliche Kind noch nicht begreift, liegt vorerst in den schmalen Händen und hinter der hochgewölbten Stirn seiner Mutter. Aber für die noch nicht neunzehnjährige schwangere Witwe überstürzen sich nicht nur die Ereignisse, sondern auch die Anforderungen. In den Jahren, wo sonst alles blühe, schreibt sie in ihrer kleinen Autobiographie „Meine Gedanken", sei bei ihr „Nebel und Finsternis" gewesen. Sie sucht ihre Zuflucht im Gebet. Das spendet Trost und inneren Halt, löst aber kein einziges Problem. Das brennendste besteht darin, daß sie selber noch nicht mündig ist. Sie hat viel zu verantworten, und was sie in dieser ersten Phase des Siebenjährigen Krieges dem Selbstlauf überließe, würde sich nicht nur gegen sie richten, sondern auch für Sachsen-Weimar-Eisenach zum Nachteil ausschlagen.

Um dem Chaos zuvorzukommen, das den Regierungsgeschäften droht, eilt ihr Vater Carl I. von Braunschweig-Wolfenbüttel herbei. Die Mutter Philippine Charlotte kommt nach und steht ihr bei der zweiten Niederkunft bei. Der fremde Landesherr bringt, als gäbe es am Weimarer Hof nicht den zuverlässigen Ersten Minister Bünau, seinen Vizekanzler Georg Septimus Andreas von Praun mit. Graf Bünau hat zum zweiten Mal Grund zu erschrecken.

Das erste Mal ist die Eröffnung des Testaments gewesen, noch am Sterbetag: Mit dem 21. Februar 1758 hatte der kränkelnde Herzog auf Bünaus Vorschlag hin verfügt, Friedrich V., König von Dänemark, solle für den Erbprinzen die Obervormundschaft übernehmen. Das hätte auch die Mutter im Stand eines Mündels gehalten und Bünau alle Freiheiten gelassen. Aber Johann Christian Daniel Engelhardt, Leibchirurg und Kammerherr des Toten, weist eine spätere letztwillige Verfügung von der Hand des Erblassers vor, die Bünau gar nicht kennt: Am 22. März hat Ernst August Constantin sein Testament dahin geändert, daß Anna Amalia bei seinem Tod sofort den deutschen Kaiser um die „venia aetatis", die vorzeitige Volljährigkeit für sich selbst, und die Obervormundschaft und damit die Regentschaft ersuchen solle. Für den Dänenkönig bleibt nur eine Art Ehrenvorsitz unter denen, die sich um die Erziehung des Erbprinzen und die Geschicke des Landes zu kümmern haben. Der Besuch aus Braunschweig kann sich spröde über Bünau hinwegsetzen. Nur noch mit Nebenaufgaben bedacht, braucht der Graf nicht lange zu rätseln, woher der ihm verborgene Sinneswandel des Verstorbenen gekommen ist. Was da geschieht, muß auf ihn wirken wie ein braunschweigischer Staatsstreich am Weimarer Totenbett und vor den Türen von Carl Augusts Kinderstube. Er weiß, er ist erledigt.

Aber er hat noch eine Frist. Auch Wien und die sächsischen Verwandten beargwöhnen das Engagement Braunschweigs. Die gewünschte Volljährigkeit wird zwar am 1. August erteilt. Sie gibt der Witwe aber nur die Vormundschaft über die Prinzen. Gegen ihre Regentschaft erhebt Kaiser Franz I. Einwände. Die Vormundschaftsregierung muß am 30. November gesondert beantragt werden. Erbansprüche Gothas bedürfen eingehender Prüfung. Mehr als ein Jahr vergeht vom Tod des jungen Herzogs bis zur endgültigen Klärung. Der Kaiser stellt zunächst eine Bedingung: Kurfürst Friedrich August II. von Sachsen, August III. als König von Polen, soll sich zur Hälfte am Regieren beteiligen. Proteste an den Reichstag, unterstützt von französischer Diplomatie, haben jedoch Erfolg. Die habsburgischen Vorbehalte erweisen sich als fadenscheinig: Das eigene Haus hat unlängst ein Beispiel gegeben. Nach der „Pragmatischen Sanktion" von 1713 war Maria Theresia als Erbin ihres Vaters, Karls VI., der den einzigen Sohn früh verloren hatte, Regentin. Diese Ausnahmeregelung, die für Österreich eine weibliche Erbfolge zuließ, während Maria Theresias Gatte, Großherzog Franz Stephan von Lothringen ab 1745 als Kaiser Franz I. das deutsche Reich regierte, war eigens getroffen worden, damit die österreichischen Erblande ungeteilt blieben. Gerade darum geht es nun auch in Sachsen-Weimar-Eisenach. Am 9. Juli 1759 wird die Herzoginwitwe Anna Amalia, Vormund ihrer beiden Söhne, auch als „Vormundschaftsregentin" anerkannt.

Mit dem 30. August beginnt die siebzehnjährige Regierungszeit der Herzoginwitwe. Keine zwei Wochen später, am 8. September, ist Graf Bünau entlassen. Für etwaige Intrigen in Dresden, wo er ohnehin kein Prestige mehr hatte, fehlen Belege. Es blieb ihm keine Wahl, als sich korrekt zu verhalten. Er war loyal geblieben. Geholfen hatte es ihm nichts. Mit väterlichem Rat hätte es Carl I. wie auch Friedrich III. von Sachsen-Gotha praktischer gefunden, sich der Dienste eines so erfahrenen Mannes noch eine zeitlang zu versichern. Es muß Bünau so scheinen, als hätte er gerade mit seinen Verdiensten um Weimar an dem Ast gesägt, auf dem er saß. Anna Amalia läßt sich ausschließlich von einer lange gehegten Antipathie leiten und nimmt einen läppischen Formfehler zum Anlaß: Sie hat einen Schriftverkehr Bünaus mit dem Pfalzgrafen von Zweibrücken nicht zu sehen bekommen. Schriftlich kanzelt sie ihn ab. Der Graf versteht, daß es für ihn höchste Zeit ist, seinen Abschied einzureichen und sich auf sein Landgut in Oßmannstedt zurückzuziehen.

Mit einigem Recht darf er als Grund anführen, daß man seine Amtsführung behindert, indem man ihm das nötige Vertrauen vorenthält. Nicht nur die Regentin, die allgemeine Stimmung ist gegen ihn. Die Leute, die der braunschweigische Herzog mitgebracht hat, wissen genau, wie unbeliebt sich Bünau durch Sparsamkeit und Pedanterie bei den Schranzen gemacht hat. Sie nutzen das für die eigenen ehrgeizigen Ziele. Praun wird von Carl I. zwar zurückgerufen. Doch ein gewisser Levin Christian Kotzebue setzt sich in Weimar als Kabinettsekretär fest. Sein Sohn August, ab 1785 „von" Kotzebue, wird erst als seichter, aber erfolgreicher Bühnenautor von sich reden machen, dann als Opfer eines politischen Mordes.

Stellvertretend für den Erbprinzen Carl August regiert Anna Amalia „von Gottes Gnaden". Sie braucht die Räte und Minister, den Landtag nur anzuhören und darf, so will es die Feudalordnung immer noch, mit ihrer von Gott erteilten Autorität anders entscheiden. Mit Gutdünken und einsamen Beschlüssen hat das dennoch wenig zu tun. Sie kann zwar durchsetzen, was sie für geraten hält, nachdem sie jeden Rat geprüft hat, und braucht sich um den Vorwurf der Willkür wenig zu kümmern. Aber sie weiß auch, daß sie alles ganz allein verantworten muß, wenn nicht vor dem Kaiser, den Ständen oder vor dem ganzen Volk, so doch, und das wiegt in diesem Verständnis von Ordnung weitaus schwerer, vor Gott, der fürchterlicher straft als jede irdische Gewalt, und sei es aufständischer Pöbel. Die Aufgabe, vor der sie steht, ist eine doppelte: Sie muß das Land auf die Regierung ihres Sohnes vorbereiten, und sie muß Carl August darauf vorbereiten, das Land zu regieren.

Letzteres hat Zeit. Der Erbprinz steckt noch im ersten Paar seiner Kinderschuhe. Aber das Land kann keinen Tag mehr warten. Der Siebenjährige Krieg ist in sein viertes Jahr gegangen. Schon ihr verstorbener Gatte durfte keine Rücksicht darauf nehmen, daß der Preußenkönig ihr Onkel ist. Ebensowenig kann Anna Amalia sich davon leiten lassen, daß ihr braunschweigischer Vater mit dem Geächteten paktiert. Die Staatsräson verlangt, daß Weimar dem Reichsinteresse dient. Aber wie furchtbar Friedrich mit Ländern umspringt, die nicht an seine Seite getreten sind, hat Kursachsen erfahren müssen, das sich durch die Ehe Friedrich Augusts II. mit Maria Josepha, einer Tochter des Kaisers, Österreich verpflichtet fühlte. Der Krieg ist durch englische und französische und russische Interessen inzwischen ein europäischer geworden, mehr noch: Truppen des britischen Königs, der mit Preußen verbündet ist, unter ihnen braunschweigische „Landeskinder", die Carl I. bedenkenlos verkauft, tragen in Nordamerika gegen Truppen des mit Österreich verbündeten Frankreich einen erbitterten Kolonialkrieg aus. Die schwere Niederlage bei Kunersdorf am 12. August 1759, gut zwei Wochen vor Anna Amalias Regierungsantritt, hat den Preußenkönig fast in die Kniee gezwungen. Aber er gibt nicht auf, und das „Mirakel des Hauses Brandenburg", der Tod der Zarin Elisabeth, mit dem Rußland den Kriegsschauplatz verläßt, wendet das Blatt für ihn.

Die hundertfünfzig Soldaten, die er 1761 aus Weimar anfordert, bleiben aus. Mit Billigung der Regentin haben sich die jungen Männer vor den preußischen Werbern in den Wäldern versteckt. Der kriegerische Oheim erneuert seine Forderung und verlangt vierhundert. Widerstrebend schickt sie Teilkontingente. So bringt der Krieg zwangsläufig Sachsen-Weimar-Eisenach und Preußen einander näher. Der Friede von Hubertusburg segnet die freundlichen Beziehungen zum Sieger ab. 1765 bekommt Anna Amalia mit der Heirat ihrer Schwester Elisabeth und des Kronprinzen, des späteren Königs

Friedrich Wilhelm II., zu ihrem preußischen Onkel noch einen preußischen Schwager, nicht ohne Folgen für die Politik, der späterhin der Erbprinz als Herzog wird folgen müssen.

Für die Belastungen von Krieg und Nachkrieg ist das Ländchen viel zu arm. Die kurze Amtszeit Bünaus hat nicht gereicht, die zerrütteten Finanzen zu konsolidieren, einen bestechlichen Beamtenklüngel aus seinem Schlendrian zu scheuchen. Das Geld selber taugt nicht mehr viel: Ein Hauptgespenst des Krieges heißt Münzverschlechterung. Ein Sparkurs und wiederholtes Drehen an der Steuerschraube helfen da wenig, zumal fast ausschließlich, noch in Dreifelderwirtschaft, Landwirtschaftliches produziert wird. Das Handwerk erzeugt nur, was im Land gebraucht wird. Der Bergbau im Ilmenauer Landesteil ruht. Handelswaren werden nur in kleinen Manufakturen hergestellt, in den Apoldaer Strumpfwirkereien, den Glasbläsreien am Saum des Thüringer Waldes. Aber die große Handelsstraße von Frankfurt am Main nach Leipzig biegt in Erfurt nordwärts nach Eckartsberga ab und berührt weder Weimar noch Apolda. Im Krieg war das kein Vorteil, im Frieden ist es ein Nachteil. Einige absolutistische Landesherren versuchen ihren rasch zunehmenden Finanzbedarf nach den Grundsätzen des Merkantilismus zu decken, indem sie möglichst viel Geld ins Land holen und möglichst wenig hinauslassen. Für einen zersplitterten Kleinstaat wird das zum Hemmschuh: Monopolbestrebungen, Abnahmezwänge, Import- und Exportbeschränkungen und Verbote, Ein- und Durchfuhrzölle lassen den Protektionismus giftige Blüten treiben. Der Krebsschaden liegt aber gerade in der „Ordnung", die ein Landesherr um keinen Preis umwirft: Der Adel enthält dem Staatswesen, das er tragen will, die bedeutendsten Mittel vor, indem er sich selbst von allen Steuern befreit.

Eine zuverlässige Stütze hat die Regentin in dem Geheimen Consilium, nach der Mode französisch auch „Conseil" genannt. Sie erbt dieses oberste Regierungsorgan von ihrem Mann, läßt es aber, wie Bünaus Schicksal gezeigt hat, nicht unverändert, bis sie es als funktionstüchtiges Machtinstrument in Carl Augusts Hände legt. Sie übernimmt den Geheimen Rat Rhedinger und überträgt dem Geheimen Rat Gottfried von Nonne, für den sie den Adelstitel erwirkt hat, die Leitung des Gremiums. Es war dieser fleißige, in seinem Ehrgeiz recht intrigante Jurist, vermutlich aus Hildburghausen stammend und schon seit 1756 Mitglied des Consiliums, der es Anna Amalia hinterbrachte, daß Bünau ihr nicht alle Briefe zeigte. Schon 1765 schließt er die wachsamen Augen für immer.

Zu weit größeren Ehren bringt es Johann Poppo von Greiner, der, gleichfalls aus kleinen Verhältnissen kommend und Bünaus Zögling, von ihm aus Eisenach empfohlen, mit Nonne geadelt wird. Bis zu seinem Tod 1772 gelangt der wendige und offenherzige Mann ohne die Schmeichelei des Höflings, die Anna Amalia verhaßt ist, so tief in das Vertrauen der Regentin, daß sie ihn „Freund", ja „Vater" nennt und seine Schulden übernimmt. An seine Stelle rückt der Geheime Assistenzrat Christian Friedrich Schnauß, Nachfahr eines Kammerdieners und eines Stadtbaumeisters. Nach einem Jurastudium in Jena hat er sich, manche Zurücksetzung erduldend, in Eisenach emporgearbeitet, zum Regierungsrat, zum Hofrat. Sein Kunstsinn wird ihn nach anfänglicher Skepsis Goethe nahebringen und später, als alten Mann, über die Zeichenschule, die Bibliothek und das Münzkabinett setzen.

Den nachhaltigsten Einfluß erarbeitet sich Jakob Friedrich Freiherr von Fritsch. Sein Großvater ist noch ein kleiner Verlagsbuchhändler in Leipzig gewesen. Das Hofleben in Dresden, wo der Vater als kursächsischer Minister Augusts des Starken 1730 geadelt wurde, hat einen gewissen Dünkel in sein Gesicht gelegt, mit dem es Goethe noch zu tun bekommen wird. Bünau holte sich den fähigen Juristen nach erfolgreichem Studium in Leipzig nach Eisenach. 1762 ins Geheime Consilium berufen, übernimmt er nach und nach die Aufgaben Nonnes und Greiners. Fünf Jahre später ist er nach der Regentin der mächtigste Mann im Ländchen. Mit manchem kühnen Spruch, mit manchem harten Urteil riskiert er zwar in Weimar viel, aber nicht seine Existenz. Vom Vater ererbter Grundbesitz in Kursachsen macht ihn unabhängig. Ein ausgeprägtes Selbstbewußtsein verhütet, daß er der gefügige Höfling wird, den Anna Amalia verachtet hätte. Auch als der „Wirkliche Geheime Rat", zu dem sie ihn 1772 ernennt, leistet er es sich, unbequem zu werden, wenn er etwas nicht anders verantworten kann. Freiherr von Fritsch bleibt neben Schnauß der einzige in Anna Amalias Geheimem Consilium, der auch Carl Augusts Regierung dient. Johann Christoph Schmidt, seit 1756 Sekretär des Gremiums, rückt erst 1776 zum Mitglied auf. Die Privatschatulle der Regentin verwaltet Hieronymus Dietrich Berendis, ein Militärjurist, aus preußischen Diensten auf Empfehlung seines altmärkischen Landsmannes Winckelmann von Bünau nach Weimar geholt. Zunächst hat er als Hofmeister des Sohnes gedient. Dann ist er ins Kriegskollegium berufen worden, und ab 1751 ist er Erster Minister der für Carl Augusts Vater amtierenden Regierung gewesen.

Der Hilfe dieser Männer versichert sich Anna Amalia bei ihren Bemühungen, den Staat in Ordnung zu bringen und in Ordnung zu halten. Die Landtage findet sie weniger hilfreich. Nur 1763 und 1768 erscheint sie vor den Ständen, obwohl sie es alle fünf Jahre müßte. Da von dem, was dort verhandelt wird, nichts sie bindet, nimmt sie sich bis zu Carl Augusts Volljährigkeit dafür keine Zeit mehr.

Auf die Finanzen schaut sie besonders streng. Wöchentlich läßt sie sich Kassenbericht erstatten. Umsichtig streicht sie überflüssige Ausgaben, kürzt sie Gehälter, die ihr zu üppig scheinen, denkt sie sich neue Steuern aus. Für Hofbedienstete gelten Ausnahmeregelungen, etwa die „Freizettel" beim „Sperrgeld" an Weimars vier Toren. Selber gibt sie, an eine anspruchslose Lebensart gewöhnt, nur wenig aus, so daß sie immer etwas für Zuschüsse übrig hat, sobald im Haushalt eine Lücke klafft. Damit man bei den Wohlhabenden ihrem Vorbild nacheifere, erläßt sie Verordnungen gegen übertriebenen Aufwand bei Familienfeiern. Feste Preise für landwirtschaftliche Produkte regulieren einen Markt, den jede Mißernte schwer erschüttern kann. Trotzdem regt sich Unmut. Neue Steuern empfindet der Bürger, zumal sie den Adel nicht mitbetreffen, als Willkür. Die Stände geben ihr zu verstehen, daß sie sich mißachtet fühlen, wenn sie auf dem Landtag nicht erscheint.

Bei allem, was sie anordnet oder entscheidet, läßt sich die aufgeklärte Regentin von der Vernunft leiten. Es ist aber eine strenge, keine tolerante Vernunft. Die Ideen des Jahrhunderts werden mit Wohlwollen betrachtet. Aber Vernunft, Räson, heißt auch im aufgeklärten Absolutismus vor allem: Staatsräson. Sie ist das oberste Gebot der Rechtspflege, auch wenn sie sich als reformiert versteht, und einer Religionsausübung, die letztlich das Bestehende zu sanktionieren hat, auch wenn man bei Hofe, besonders im Kabinett, über geistliche Fragen recht ungezwungen denkt und den Freimaurern zuneigt: Die 1764 gegründete Loge ehrt sich mit Anna Amalias Namen. In beengten Verhältnissen kann die Aufklärung konservativ wirken, indem sie sich darauf beschränkt, Vernunftgründe für Überkommenes zu liefern, von der Kleiderordnung bis zur Bauvorschrift. Räson ist eine Staatsangelegenheit. Wie schon Ernst August Constantin verbietet Anna Amalia ausdrücklich und unter Strafandrohung alles öffentliche „Räsonieren" und wundert sich, daß man darüber murrt. Auch die Generalpolizeidirektion, die sie 1770 einrichtet, findet nicht den ungeteilten Beifall der Untertanen, da sie die Übernachtung in Wirtshäusern meldepflichtig macht. Noch Carl August wird sich einiger Proteste gegen sie erwehren müssen.

Das Augenmerk der Landesmutter richtet sich schon aus protestantisch-pietistischer Religiosität auf die Bedürftigsten, auf Arme und Bettler, aber auch auf fragwürdige Sitten in den unteren Ständen und auf liederliche Frauenzimmer. Brot wird kostenlos ausgegeben, Almosen werden gesammelt und verteilt, ertappte Huren polizeilich außer Landes gebracht. Für Kranke, die keinen Arzt bezahlen können, hat die Gemeinde aufzukommen. Doch 1770/71 wird Thüringen von einer schweren Hungersnot heimgesucht. Die Sorgfalt, mit der die Landesherrin Palliative anwendet, richtet nichts aus gegen das Grundübel.

Sachsen-Weimar hat schon 1619, allen deutschen Teilstaaten voran, die Schulpflicht eingeführt. Über die Qualität der Schulen besagt das noch nichts. Aus Wolfenbüttel bringt die Regentin einen wachsamen Blick für das Bildungswesen mit. Von der Universität Jena läßt sie das Weimarer Gymnasium überprüfen. Die Ergebnisse schlagen sich in neuen, präzisen Schulgesetzen nieder. Unfähige Lehrer werden entlassen, Neueinstellungen sorgfältig erwogen. Von einem Musenhof ist noch nicht viel zu ahnen. Der erste Dichter, den Anna Amalia nach Weimar holt, ist der in Jena geborene, in Eisenach aufgewachsene Johann Carl August Musäus, am bekanntesten durch seine 1782–1786 erschienene Sammlung „Volksmärchen der Deutschen". Der Sohn eines Landrichters und Neffen des Generalsuperintendenten hätte nach acht Semestern Theologie eigentlich ein Pfarramt übernehmen sollen. Aber die Bauern von Farnroda wiesen ihn zurück, weil er zu gern tanzt. Auch sein Roman „Grandison der Zweite oder Geschichte des Herrn von N." (1760–1762), eine Travestie auf die Moderomane Samuel Richardsons, hat ihn der Laufbahn eines Kirchenmannes entfremdet. Die Regentin macht ihn 1763 zum Hofmeister ihrer Pagenschule und 1769 zum Professor für alte Sprachen und Geschichte am Weimarer Gymnasium und ist wohl nicht ganz unbeteiligt daran, daß er 1770 eine Wolfenbüttelerin heiratet. Als Librettist ist er ihr für ihr Liebhabertheater hochwillkommen.

An der Universität selbst liegt einiges im argen. Die ernestinischen Teilhaber Gotha, Meiningen und Coburg beteiligen sich an der Finanzierung mit recht unterschiedlichem Eifer. Oft weiß die eine Hand nicht, was die andere ausgibt. Unzulänglich bezahlte oder ungerecht eingestufte Professoren lassen die Zügel schleifen, die der Studenten wie die eigenen. In den Vorlesungen werden Pfeifen geraucht und Nüsse geknackt. Im 18. Jahrhundert gilt die Alma mater Salana als Deutschlands liederlichste Universität. Lange sind es nur Duelle und andere Ehrenhändel und das Rumoren in den Hörsälen, die für Unruhe sorgen; für Carl August werden die ungelösten Probleme zum Ende des Jahrhunderts ein Politikum.

Die Ackerbürgerresidenz Weimar, an die Namen wie „Ackerwand", „Mostgasse", „Schweinemarkt" und „Ochsenwiese" noch lange erinnern, wird in Carl Augusts Kindheit städtischer. Nach und nach bekommen die kotigen Straßen ein – allerdings holpriges – Pflaster. Strohdächer weichen Ziegeldächern. Die übelriechenden Abwässer in offenen Gräben werden in eine Kanalisation verbannt. Die Handlaterne, die man bei abendlichen Gängen tragen muß, die Fackeln, mit denen Läufer den Fuhrwerken und Kutschen voranstürmen, erübrigen sich durch eine erste Straßenbeleuchtung. Das belebt die geselligen Abendunterhaltungen, nicht nur die Damenkränzchen und das Billardspiel der Herren, die Tarock- und Pharo-Runden, sondern auch Bälle, Konzerte und Theateraufführungen.

Im Grünen Schloß finden die rund 11 000 Bände der Büchersammlungen, die Herzog Wilhelm Ernst zusammentrug, endlich einen würdigen Platz. Sowohl die ungeordneten, schlecht gepflegten Stapel als auch der Bau aus dem Jahr 1565 haben sich bis dahin in einem erbärmlichen Zustand befunden. Der Geheime Rat von Greiner drängt auf eine Wiederherstellung des heruntergekommenen, mit Gerümpel vollgestopften Gebäudes. 1761–1766 wird daraus unter dem Baumeister Friedrich August Straßburger der zweckdienliche und in seinen klaren Formen und ausgewogene Farben doch grazile Rokokobau der Fürstlichen Bibliothek. Um ein zentrales Oval versammeln Galerien die ledergebundenen, goldgeprägten Schätze. Von dem verheerenden Brand, der am 6. Mai 1774, im vorletzten Regierungsjahr der Regentin, das Weimarer Schloß, die alte Wilhelmsburg, fast völlig vernichtet und in der eben erblühten Stadt auf lange eine rußgeschwärzte Großruine hinterläßt, bleiben sie verschont.

FÜRSTENERZIEHER

Goethe schrieb 1807 in seinem Nachruf auf die Herzoginmutter Anna Amalia: „Vortreffliche, verdienstvolle Lehrer wurden angestellt, wodurch sie zu einer Versammlung vorzüglicher Männer Anlaß gab und alles dasjenige begründete, was später für dieses besondere Land, ja für das ganze deutsche Vaterland, so lebhaft und bedeutend wirkte." Er selbst war in die „Versammlung vorzüglicher Männer" getreten, als Carl August sein Herzogtum schon selbst regierte.

Anna Amalia nimmt den zweiten Teil ihrer Aufgabe, die Vorbereitung ihres Sohnes aufs Regieren, so ernst wie den ersten. Mit den Lehrern, die sie für den Erbprinzen und seinen Bruder bestellt, ist sie sich einig: Ein musterhafter Fürst soll herangebildet werden, wie ihn die Zeit eines unbegrenzten pädagogischen Optimismus mehr sich erträumt als wirklich kennt. Der Hochadel hält seine Kinder noch aus jeder öffentlichen Bildungseinrichtung heraus. Aber der Privatunterricht ist immer offener, praxisverbundener geworden. Ein künftiger Landesvater hat alle Stände seiner künftigen Untertanen zu sehen. Der Fürst wird selbst oberster Erzieher sein und stets das Schulwesen seines Landes im Auge behalten. Und da Religiosität als einziger Garant eines sittlichen Verantwortungsgefühls gilt, muß er gottesfürchtig sein.

Folglich ist der erste Mann, der lenkend auf die Seelen der beiden Knaben einwirkt, ein Geistlicher. Mit drei Jahren schon zeigt der Erbprinz eine Neigung, sich den Frauen, die ihn umhegen, zu entwinden und alles zu ertrotzen, was er will. Die Mutter beobachtet besonders genau Anlagen, die einen künftigen Despoten verraten könnten, und versucht ihnen konsequent zu begegnen. Auf Empfehlung ihres Vaters hat sie im Frühjahr 1761 vom Braunschweiger Carolinum einen bürgerlichen Gymnasiallehrer und lutherisch-pietistischen Theologen nach Weimar geholt, den Carl I. herablassend als „un meuble très utile" bezeichnet: Johann Wilhelm Seidler.

Bis 1776 bewohnt er die Dienstwohnung an der Stadtkirche St. Peter und Paul. Dann muß er sie für Herder räumen; im Jahr darauf stirbt er. Seidler, bis er nach Weimar kommt, auch Redakteur der Gelehrten Beiträge in den „Braunschweigischen Nachrichten", ist damit endgültig Kirchenmann: Mitglied des Konsistoriums, erhält er bald den Titel eines Konsistorialrates. Mit der Denkschrift „Entwurf der Unterweisung und Erziehung des Durchlauchtigen Erbprinzen Herrn Herzogs Carl" vom 20. April empfiehlt er sich bestens für die Phase des fürstlichen Bildungswesens, die nach unseren Begriffen dem Vorschulalter entspricht. Sein Muster ist vermutlich die 1755 erschienene Schrift „Theorie von den natürlichen Trieben" eines Johann Friedrich Scholz, die zusammenfaßt, was man um die Mitte des 18. Jahrhunderts unter aufgeklärter Psychologie versteht. Zu ihren Wiederentdeckungen gehört die uralte Methode des Sokrates, durch wohlgezielte Fragen im Schüler selbst die richtige Erkenntnis zu erzeugen.

Seidler lehrt die beiden Knaben das Beten und die zehn Gebote, fragt sie ab, was sie in der Sonntagspredigt gehört haben, knüpft daran an mit Grundbegriffen der Religion nach Luthers Katechismus und August Hermann Franckes Schriften. Die „Gespräche aus der biblischen Geschichte" eines Sebastian Castellio ersetzen die noch zu schwierige Originallektüre der Bibel. Früh übt er mit ihnen Lesen und Schreiben, Zählen und Rechnen. Später obliegen ihm noch Geographie und Latein. Aber der fromme Mann ist dem sprunghaften Temperament Carl Augusts so wenig gewachsen wie vorher die Kindermädchen, die Kammerfrau Michaelis, die Erzieherin Fräulein von Quernheim und die Mutter. Anna Amalia sucht nach einer energischeren Hand. In einem Schreiben vom 31. Oktober 1759 hat Graf Johann Eustachius von Görtz zu Schlitz, derzeit in Gothaischen Diensten, den Wunsch geäußert, wieder nach Weimar zu kommen, wo er schon als Regierungsassesor tätig war. Auch er kommt vom Braunschweiger Carolinum, ist wie die Mitglieder des Geheimen Consiliums ein Zögling Bünaus und wie diese ein unzufriedener. Nach juristischen Studien in Leyden, Den Haag und Straßburg hat er es im Weimar Bünaus nicht lange ausgehalten. Als Sproß einer alten hessischen Adelsfamilie, die früh schon das Stift

Fulda bezeugt, 1563 zum evangelischen Glauben übertrat und 1726 zu Reichgrafen erhoben wurde, ist er standesgemäß. Mit seinen knapp fünfundzwanzig Jahren steht er den Prinzen auch näher als Seidler. Daß der Kurzsichtige kein guter Reitlehrer sein wird, gleicht einstweilen der Stallmeister Gottlob Ernst Josias von Stein aus.

Anna Amalia, selbst noch keine zweiundzwanzig Jahre alt, holt für die Einstellung des Grafen erst die Zustimmung ihres Vaters ein. In einem Schreiben an das Geheime Consilium erklärt sie sich am 4. Mai 1761 (im Original französisch): „Endlich blieb ich beim Grafen Görtz stehen und glaube von ihm versichern zu können, daß er Christ ist, ein Mann von Ehre und Rechtschaffenheit, sicherlich das erste Erfordernis für alle Ämter, ganz besonders für das des Erziehers. Er ist geradsinnig, hat Geschmack und Weltläufigkeit. Sein Geist ist aufgeschlossen, er zeichnet sich durch schöne Kenntnisse aus, die er täglich durch eifrige Lektüre und wissenschaftliches Studium zu mehren sucht. Seinen deutschen Stil kenne ich nicht; aber das Französische, das er spricht und schreibt, ist vortrefflich. Er ist nicht keck oder anmaßend, sondern bescheiden und von anspruchslosem Auftreten, vielleicht ein wenig schüchtern. Er ist weder ein Ränkeschmied noch ein Menschenfeind, sondern verbindlich und gefällig. Sein einziger Fehler ... ist seine satirische Ader und ein Hang zur Malice, indessen ohne jede Bösartigkeit. Früher zeigte er eine starke Leidenschaft fürs Spiel; aber er hat sie aufgegeben und läßt sich nicht mehr aufs Hasardieren ein. Seine Jugend bildet für mich kein Hindernis; im Gegenteil, sie nimmt mich für ihn ein".

Zehn Tage später stimmt das Geheime Consilium der Wahl Anna Amalias zu. Am 3. September, dem vierten Geburtstag des Erbprinzen, wird Kammerjunker von Görtz mit 600 Reichstalern Jahresgehalt der Kavalier der Prinzen. Dem „hochpreislichen Geheimen Consilium" versichert er, sich um eine Pflichterfüllung zu bemühen, wie er sie vor Gottes Richterstuhl verantworten könne. Den Titel eines Legationsrates erhält er erst im Dezember 1764. Nach Anweisungen, die noch Seidler ausgearbeitet hat, beginnt am 27. April 1762 für Carl August ein regulärer Unterricht bei seinem Prinzenerzieher und „Gouverneur". Später wird sein Bruder Constantin hinzugenommen. In einer gesonderten Zimmerflucht der

Wilhelmsburg und sommers in einem Pavillon des Schlosses Belvedere werden die Prinzen und ihre Lehrer mit Dienern und einem Koch wie in einer pädagogischen Miniprovinz vom übrigen Hof abgeschirmt. Leibchirurgus Engelhardt schaut von Zeit zu Zeit auf ihre Gesundheit. Vormittags um neun beginnen die Lektionen, wegen des Altersunterschiedes nur zu einem Teil gemeinsam. Nach einem kurzen Besuch bei der Mutter, der täglichen „Aufwartung", tafeln sie zu Mittag mit ausgewählten Erwachsenen von Rang. Der Nachmittag gehört erneuten Unterweisungen und Wiederholungen, und auch die Abendstunden, gewöhnlich im familiären Kreis, vergehen nicht ohne pädagogische Aufsicht. Das kindliche Fassungsvermögen wird oft überfordert. Für Entspannung und Bewegung an frischer Luft bleibt wenig Raum in dieser straffen Einteilung der Tage. Spaziergänge, Ausflüge mit Picknick, Fahrten im Wagen oder mit dem Schlitten sind selten.

In halbjährigen Berichten an die Herzoginmutter oder, wenn sie verreist, in Briefen, gestützt auf ein „Journal", eine Art Tagebuch, das auch Privates enthält und viel über den Berichtenden selbst erzählt, legt Görtz über die Fortschritte und Ergebnisse seiner Bemühungen Rechenschaft ab. Alle Stundenpläne legt er zur Genehmigung vor. Seine Beurteilungen anderer Lehrer fallen schonend bis wohlwollend aus. Aber Görtz selbst hat Schwierigkeiten, besonders mit dem Erbprinzen. Das Hauptproblem ist die bei aller Aufgeklärtheit noch autoritäre Erziehung ranghöherer Kinder. „Eigennutz und Stolz", beteuert er in einem Promemoria am 30. November, „sind Gott sei Dank Laster, die meine Seele nicht beunruhigen." Aber er scheint zunehmend damit überfordert, Tag für Tag von morgens bis abends über die Lektionen, Fleißübungen und Spiele, über die Launen und Unarten der beiden Prinzen zu wachen. Der überempfindliche, argwöhnische Pedant nimmt sein Amt wohl zu genau. Er verinnerlicht Anna Amalias übertriebene mütterliche Furcht vor charakterlichen Auswüchsen ihrer Söhne, läßt absolut nichts durchgehen und quält damit sich selber mehr als seine Zöglinge. Sein Privatleben – 1768 heiratet er ein Fräulein von Üchtritz aus Gotha – bleibt auf der Strecke. Er ist bereit gewesen, ganz in seiner ehrenvollen Aufgabe aufzugehen, gerät aber in einen verständlichen Widerstreit mit den eigenen Ansprüchen an das Leben. „Ich opfere", klagt er, „dem theuersten Printzen meine besten Jahre auf, ich entsage allen übrigen Vergnügungen der Welt, dem zärtlichen und mir so angenehmen Umgang mit den Meinigen, mit meinen Freunden, um mich völlig meiner Pflicht zu widmen."

Neue Fächer kommen in den Stundenplan. Seidler bleibt bis zur Konfirmation für die Religion zuständig. Schon 1763 hat es Anna Amalia für geraten befunden, einen dritten Prinzenerzieher zu berufen. Gottlob (oder Gotthold) Ephraim Heermann, bis dahin freiherrlich Rothenhahnscher Secretarius, nun „Obervormundschaftlicher Rat", ein Freund des Dichters Gleim in Halberstadt, gibt Geographie, Geschichte und Heraldik. Über diese einem künftigen Monarchen unerläßlichen Fächer hinaus macht er sich mit Texten und Singspielen beliebt, die Kapellmeister Ernst Wilhelm Wolf in Musik setzt: Nach dem „Rosenfest" (1770) „Die treuen Köhler" (1772), eine Darstellung des im Haus Wettin so wichtigen Sächsischen Prinzenraubs von 1455, und in Fortsetzung des Stoffes „Der Abend im Walde" (1773). Später übernimmt Heermann die Italienischstunden. Wolf lehrt die Prinzen auch das zeitgenössische „Clavierspiel", darüber hinaus den Erbprinzen das Cello und Constantin die Violine. „Sprachmeister" Dumanoir beginnt, gleichfalls schon 1763, mit dem Französischen. Er bleibt in Weimar und gibt später ein unterhaltsames Anekdotenbüchlein über Paris heraus. Carl August bringt es allerdings nie zu einer fehlerlosen Konversation in der Hofsprache dieser Zeit. Johann Carl Albrecht, ein Stiefsohn Jerusalems aus Braunschweig, den die Regentin als Archivar untergebracht und 1765 zum Legationsrat ernannt hat, gibt Englisch und führt die Prinzen in seiner ernsten, gemächlichen Art an die Mathematik und die Naturwissenschaften heran. Noch 1780 läßt sich Carl August an Sonntagvormittagen von ihm Privatissima in Physik erteilen. Hoftanzmeister Johann Adam Aulhorn bringt den Jungen die ersten Schritte auf dem galanten Parkett bei. Ein Geheimer Kanzlist Roth, Experte für Kalligraphie, übt mit ihnen Schönschrift, erst nach dem lateinischen, dann nach dem deutschen Alphabet. Den Zeichenunterricht übernehmen der alte Kabinettmaler Johann Friedrich Loeber, dem besonders Tierbilder gelingen, und nach dessen Tod Johann Ernst Heinsius, der Porträtist, von dessen Hand auch eins der schönsten Bildnisse Anna Amalias erhalten bleibt. Reiten und Fechten gehen, wenn Stallmeister von Stein nicht abkömmlich ist, an einen Hauptmann Weischner.

Die Lesestoffe führen Carl August und seinen Bruder früh an große Literatur heran. Schon 1762 stehen Gellerts Fabeln auf dem Plan. In Latein folgen auf die Fabeln des Phaedrus und des Aesop bald Texte von Livius, Ovid und Vergil, dann Plutarchs Parallelbiographien und Suetons Kaisergeschichten. Das Französische wird an den Fabeln La Fontaines geschliffen, auf Molière und seinen Epigonen Destouche folgen Lesages Nachdichtung des „Don Quichotte". Auch Robinsons Geschichte lernen die Prinzen in einer Bearbeitung kennen.

Görtz läßt sich in der Oberaufsicht über dieses Lehrprogramm weitgehend vom Philantropismus des führenden Pädagogen der Aufklärung leiten: Johann Bernhard Basedow. Selbst Anhänger Jean Jacques Rousseaus und begeisterter Leser des 1762 erschienenen pädagogischen Romans „Émile", doch ohne jede umstürzlerische Ambition, versucht er die Prinzen „natürlich" zu erziehen, ihr Lernen spielerisch zu gestalten, sie durch „Realienkunde", körperliche Übungen und Handarbeit zu einer praxisnahen Weltsicht zu führen. Wichtig ist ihm, daß nicht wie beim Preußenkönig das Französische die Muttersprache verdrängt, und daß sich die protestantische Religiosität mit Toleranz verbindet. Erziehung heißt ihm, die erlauchten Zöglinge zur Selbsterziehung zu befähigen. Höfische Langeweile hält er wie Basedow für pures Gift. „Das Vorzüglichste, was man tun kann, ist, daß man sie fähig mache, sich für sich selbst unterrichten zu können; daß sie, wenn es ihnen nicht mehr anständig seyn kan, von andern abzuhängen, alsdann ihr eigener Herr seyn können." Görtz tritt in einen Briefwechsel mit Basedow, weil er dem Mann, der 1774 in Dessau das Philanthropinum gründet, nicht in allem beipflichtet. Schon 1771 hat er in Heidelberg seine „Briefe eines Prinzenhofmeisters über Basedows Printzen Erziehung und hauptsächlich über dessen Agathocrator" anonym erscheinen lassen. Er hofft damit „denen zukünftigen Hofmeistern derer Kron- und Erbprintzen" etwas an die Hand zu geben, das Basedows Irrtümer korrigiert. Für gefährlich hält er die Auffassung, ein Prinz brauche nicht mehr zu lesen und zu schreiben, als für die Erhaltung dieser Fähigkeiten nötig, er könne sich ja vorlesen lassen und diktieren. Das, meint Görtz, mache ihn „abhängig von kleinen, gering denkenden Menschen". „Das Lesen", fährt er fort, „ist ja der edelste Zeitvertreib, und wie nöthig haben auch Fürsten edeln Zeitvertreib." Auch daß Basedow fürstliche Schüler von Strafen verschont sehen will, weist Görtz entschieden zurück: „Durch vernünftige Strafen wird nur bei bösartigen Menschen Zorn und Widerwillen erregt, und von dieser Classe soll doch der Agathocrator nicht seyn." Auch Prinzen müssen gehorchen. Ohrfeigen seien erlaubt, sogar ein mäßiger Gebrauch der Rute. Lügen, selbst Ausreden, werden unter Görtz mit dem Ausschluß vom Unterricht und vom Gebet geahndet, bis ein genaues, freimütiges Schuldbekenntnis vorliegt. Der wohlgeratene Herrscher, eben jener „Agathocrator", dürfe auch nicht mit Lob verwöhnt werden, damit er die Schmeichler, die seine Schwächen ausnutzen wollen, durchschauen lerne. Im Juli 1774 kommt Basedow selbst nach Weimar, um mit Anna Amalia, Wieland und Görtz pädagogisch zu debattieren, vor allem aber, um Spenden für sein Philanthropinum zu sammeln.

Prinz Constantin bleibt in seinen Leistungen bald deutlich zurück. Fahrig, zerstreut und verträumt, langsam und willensschwach, ist er nicht nur der Geburt nach der Zweite, sondern auch mit seiner Konstitution im Nachteil. Die allgegenwärtige Überlegenheit des Bruders schüchtert ihn ein. Carl August weiß, daß er gesünder, kräftiger, lebhafter, gescheiter, pfiffiger ist – in allem der Erste. Also nimmt er sich einfach auch mehr heraus und läßt sich von keinem zurechtweisen. Zu Tadeln begehrt er eitel auf, gegen die immer neuen, immer längeren Sündenregister rebellierend, zu Bestrafungen schmollend. Er verstellt und verschließt sich, wird aufsässig, sinnt auf Schliche, ertrotzt Verbotenes durch Schreien und Heulen. Beinahe zuschanden schießt er mit Spielkanonen die Bäume der Belvederer Allee. Schon der Vierjährige hat Julius Caesar, ohne von ihm viel zu wissen, größer gefunden als seinen Großonkel Friedrich von Preußen.

Görtz hofft ihn durch scheinbares Nachgeben zu zügeln. Aber das kostet Nerven. Das Grimassenschneiden versucht er ihm durch

Nachäffen abzugewöhnen. Ähnlich unbeholfen sind die meisten anderen Maßnahmen. Der Erbprinz macht dem Musterexemplar des „empfindsamen Zeitalters", dem selbstquälerischen, ungeduldigen, humorlosen und larmoyanten Hypochonder sein Handwerk immer saurer. Auch erntet der eifrige Diener vorwiegend Undank. Die junge, reizbare Herzoginmutter weiß ihre Eifersucht nur schwer zu zügeln. Die Ungezogenheiten ihres Sohnes lastet sie der Nachsicht seines, wie sie meint, schmeichlerischen Erziehers an. Dagegen sträubt sich dessen „satirische Ader", grundlose Vorwürfe kann Görtz nicht schlucken. Gehaßt und verfolgt fühlt er sich durch andere Höflinge, von dem zu Dünkel und Allüren neigenden Geheimen Legationsrat von Fritsch vor allem. Bitter beklagt er sich: „Unerwartete Hindernisse, gar keine Ermunterung in dem Geschäfte, und dabey eigene nagende Sorgen, haben mich oft kleinmüthig, verzweiflungsvoll, und überhaupt mein Leben zu einem der kummervollsten gemacht." Aber er schlägt sich auch an die Brust, er habe so „die Aussicht, das Glück junger unschuldiger Freunde" schätzen gelernt, „und durch sie die Wohlfahrt so vieler tausend Menschen zu gründen und zu befördern."

Am 27. März 1771 wird Carl August zur Besiegelung der Taufe durch Oberkonsistorialrat Seidler zu allgemeiner Zufriedenheit, ja Bewunderung geprüft und von Hofdiakonus Johann Sebastian Gottschalg – Superintendent Basch ist tags zuvor unverhofft verstorben – konfirmiert. Im Mai reist die Mutter mit den Prinzen zu ihren Eltern. Im Schloß Salzdahlum bei Braunschweig sagt König Friedrich II. von Preußen nach einem Gespräch mit seinem aufgeweckten Großneffen am 7. Juni die verheißungsvollen Worte, er habe noch nie einen „jungen Mann" dieses Alters gesehen, der zu so großen Hoffnungen berechtige.

Ein so wohlgeratener künftiger Landesherr muß vor der entweder tödlichen oder das Gesicht entstellenden Seuche der Zeit geschützt werden: Am 10. November wird der Erbprinz gegen die Blattern geimpft, noch, wie im Orient üblich, ziemlich riskant mit Menschenpocken. Die Kuhpockenimpfung kommt erst 1798 durch Edward Jenner in Gebrauch.

Görtz, seiner Unzulänglichkeit selbstquälerisch bewußt, bestärkt Anna Amalia darin, sich nach einem weiteren Fürstenerzieher umzusehen. Seit 1769 lehrt Christoph Martin Wieland als Professor der Philosophie an der Universität des benachbarten kurmainzischen Erfurt. Zuvor Ratsherr im halb evangelischen, halb katholischen Biberach, ist er längst auch ein berühmter Schriftsteller. Sein aufgeklärter Geist empfiehlt ihn ebenso wie seine ausgewiesene religöse Toleranz auf festem evangelischem Grund, hat er doch auf eine katholische Braut verzichten müssen. 1772 erscheint sein Roman „Der goldene Spiegel oder Die Könige von Scheschian", der sich mit seinen fürstenerzieherischen und idealstaatlichen Attitüden eigentlich an Maria Theresia und ihren Sohn Joseph II. wendet. Denn der kurmainzische Regierungsrat träumt von einer Anstellung in Wien. Schon sein berühmterer „Agathon" (1766) hatte Historie und Fiktion mit pädagogischer Absicht verknüpft. Doch die Zensur des katholischen Österreich setzten den Roman wie schon „Musarion", die Geschichte einer Hetäre, auf ihren Index, und das protestantisch-bigotte Zürich folgte. Am Weimarer Hof haben Wielands Stücke eine bescheidene Heimstatt gefunden. „Idris und Zenide" kommt mit Musik von Anton Schweitzer als Ballett zur Aufführung, „Aurora" folgt am 24. Oktober zum Geburtstag der Regentin. Eine Empfehlung des Statthalters Carl Theodor Reichsfreiherr von Dalberg mag vorangegangen sein. Er ist auch in den Verhandlungen mit dem Erzbischof von Mainz über die Freigabe Wieland behilflich. Mit dem Zögern dessen, der Höheres erstrebt hat, sagt Wieland nach mehreren langen Aufenthalten in Weimar für den 20. September zu. Die Vereidigung schiebt er noch vor sich her. Die Hofetikette mit ihren Tücken bereitet ihm Schwierigkeiten. Auch um die Vergütung wird hartnäckig gefeilscht. Wieland verlangt 1000 Taler statt der angebotenen 900, und als lebenslängliche Pension bei der Volljährigkeit des Erbprinzen 600 statt 500; Carl August wird auch die Pension auf 1000 Taler erhöhen. Nachdem noch die Umzugskosten bewilligt worden sind, zieht Wieland am 29. September mit seiner bereits vielköpfigen Familie nach Weimar und richtet sich im Söllnerschen Freihaus im Lutherhof auf die knapp drei Jahre ein, die an Carl Augusts Volljährigkeit noch fehlen.

Wieland blickt auf ein unstetes Wanderleben und ein umfang-
reiches Werk zurück. Der universale Geist aus Oberholzheim bei
Biberach hat in Magdeburg und Erfurt Schulen besucht und in Tü-
bingen Jura studiert, sich als Hauslehrer, Kanzleiverwalter und
Schauspieldirektor durchgeschlagen und die Gunst von Gönnern
mit Skepsis betrachten gelernt. Beinahe hätte er Sophie Gutermann,
die bald als Erfolgsautorin, verehelichte Sophie von La Roche, von
sich reden macht, geheiratet, die spätere Großmutter der Geschwister Clemens und Bettina Brentano. Außer dem „Agathon" sind von
ihm Lehrgedichte, philosophische Betrachtungen, ein Trauerspiel,
ein satirischer Roman und kleinere Schriften verschiedener Art
erschienen. Aber wie er sich für seine Karriere eigentlich noch Höheres verspricht, so hat er auch den Gipfel seines Schaffens noch
nicht erreicht. In Weimar, das ihn nicht mehr losläßt, entsteht die
Mehrzahl der Werke, die ihn berühmt machen, so der Roman „Die
Abderiten", der die Enge der zeitgenössischen Verhältnisse bespöt-
telt, und die Versdichtung „Oberon". Nahezu zwei Dutzend Schau-
spiele von Shakespeare übersetzt er in deutsche Prosa. 1773–1790
gibt er mit Friedrich Justin Bertuch die Literaturzeitschrift „Der
Teutsche Merkur" nach dem Vorbild des „Mercure de France" heraus. Die Dichter des Göttinger Hainbundes, unter ihnen Johann
Heinrich Voß und die Grafen Stolberg, stoßen sich an einigen eroti-
schen Freiheiten des Dichters. 1773 verbrennen sie zu Klopstocks
Geburtstag das Epos „Idris" und sein Bildnis. Sie nennen ihn
„Weisheitsgaukler" und „Dichter der Buhlerei", einen „Sittenver-
derber, Schurken, Priester der Geilheit und infamen französischen
Hundsfott". Zeitgenossen, die man später dem Sturm und Drang
zurechnet, finden ihn allerdings schon etwas altmodisch. Der junge
Goethe rächt sich für eine kritische Besprechung seines „Götz von
Berlichingen" mit der Satire „Götter, Helden und Wieland" und
macht sich über das Schauspiel „Alceste" lustig, das zum Jahres-
wechsel 1772/73 mit der Musik von Schweitzer für Anna Amalia
auf die Bühne gekommen ist. Bei Goethes Erscheinen in Weimar
wird Wieland sich keinerlei Kränkung anmerken lassen, sondern
den jüngeren Kollegen mit ironischen Versen begrüßen: Mit seinen

„zaubernden Augen voll Götterblicken" sei dieser Gast imstande, „zu töten und zu entzücken".

Am 17. Juli 1773 beginnt Wieland sein Wirken als Prinzenerzieher. Er verändert, auf ein schriftlich eingereichtes Promemoria gestützt, das ihm die Regentin abverlangt hat, und nicht ohne sich gütlich mit Görtz darüber zu verständigen, am Lehrplan manches. Er zieht den Jenaer Professor Johann Christian Mayer hinzu, der „Reichshistorie" nach Schlözers „Universalhistorie" sowie Staatsrecht und Statistik lehrt. Mayer kann auf den Kenntnissen aufbauen, die den Prinzen bereits vermittelt worden sind, aus den „Chronologischen Tabellen" des Jesuiten Labbe aus dem 17. Jahrhundert, aus Gebauers „Grundriß zu einer umständlichen Historie der vornehmsten europäischen Reiche und Staaten" und aus dem trivialgeschichtlichen Werk „Die Welt in einer Nuß" von Johann David Köhler, an das sicher auch Goethe sich erinnert, wenn er in „Dichtung und Wahrheit" das Messetreiben in Leipzig so nennt.

Die eigenen Lehrveranstaltungen nennt Wieland „Philosophie der Historie" und „Theorie der schönen Wissenschaften". Moralische Unterweisungen entlehnt er den stoisch ausgerichteten Lehren des schottischen Historikers und Philosophen Adam Ferguson, dessen „Versuch über die Geschichte der bürgerlichen Gesellschaft" zu den Neuerscheinungen dieser Zeit gehört. Dem künftigen Staatsmann Carl August vermittelt er auch öffentliches Rechnungswesen – die „Kameralistik" – und alles, was man über einen Polizeiapparat wissen muß.

Wieland ist ein geschmeidiger, geistvoller Mann. Er spielt „Clavier", ist allen schönen Dingen zugetan, weiß auch den trockensten Lehrstoff aufzulockern. Starres Disziplinieren widerstrebt ihm. Der federnde Charme dieses Lehrers gewinnt die beiden Prinzen. Sie fühlen keine straffen Zügel mehr. Carl August versucht seltener, sich neue Freiheiten zu ertrotzen und die gewährten zu mißbrauchen. Nur gegen die Mutter bäumt sich der Erbprinz weiter auf, öfter und immer heftiger. Die immer noch sehr junge, in ihrem Gefühlsleben unausgefüllte Frau, die ihren Kindern zuliebe sinnlichen Freuden entsagt, neigt schnell dazu, sich um die Früchte ihres Verzichts betrogen zu sehen. Nicht immer beherrscht sie ihre Launen, ihre

Enttäuschungen. Mit Entsetzen sieht sie, daß ihre Söhne und die Erzieher „wie Männer" patriarchalisch gegen sie zusammenhalten. In einem langen Brief an den Geheimen Rat Fritsch, der im Geheimen Consilium seit Greiners Tod den Vorsitz innehat, beklagt sie an Wieland wie an Görtz eine mangelnde Loyalität. Einer schmeichle dem andern. Seit Ende 1772 sei eine deutliche „Veränderung im Geist und Benehmen" des Erbprinzen vor sich gegangen. Görtz nennt sie „ehrgeizig, intrigant und unruhig", er sei zu nachgiebig und lasse die Zügel schleifen. Um späterer Vorteile bei Hofe willen schmeichle er dem Prinzen. Wieland sieht sie völlig im Garn des Schmeichlers. Ein „Mann von gefühlvollem Herzen und ehrenwerther Gesinnung", sei er leider doch „zu schwärmerisch", „ein schwacher Enthousiast", der sich von „Eitelkeit und Eigenliebe" leiten lasse.

Die Krise spitzt sich zu. Je näher der Tag rückt, an dem Carl August volljährig wird und selbst regieren kann, desto gespannter wird die Lage.

UNGEDULD

Ein Prinz mag seinem Thron mit Ungeduld entgegenfiebern - seine künftigen Untertanen sehen, auch wenn der Thron in der Familie bleibt, dem Wechsel mit zwiespältigen Gefühlen entgegen. Wird er, was bequem wäre, die Kontinuität wahren? Wird er sich konservativ verhalten und die gewachsenen Strukturen der Adelsgesellschaft, ihre geschriebene wie ihre ungeschriebene Rangordnung, ihre Privilegien achten? Oder wird er alles umstürzen, mit Neuerungen Verwirrung stiften, seine Macht zu Lasten des Landes auskosten? Der Absolutismus, zumal der aufgeklärte, macht solche Einschnitte für Höflinge und alle, die vom Hof anhängen, besonders riskant. Kraft seines politischen Übergewichts im dualistischen Ständestaat, das ihn über die „Landschaft", die Vertretung der Stände im Landtag, erhebt, kann gerade ein junger Fürst, den der Zeitgeist ergriffen hat, zum obersten Reformer werden, gleichsam eine „Revolution von oben" in Szene setzen. Umtriebige Leute versuchen, dem, was ihnen als das Schlimmste erscheint, vorzugreifen und den Thronerben in die Hand zu bekommen, bevor er selbständig entscheiden kann. Der Ranghöchste läuft, noch unmündig, aber schon ungeduldig seine Herrscherstimme erprobend, Gefahr, sich aus einem Erziehungsobjekt in das Instrument rivalisierender Gruppen und ihrer Interessen zu verwandeln. Die Ungeduld des künftigen Souveräns und die Ungeduld besorgter Günstlinge kommen einander entgegen.

Carl Augusts unruhiges Naturell, sein gescheiter Kopf und seine Aufgeschlossenheit für neue Gedanken, auch für radikale, alles Bestehende in Frage stellende Anschauungen lassen manchen alten Zopf Umwälzungen befürchten. Die Pubertät, in der Pädagogik dieser Zeit noch kaum beachtet, überspitzt im Gebaren des Erbprinzen einiges. Die eigene Mutter schöpft Verdacht gegen seinen Charakter. Sie findet ihn zu hart und zu verschlossen. Ihrer mütterlichen Liebe fällt es schwer, in ihrem Sohn einen heranwachsenden

Mann zu sehen, der für das andere Geschlecht erwacht. Wieland hingegen, der bürgerliche Familienvater, entwickelt Scharfsinn für die seelischen Schrammen, die sein Zögling sich an seinem starren, unverändert arbeitsreichen Tagesablauf und an der Hofetikette holt. Er findet beruhigende Worte: „Man mache aus ihm einen aufgeklärten Monarchen, so will ich für sein Herz bürgen."

Weder er noch die Regentin noch der Erbprinz, der zur Hauptfigur geworden ist, ahnen etwas von der „großen Affäre", die sich nun anbahnt, von der geheimen Korrespondenz, die Graf Görtz seit dem 19. Mai 1772 mit einem Mann des benachbarten, Weimar gerade wegen territorialer und verwandtschaftlicher Nähe nicht allzu wohlgesonnenen Kleinstaates unterhält: Der Gothaische Rat Sylvius Freiherr von Frankenberg und Ludwigsdorff nimmt lebhaft Anteil am allgemeinen Wetteifer der Hofchargen um Einfluß auf Carl August. Zunächst ist es die Hoffnung auf einen günstigeren Posten in Weimar, die ihn für die geheimen Pläne des Prinzenerziehers interessiert: Görtz möchte die Regentschaft Anna Amalias, die ihm gefährlich wird, durch eine vorzeitige Volljährigkeit des Erbprinzen beenden. Leicht kränkbar und vor dem Geheimen Consilium, insbesondere vor Fritsch, aber auch vor Berendis, dem Schatullier der Regentin, beständig auf der Hut, argwöhnt er überall Anfeindung und Zurücksetzung. Mit Frankenberg ist er sich einig, daß Schnauß nach Greiners Tod keine gute Zuwahl fürs Consilium sei und Fritsch durch sein Aufrücken in den Vorsitz zu gefährlich werde. Am liebsten sähe er sich selbst auf dem Posten des Ersten Ministers in diesem Kabinett. Nur an der Stelle dessen, von dem er sich verfolgt glaubt, fühlt er sich sicher. Er geht so weit, den Gothaischen Rat, den Vertreter einer fremden Macht also, in eine Art Schattenkabinett einzuweihen, in dem auch der nichtsahnende Wieland sein Amt bekommen soll.

Doch Frankenberg wird skeptisch. Konkreten Angeboten weicht er aus. Er ziert sich, spielt allenfalls in der Frage mit, wie die Kammer, ein Organ der „Landschaft", neu zu besetzen sei. In Weimar wolle er lieber Kammerpräsident als Regierungspräsident sein. Von den Schwierigkeiten im Charakter des Erbprinzen zieht er klug die Pubertät ab. Ein Zerwürfnis zwischen Sohn und Mutter, das sieht der erfahrenere Höfling voraus, würde nur den Erziehern angelastet. Also warnt er den ehrgeizigen Grafen, der, vom eigenen Interesse ablenkend, immer nur auf das Wohl des Staates bedacht zu sein vorgibt, ausdrücklich vor Undank. Allzutief möchte er, der auch nur mit einer Verbesserung seiner Karriere liebäugelt, sich in diese hochpolitische Wühlerei nicht ziehen lassen. Carl August, versichert er, werde, zur Regierung gelangt, jeden schon an den rechten Platz zu stellen wissen.

Ohnehin hat diese „große Sache" einen Haken, über den sich Görtz verwunderliche Illusionen macht. Schon das Beispiel der Regentin hätte ihn darüber belehren müssen. Daß deutsche Fürsten mit achtzehn Jahren volljährig sind und somit regieren dürfen, hat die Goldene Bulle festgelegt; als Ausnahme ist nur die „venia aetatis" möglich, und diese muß ausdrücklich der Wunsch des Kaisers sein. Ein Antrag, in dem der Vormund beurkundet, daß der Prinz schon fähig sei, selbständig zu regieren, kann diesen Wunsch in Wien hervorrufen, wenn er sich nicht von selbst regt. Doch selbst wenn es gelänge, Anna Amalia so weit zu bringen, stünde dem Vorhaben das Testament Ernst August Constantins entgegen, das Carl Augusts Regierungsantritt ausdrücklich erst zum Zeitpunkt seiner regulären Volljährigkeit wünscht. Die Regentin, die Fritsch gegenüber den Grafen Görtz „intrigant" nennt, hat wohl eine berechtigte Ahnung, daß der Höfling einer plötzlichen Entlassung, wie Bünau sie hat erleben müssen, zuvorzukommen trachtet. Noch tut sie ihm nichts. Sie braucht ihn noch. Er hat genügend Feinde, die ihn zügeln. Sie sieht noch deutlicher als Frankenberg voraus, daß sich der Ränkeschmied verrechnet.

Der allerdings macht unbeirrbar weiter und geht dabei recht dilettantisch vor: Vom 20. bis zum 23. November 1772 hält sich in Weimar ein gewisser Johann Georg Christoph Kümmelmann auf. Seine Herkunft ist dunkel. 1769 wurde er Geheimer Archivar in Meiningen. Dann trat er in die Dienste des Prinzen Joseph Friedrich von Sachsen-Hildburghausen und heiratete in der thüringischen Zwergresidenz eine adlige Beamtentochter. Mit gewinnenden Umgangsformen und sicherem Geschmack und als Mitbegründer einer Freimaurerloge hat er sich dem Prinzen unentbehrlich gemacht. Er ist aber so etwas wie der Einäugige, der unter Blinden den König spielt. Sein Dienstherr befindet sich in keiner rühmlichen Lage. Als Reichsfeldmarschall hat er 1757 die Schlacht bei Roßbach gegen Friedrich II. verloren. Nun ist er Konkursverwalter seines Großneffen. Für den unter Kuratel gestellten Herzog Ernst Friedrich III., dem Kaiser Joseph II. wegen einer unerhörten Verschuldung die Finanzhoheit enzogen hat, führt er zusammen mit der Regentin Charlotte Amalie von Sachsen-Meiningen an der Spitze einer kaiserlichen „Debit-kommission" die Geschäfte. Die Hofhaltung ist ärmlich, die Garde aufgelöst, der Hofstaat bis auf die allernötigsten Chargen entlassen. Streitigkeiten um den Besitz von Oldisleben haben Kümmelmann nach Gotha geführt, wo der Freiherr wegen einer Weimarer Angelegenheit vertraulich an ihn herangetreten ist: Der zum Katholizismus übergetretene Hildburghausener Prinz möge seine Beziehungen am kaiserlichen Hof in Wien schon einmal spielen lassen und dem Ansinnen, Carl August vorzeitig ans Ruder zu bringen, den Weg ebnen.

Görtz weiß, so etwas braucht Zeit. Die wichtigste Hürde ist noch in der eigenen Residenz zu nehmen. Immerhin müßte man den Erbprinzen selber zu einem geeigneten Zeitpunkt ins Vertrauen ziehen. Anders ist an eine Zustimmung Anna Amalias gar nicht zu denken. In dieser Hinsicht warnt Frankenberg denn auch den Grafen Görtz mit einem niederschmetternden Hinweis auf eben das unruhige Temperament Carl Augusts, das den Erziehern und der Regentin zu schaffen macht. Ein Vorhaben wie die „große Affäre" könnte in ihm Wünsche wecken, die seinem Regieren dann abträglich wären, indem sie ihn übermütig machten. Das Instrument selbst würde womöglich alles umwerfen und sich gegen die Ziele richten, für die man es einzusetzen dachte. Übrigens lasse sich das alles wohl kaum gegen den Rest des Weimarer Hofes durchsetzen.

Von nun an zieht sich Frankenberg von der Rolle des Mitverschwörers zurück auf die des vertraulichen, wohlwollenden Beraters im unabänderlichen Lauf der Dinge. Einen tastenden Versuch, mit Carl August über vorzeitiges Regieren zu sprechen, muß es gegeben haben. Er würde die Zuspitzung des Konfliktes zwischen Sohn und Mutter in den folgenden Jahren am besten erklären. Im November

1773 kommt es zu einem heftigen Auftritt zwischen der Regentin und ihrem sechzehnjährigen Sohn. Sie wirft ihm vor, er bringe seiner Mutter kein Vertrauen mehr entgegen, lassen sich von Görtz und Wieland gegen sie einnehmen. Die beiden, entgegnet Carl August, seien seine besten Freunde; er sei längst kein Kind mehr. Von Mißtrauen gegen die eigene Mutter könne keine Rede sein. Aber er verlange endlich einen eigenen Hofstaat, wie ihn Prinzen anderer Höfe auch hätten, und wolle in aller Form als der künftige Herzog behandelt werden.

Der Erbprinz fühlte sich schon überfahren, als Fritsch die Stelle des verstorbenen Greiner bekam. Immer dringlicher besteht er darauf, von der Regentin in Angelegenheiten des Regierens um seine Meinung gefragt zu werden. Schon glaubt sich Görtz dem Ziel nahe. Zögernd findet sich Anna Amalia bereit, nachzugeben. Das Klima zwischen dem geltungsbedürftigen Erbprinzen und der verunsicherten, erst vierunddreißigjährigen Mutter ist für beide unerträglich geworden. Sie schreibt dem Grafen: „Kurz und gut, ich bin des Lebens müde, welches ich jetzt zu führen gezwungen werde; ich bin nicht politisch genug, um meine Entrüstung immer vor denjenigen Leuten zu unterdrücken, die selbige verdienen; ich sehe recht wohl ein, daß ich dadurch nichts gewinne; ich bin daher entschlossen, mich von der Regentschaft loszumachen, mit Zustimmung des Weimarer Hofes, sobald Carl das 17. Jahr erreicht haben wird."

Doch ohne daß – bis zu einer späten archivalischen Entdeckung durch Willy Andreas – das ganze Ausmaß der Hofkabale ruchbar geworden wäre, durchkreuzt gerade der Mann, den Görtz nicht zu Unrecht als seinen stärksten Gegner fürchtet, das Schattenspiel: Fritsch. Am 9. Dezember 1773 hat die Regentin ihm unter Klagen, daß sich Carl August gar nicht ändere, bitter und trotzig ihren Rücktritt angekündigt. Fritsch ermißt die Krise, in die ein Herrschaftswechsel, besonders ein vorzeitiger, die Sachsen-Weimarische Adelsgesellschaft stürzen würde, am klarsten. Auch im eigenen Interesse will er, daß alles so lange wie möglich bleibt, wie es ist. Viel setzt er daran, daß Anna Amalia ihre Befugnisse nicht aus der Hand gibt. In einem Schreiben über Carl Augusts Regierunsfähigkeit redet er ihr unumwunden einen Verzicht wieder aus, indem er die rhetorische Frage stellt: „Wann soll er dann aber die wichtigste seiner Studien gewinnen, die Lehrzeit der großen Kunst zu regieren?" Sein weiser Rat ist der, den Erbprinzen überhaupt erst einmal ins Geheime Consilium einzuführen.

Die Spannungen sind damit nicht gelöst. Wie immer nach nur scheinbarem Einlenken verhärten sich die Fronten. Der Erbprinz bringt den Geheimrat Friedrich Hartmann von Witzleben, der den „Wittumshof" verwaltet, dazu, ihm mehr Geld auszuzahlen, als die Regentin zugestanden hat. Über die beiden Söhne des Geheimen Rates und Präsidenten der Finanzbehörde Carl Alexander von Kalb auf Kalbsrieth, mit denen er freundschaftlich verkehrt, kommt ihm über den Hof zu Ohren, was er noch nicht erfahren soll. Die Einführung ins Geheime Consilium zögert Anna Amalia bis in den Herbst 1774 hinaus.

Der Rauch der brennenden Wilhelmsburg, des alten Weimarer Stadtschlosses, steht am 6. Mai 1774 wie ein Menetekel über der Residenzstadt mit ihrem gebeutelten und zerstrittenen Fürstengeschlecht und ihren ins Ungewisse schauenden Adelsfamilien. Während eines nächtlichen Gewitters soll der Blitz ins Dach eingeschlagen haben. Wahrscheinlicher ist, daß der Funke aus einem der baufälligen Schornsteine kam, denn erst gegen Mittag schlagen wirklich Flammen aus dem Dachstuhl über dem Küchentrakt empor. Wind treibt sie rasend schnell durch alle Treppenhäuser und Zimmerfluchten. Die Regentin, die krank zu Bett gelegen hat, entkommt, umringt von Lakaien, den erstickenden Qualmwolken mit knapper Not. Nur der Turm, das Torhaus und die dicken mittelalterlichen Außenmauern bleiben stehen wie ein gigantisches Gerippe. Die Möbel, Vorhänge, Gemälde, Fußböden brennen aus, auch der Opernsaal und die Schloßkapelle, Vorräte und Kunstsammlungen sind in wenigen Stunden vernichtet. An einen Wiederaufbau ist bei der noch immer angespannten Finanzlage des Herzogtums lange nicht zu denken. Freiherr von Fritsch bietet der Regentin ein provisorisches Obdach in seinem Stadthaus am Frauenplan, das später von seinem Nachbesitzer, einem Dr. Helmershausen, Goethe erwerben wird. Eine andere Immobilie von Fritschs, das Barockpalais am Franziskanerkloster, für 21 000 Taler der Landesherrin überlassen, wird unterdessen für eine kleine Hofhaltung hergerichtet und geht als „Wittumspalais" in die Geschichte des Weimarer Musenhofes ein. Der Erbprinz ergreift, obwohl die Mutter sich dagegen verwahrt, eigenmächtig von dem noch nicht ganz fertiggestellten „Landschaftshaus" Besitz, für das vor vier Jahren der erste Spatenstich getan wurde, und nennt es „Fürstenhaus". Der kastenförmige, als Verwaltungsgebäude dem Landtag zugedachte Bau, dem Barock noch mehr als dem zierlicheren Rokoko entsprechend, ist nun für fast drei Jahrzehnte herzogliche Residenz.

Prinz Constantin, der immer weiter hinter seinem älteren Bruder zurückbleibt und unter der schlechten Stimmung bei Hofe leidet, bekommt auf Anraten Fritschs einen neuen Erzieher, der aber nicht ohne Einfluß auf Carl August bleiben soll. Es ist Carl Ludwig von Knebel, der Mann, den Goethe später seinen „Urfreund" nennt, einer der wenigen Männer, die der Dichter je geduzt hat. Lange wird die Einstellung des friderizianischen Offiziers mit seinen unüblichen Ansichten nur erwogen. In Carl Wilhelm Ramlers Sammlung „Lieder der Deutschen" (1766) und in Heinrich Christian Boies Göttinger Musenalmanach auf die Jahre 1771 und 1772 sind seine dichterischen Versuche erschienen. Als Bewunderer Wielands ist er im Herbst 1773 auf einer Reise von Potsdam in seine fränkische Heimat nach Weimar gekommen, um sich mit einer Empfehlung des Publizisten und Philosophen Friedrich Heinrich Jacobi vorzustellen. Im Mai 1774 erreicht ihn in Ansbach eine erneute Einladung. Im Oktober wird er, inzwischen zum preußischen Hauptmann befördert, als „Gouverneur" des Prinzen vereidigt.

Diesem Mann vertrauen Anna Amalia und ihr Geheimes Consilium so sehr, daß sie ihm die Verantwortung für die lange geplante, von Carl August mit Ungeduld erwartete und doch immer wieder aufgeschobene „Kavalierstour", die Bildungsreise der beiden Prinzen, überträgt. Graf Görtz und der Leibchirurgus Engelhardt sind mit von der Partie. Schon zu Beginn der Auseinandersetzungen mit ihrem Ältesten ist die Regentin mit dem Gedanken umgegangen, Carl August für eine gewisse Zeit aus ihrer Umgebung zu entfernen, ihn an einer Universität studieren zu lassen, möglichst weit weg, in Straßburg oder Genf. Mit ihrem eigenen Lehrer Jerusalem hat sie

Abb. 1: Carl August als Kind. Gemälde von unbekannter Hand (1761)

Abb. 2: Anna Amalia, Mutter Carl Augusts. Ölgemälde von J. E. Heinsius (1773)

Abb. 3: Ernst August Constantin, Gemahl von Anna Amalia und Vater Carl Augusts. Ölgemälde von J. F. Löber (1757)

Abb. 4: Schloß Wolfenbüttel 1717. Stich von J. G. Bäck

Abb. 5: Das alte Schloß in Weimar vor dem Brand am 6. Mai 1774

Abb. 6: Knabenbildnis in Galakleidung mit Adler- und Falken-Orden von
J. G. Ziesenis (um 1769)

Abb. 7: Anna Amalia mit ihren Kindern Carl August und Konstantin.
Ölgemälde von J. F. Löber (um 1771)

Abb. 8: Jugendbildnis. Ölskizze von J. E. Heinsius (1773)

Abb. 9: Ölgemälde von unbekannter Hand

sich darüber beraten. Jerusalem riet zu Den Haag, erklärte sich aber angesichts des vorgerückten Alters außerstande, den Erbprinzen zu begleiten. Dann gewann man Wieland, der ein Hochschulstudium am eigenen Wohnort organisierte, und der Plan war hinfällig.

Die Reise beginnt am 8. Dezember. Über Straßburg soll sie nach Paris führen. Unterwegs liegen jedoch zwei wichtige Stationen. Der erste folgenreiche Besuch gilt Frankfurt am Main und dem Hirschgraben. Knebel zieht es in die Nähe des Genies, das einen „Götz von Berlichingen" und einen „Werther" erdachte, und er meint, solch eine Bekanntschaft könnte auch den beiden Prinzen nützlich sein. Am 11. Dezember wünscht er Deutschlands derzeit berühmtesten Dichter zu sprechen. In sein Anwaltszimmer, berichtet Goethe im 15. Buch von „Dichtung und Wahrheit", „dem bei gesperrtem Lichte ... wenigstens der Schein einer Künstlerwerkstatt gegeben war, ... trat ein wohlgebildeter schlanker Mann." Nach einigem Geplauder mit dem Gast, den Goethe zuerst für Jacobi gehalten hat, über deutsche Literatur kommt das Gespräch auf Weimar und Jena, die Prinzen und Anna Amalia und Wieland. „Eins der besten deutschen Theater war dort eingerichtet und berühmt durch Schauspieler sowohl als durch Autoren, die dafür arbeiteten." Goethes Interesse an den Prinzen, besonders am Erbprinzen und seinem Erzieher Görtz veranlaßt den Gegenbesuch im „Rothen Haus", bei dem Justus Mösers „Patriotische Phantasien" auf dem Tisch liegen. In Mainz macht Goethe gleich darauf einen weiteren Gegenbesuch. Noch ahnt keiner der Beteiligten etwas davon, daß mit diesen improvisierten Besuchen Goethes Weg nach Weimar und der Weg der deutschen Dichtung in die Klassik eröffnet sind.

Die andere Zwischenstation ist peinlich genau vorbereitet. Am 19. Dezember 1774 verloben sich am Hof zu Karlsruhe im engen Familienkreis Carl August und Louise Auguste, Prinzessin von Hessen-Darmstadt. Am 30. Januar 1757 in Berlin geboren, ist die Braut derselbe Jahrgang wie der Bräutigam, jedoch um acht Monate voraus. Durch Wieland wußte Anna Amalia, daß im landgräflichen Haus Hessen-Darmstadt fünf allerdings nur leidlich versorgte, leidlich ansehnliche, aber fein gebildete Töchter ins heiratsfähige Alter gekommen waren. Schon 1773 hat Zarin Katharina II. für ihren

Sohn Paul ein Auge auf sie geworfen. Mit ihrer Mutter, der Landgräfin Caroline, sind drei von ihnen nach Sankt Petersburg gereist. Der Vater, Landgraf Ludwig IX., der mit zwei Fingern auf dem „Clavier" unaufhörlich Märsche komponierte, trennte sich ungern von seinen Soldaten in Pirmasens. Durch Dalbergs, des kurmainzischen Statthalters, Vermittlung sind die beiden musisch interessierten Mütter auf der Durchreise in Erfurt miteinander bekannt geworden, desgleichen die Prinzessin und der Erbprinz. Ein Fluidum der Sympathie zwischen den Müttern mag mitgeholfen haben, daß die beiden folgsam Gefallen aneinander fanden. Daß sich die Zarin nicht Louise als Schwiegertochter aussucht, gibt den Ausschlag. Weimar ist überaus zufrieden mit der Wahl. Zu der verwandtschaftlichen Beziehung zum Preußenkönig kommt nun auch eine zum Zarenhof. Die Brautwerbung ist eine Formsache in Dalbergs immer geschmeidigen Händen gewesen.

Die Brautmutter ist allerdings ein halbes Jahr zuvor gestorben und der Darmstädter Hof völlig verwaist, so daß die Braut beim Bruder ihres exerzierwütigen Vaters, dem Erbprinzen von Baden-Durlach in Karlsruhe, unterkommen mußte. „Ich habe gestern Abend die Bekanntschaft der Prinzessin Louise erneuert", berichtet Carl August am 18. Dezember nach Weimar. „Sie ist gewachsen und schöner geworden. In den wenigen Minuten, in denen ich den Vorzug hatte, sie zu sehen, ist sie mir als eine Prinzesssin von Geist und Charakter erschienen. Ich gebe mir alle mögliche Mühe, sie kennen zu lernen." Er weiß, was die Mutter von ihm erwartet. Graf Görtz beurteilt die Lage am selben Tag in einem Brief an seine Frau viel nüchterner: „Die Sache scheint gemacht zu sein." Doch auch er läßt sich von Wunschdenken leiten: „Beide passen sich gut zueinander: gleicher Charakter, gleiche Ansicht der Dinge, und so sind sie natürlich miteinander zufrieden." Schon ein Jahr später wird klar sein, wie sehr er sich täuschen läßt.

„Ich habe meine Louise gefunden, wie ich sie mir wünschen konnte", beschreibt Carl August merkwürdig gewunden in einem Brief an Wieland die unscheinbare, scheue, ein wenig spröde, literarisch hochgebildete Braut aus dem Darmstädter Kreis der Empfindsamen, den Goethe schon von Frankfurt aus zu besuchen pflegte, als

66

Weimar noch für beide hinter dem Lebenshorizont lag. „Sie ist nicht schön, aber wenn man sie liebt und sie fühlen läßt, daß man sie liebt, ist sie unendlich liebenswürdig. Sie besitzt große, kornblumenblaue, ein wenig vorstehende Augen; ihr Blick ist nachdenklich. Nase und Mund sind klein, jeder Zug ihres Gesichtes ist wohlgebildet. Ihr Herz scheint nobel, frei und stark; sie gibt sich sehr einfach, wenn man sich mit ihr unterhält."

So schreibt ein Bräutigam, der seine Braut nicht selbst gewählt hat, der genau weiß, daß er die passende Heirat und gesunde Nachkommen dem Land, das er regieren wird, schuldig ist wie jede andere von seinen vielen Herrscherpflichten. Er ist bemüht, die Dame, der er fürs Leben angetraut werden soll, taktvoll zu behandeln und liebzuhaben, wie es ihm möglich ist. Von einer Frau, der er sich leidenschaftlich hingibt, hat der Siebzehnjährige noch keine Vorstellungen – oder andere. Naiv fragt seine Mutter, die selbst wissen muß, wie einem ist, wenn man verheiratet wird, in einem Brief an Görtz: „Sieht er als Verliebter gut aus? Ist er sehr ergriffen?" Am 28. Januar 1775 wird das Verlöbnis öffentlich bekannt gemacht.

In Straßburg halten sich die Prinzen mit ihren Erziehern sieben Wochen auf. Die deutsch-französisch gemischte Adelsgesellschaft des Elsaß dient als Vorbereitung auf das Leben in der europäischen Metropole, im Vergleich zu der Weimar ein Dorf ist: Paris. Am 28. Februar 1775 treffen sie incognito ein und logieren als „Grafen von Allstädt" im „Hôtel" des Herzogs von Chartres in der rue Richelieu. Die Fenster ihrer Zimmer schauen auf die Place Royale, auf der 1757 Damiens, der Attentäter, dem Ludwig XV. entging, gefoltert und geviertelt wurde, auf der bald schon die Guillotine arbeiten wird. Noch ist vom Sturm auf die Bastille nicht im entferntesten etwas zu ahnen. Ludwig XVI. regiert erst ein gutes halbes Jahr. Die Skandale um Marie Antoinette beginnen gerade, noch verborgen. Aber Ludwigs XV. „Nach uns die Sintflut!" hat jeder noch im Ohr.

Nun gibt es reichlich Praxis für französische Konversation, wenn man nach vorgeschriebenem Reglement Visiten bei Ministern und Gesandten macht, und das französische Theater will verstanden werden. Vier Wochen sind zunächst veranschlagt worden. Schnell stellt sich heraus, daß sie nicht reichen. Friedrich Melchior Baron von Grimm, Gesandter des Herzogtums Sachsen-Gotha, ein Freund Diderots, d'Alemberts, Helvétius' und Holbachs, bekannt durch seine „Literarischen Korrespondenzen", öffnet so manche Philosophenstube, so manchen Künstlersalon. Die Enzyklopädisten lassen sich gern besuchen. Nur zu Rousseau, der sich an keine Etikette hält und leicht einen Eklat heraufbeschwören könnte, schleicht sich Graf Görtz allein. Auch die Besichtigung von Manufakturen, in denen Wagen und Automaten gebaut werden, gehören zum Programm. Am 7. März schon werden die weimarischen Prinzen durch den kaiserlichen Minister Graf von Mercy am Hof des Königs eingeführt und Ludwig XVI. und Marie Antoinette präsentiert. Am 9. Mai sieht man sich in Versailles noch einmal zu einer Abschieds-Audienz.

Der frischgebackene Bräutigam Prinzessin Louises entdeckt in der lockeren Gesellschaft des galanten Paris auch das Abenteuer der sinnlichen Liebe. Der viel älteren, durch ihre Schönheit in der ganzen Lebewelt bekannten Gemahlin des Fürsten von Monaco, die sich in aller Öffentlichkeit als Maitresse des Prinzen von Condé bewundern läßt, sitzt er bei Tisch so nahe, daß er stundenlang kaum ein Auge von ihr läßt. Es bleibt nicht bei verlangenden Blicken. Das strikte Stillschweigen, das er, seine Erzieher und wer auch immer über die Folgen erster erotischer Erfahrungen breiten, behält einen einzigen Riß im privaten Portefeuille des Herzogs von Sachsen-Weimar-Eisenach: Eine Dame namens Jeanette Brossard, wohnhaft in Epernay, erhält zeitlebens daraus eine Jahresrente von fünfhundert Francs.

DIE BRAUT LOUISE

Am 12. Mai 1775 tritt die fürstliche Suite die Rückreise an. Vom 16. bis zum 21. Mai verschnauft man wieder in Straßburg vom Schütteln der Equipage. Am 22. Mai treten sich in Karlsruhe die Brautleute noch einmal gegenüber. Nicht die höfische Etikette ist es, die Abstand gebietet, sondern eine heftige Erkältung Carl Augusts. In der nach französischem Muster radialsymmetrisch geordneten Anlage von Park und Schloß erscheinen auch vier Herren im modischen Werther-Kostüm, dem blauen Frack mit gelben Knöpfen, der gelben Weste, gelben Kniehosen, braunen Stulpenstiefeln und einem grauen runden Hut: die beiden Grafen Stolberg, ein Freiherr Christian von Haugwitz und Goethe, der Autor des verschrieenen Liebesromans selber. Unterwegs auf einer Reise in die Schweiz, erscheinen sie wie Sendboten der Leidenschaft, die dem Brautpaar nicht vergönnt ist, wie Mahner einer Liebe, die nur ein einziges geliebtes Gegenüber kennt und wiedergeliebt sein oder sterben will. Als ein Jahr zuvor der Plan eines Verlöbnisses Carl Augusts mit Louise wegen des Gerüchtes, dem Erbprinzen gefalle noch eine andere Prinzessin, ins Wanken kam, ist das nur eine Frage der Ehre gewesen. Nicht ganz ohne andere Bewerber hat da Louise an eine Vertraute geschrieben: „Ich bitte Sie ..., daß keine Rede mehr von Weimar sei, ich verzichte gänzlich darauf." Der Briefroman „Die Leiden des jungen Werther", ein Protest des ehescheuen Dichters gegen „Vernunftheiraten", wie sie das wohlhabende Bürgertum nicht weniger angestrebt hat als der Adel, erschien zur Michaelismesse in der Weygandschen Buchhandlung zu Leipzig anonym. Die Frau oder den Mann wählen zu können, wie es die Liebe will, ist ein Vorrecht des Menschen unter allen Lebewesen. Und gerade dem Adel, dem Hochadel zumal, dem Inbegriff aller Privilegien, versagen es die eigenen Grundsätze.

Am 20. Juni 1775, einen Tag früher als angekündigt, nähert die Reisegesellschaft sich Weimar. Fünfzig Honoratioren reiten den

Prinzen bis nach Kranichfeld entgegen. Anna Amalia wartet in einem Jagdhaus zwischen Berka und Tannroda. Nach mehr als halbjähriger Trennung wird zum Wiedersehen feierlich getafelt. In Weimar haben sich die Stände auf dem Markt versammelt. Zum letztenmal gab es solch einen Auflauf wohl fast zwei Jahrzehnte zuvor, als die Regentin nach der Hochzeit mit dem Vater des Erbprinzen in die Residenz einzog. Mit Pauken und Trompeten wird ein „Nun danket alle Gott!" angestimmt. Die nächste gleichrangige Hochzeit ist nun nicht mehr weit. Vorher muß Carl August allerdings erst mündig werden und die Regierung übernehmen.

Die knappe Zeit, die bis zu seinem achtzehnten Geburtstag bleibt, will die Regentin noch in ihrem Interesse nutzen. Zehn Tage nach der Heimkehr ihrer Söhne tut sie, was sie seit langem vorgehabt hat, was der Betroffene trotz aller Verdienste, die er sich nun auch als Reisebegleiter erworben hat, längst ahnt, womit sie nur noch bis zum Ende dieser Kavalierstour warten wollte: Am 30. Juni wird Johann Eustachius Graf von Görtz zu Schlitz in aller Form entlassen. „Ich bin überzeugt, daß Görtz meinen Sohn verzogen hat, und zwar gründlich", war ihre Bilanz in einem Brief an Fritsch. Der inzwischen achtunddreißigjährige Lehrer und Erzieher erhält mit dem Titel „Wirklicher Geheimer Rat" ein jährliches Ruhegeld von 1 500 Talern. Die Landstände beeilen sich, eine einmalige Abfindung von 20 000 Talern draufzulegen.

Alle scheinen bemüht, der Herzoginmutter und ihrem Ratgeber Fritsch zu zeigen, daß sie mit dieser Behandlung eines verdienten Hofmannes allein dastehen. Bei seinem Regierungsantritt versteht sich der ehemalige Zögling selbst zu einer Geste der Erkenntlichkeit, zahlt ihm 4 000 Taler und erteilt ihm als letzten Auftrag, den Ehekontrakt zu formulieren, den Minister Moser von hessischer und Geheimrat Schmidt von weimarischer Seite ausgehandelt haben. Die Braut bittet sich ihrerseits aus, daß Görtz ihr Oberhofmeister wird. So bleibt der Graf noch einige Zeit am Weimarer Hof. Allerdings verfeindet er sich bald mit Goethe. 1776 bittet er selbst um den Abschied. Zwei Jahre darauf wird er am Hof Friedrichs II. von Preußen, der gern fähige Leute an sich zieht, sobald sie sich mit ihrer Herrschaft überwerfen, „Grandmaître de la Garderobe" im

Rang eines Staatsministers und übernimmt diplomatische Missionen.

Am 3. September 1775 sieht Weimar noch einmal viel Pomp und eine Parade der „garde du corps": Es ist Carl Augusts achtzehnter Geburtstag, sein Regierungsantritt. Man wartet keinen Tag länger, weder der Erbprinz noch die Regentin noch das Geheime Consilium. Ein Zustand, der alle Beteiligten gequält hat, wird beendet. Man ist erleichtert und gespannt. Die Mitglieder des Geheimen Consiliums und der Kollegien erscheinen im Audienzzimmer. Anna Amalia unterbreitet ihnen die kaiserlichen Urkunden, die den Erbprinzen für regierungsfähig erklären, und legt selbst die vormundschaftliche Regierung nieder. So weit hält das Heilige Römische Reich Deutscher Nation noch zusammen, daß hier Wien mitzureden hat. Alles weitere, der Treueid der Regierungsbeamten, die Glückwünsche der Stände, vor allem der Kaufleute, die im Bürgertum überwiegen, die Huldigungen aller Art gelten dem selbstherrlichen Souverän des thüringischen Kleinstaates. Abends ist Ball. Immer ertönt Musik. Wieland hat eine Kantate gedichtet. Zu Beginn huldigt sie Anna Amalia als der Herzoginmutter voll Dank, daß sie Carl August geboren hat. Eine Engelsgestalt „eilt in Gottes Geschäften" sodann herab und erteilt ganz im Verständnis des feudalen Gottesgnadentums dem Herzog einen göttlichen Regierungsauftrag. Die Verse vergleichen ihn, einer Mode folgend, mit dem römischen Kaiser Titus, der auch in Mozarts Oper „La Clemenza di Tito" (1791) als Muster herrscherlicher Milde gilt. Der Fürstenerzieher verheißt:

„Ja, bester Fürst, Du wirst, indem Du uns beglückest,
Der Glücklichste von Allen sein."

Und auf die baldige Hochzeit anspielend, fährt er fort:

„Bald wird Louisens Hand, am schönsten Deiner Tage,
Verschränkt mit Deiner Hand,
Das heil'ge Unterpfand
Des allgemeinen Glückes!"

Was übernimmt der neue Herzog von Sachsen-Weimar-Eisenach? Einen zersplitterten thüringischen Splitterstaat in einem Reich, in dem man die Jahre, die ihm noch bleiben, beinahe an den Fingern zählen könnte, wüßte darin die eine Hand noch, was die andere tut. Über rund hunderttausend Untertanen gebieten Kollegien, Kammern, Oberkonsistorien als „Landschaft", alle fünf Jahre durch einen Landtag repräsentiert, und der Herzog höchstselbst, der alles, was die dahinkümmernden Landstände beschließen, mit einem Federstrich umwerfen kann. Mit den ehrgeizigen Plänen im Kopf, die ihm seine aufgeklärten Erzieher vermittelt haben, so viel Macht über so engen Raum – das wäre auch für einen älteren und erfahreneren Souverän schwierig zu handhaben. Die Werkzeuge der mütterlichen Regentin zu übernehmen, die sie ihrerseits von seinem Vater empfangen hat, ist zunächst am ratsamsten. Die einzigen Neuerungen sind anfangs Amtserhöhungen. Aus dem Hofmarschall von Witzleben wird ein Oberhofmarschall, dem, weil er oft kränkelt, als „Reisemarschall" Leonhard von Klinckowström, bislang Kammerjunker, zur Seite steht. Der „Rechtskandidat" Friedrich Justin Bertuch rückt zu Carl Augusts Geheimsekretär auf. Der Vizepräsident des Oberkonsistoriums Carl Friedrich Ernst Freiherr von Lyncker wird Präsident. Stallmeister Josias von Stein ist fortan Oberstallmeister. Es soll aber nicht lange dauern, bis Carl August jeden Versuch, ihn zum Werkzeug seiner Werkzeuge zu machen, energisch durchkreuzt.

Doch das Regieren muß gleich verschoben werden. Am 18. September reist Carl August mit seiner Suite nach Karlsruhe, um sich mit seiner Braut Louise von Hessen-Darmstadt trauen zu lassen. Am 3. Oktober 1775 wird die Ehe feierlich geschlossen. Die Zeremonien sind in sparsamem Rahmen die üblichen. Louises Vater hält es nicht für nötig, zu erscheinen, sondern bleibt in Pirmasens bei seinen Soldaten und seiner französischen Mätresse. Die Eheleute befleißigen sich beiderseits, die Gefühle zu haben, die zur Situation gehören. Zu zeigen braucht man sie nicht allzu deutlich; das Maß schreibt die Etikette vor. Um ihres Vaters „Einwilligung" in die „Verbindung, ... die, wie ich hoffe, eine glückliche sein wird, da der Herzog einer der rechtlichsten Männer der Welt ist", hat Louise im Dezember 1774 mit so förmlichen wie durchsichtigen Worten gebeten. Ihr „Heiratsgut" besteht aus 20 000 Gulden, als „Fräuleinsteuer" bei den Untertanen eingetrieben, und 28 000 Gulden, die der Vater beigesteuert hat. 12 400 Gulden aus Geschenken der Zarin Katharina werden noch draufgelegt, damit sie in die Ehe ebensoviel mitbringt wie ihre braunschweigische Schwiegermutter. Der Bräutigam setzt ihr 5 000 Taler Leibrente aus, 6 000 als „Hand- und Spielgeld" und eine Witwenrente von jährlich 12 000 Talern. Von den weimarischen Ständen hat sie noch Ehrengaben zu erwarten. Ihr bleibt wenig Zeit, ihre Sachen zu packen und sich aus einer Welt zu lösen, die ihr in fast neunzehn Jahren vertraut geworden ist. In Frankfurt ist gerade Messe. Das Paar besucht noch einmal Goethe, um eine Einladung nach Weimar zu wiederholen.

Schon am Dienstag, dem 17. Oktober, trifft das junge Paar über die Erfurter Chaussee in Weimar ein. Nochmals hallen Straßen und Gassen vom Festjubel wider. Auf der anderen Seite des Ilmtales, am Webicht, werden Kanonen abgefeuert. Die Straßen sind voller Menschen, berittene Honoratioren schaffen sich Bahn durch die Menge der Schaulustigen. Siebzig Husaren und uniformierte Waldhornbläser verstärken zum Donner der Pauken und der Salutschüsse das Schmettern der Trompeten. Vor dem Fürstenhaus warten Anna Amalia und Prinz Constantin, um das herzogliche Paar in seine Residenz zu führen. Louise, von der Reise überanstrengt, wünscht Ruhe. Doch unter den Fenstern ertönt im Fackelschein noch eine Abendmusik, und am folgenden Tag wollen die Gymnasiasten mit ihrer Festkantate gehört werden.

Die neue Herzogin kommt mit einem kleinen Hofstaat. Sie hat einen Oberhofmeister, eine Oberhofmeisterin, drei Kammerjungfern und andere Diener. Es gibt in Weimar nun zwei Hofhaltungen, den „jungen Hof" und den „verwitweten Hof". Aber Louise spürt es nicht erst seit der förmlichen, also kühlen Begrüßung, sie weiß es längst: Entgegen allen anderslautenden Versicherungen ist in Weimar die Schwiegermutter noch die heimliche Herrscherin. Selbst wenn die „Herzoginmutter", wie sie nun heißt, von allem schlagartig die Hände ließe – das Parfüm ihrer Handschuhe hinge noch daran. Die Hofetikette hat freilich ihr Gutes: Sie zwingt zu Freundlichkeiten auch da, wo man kritisch voneinander denkt, und unterbindet offene Beleidigungen. Die beiden Hofhaltungen beschränken den familiären Verkehr auf das Notwendige, und das ist das Schickliche.

Louise ist es nicht neu, sich den Machtansprüchen anderer Frauen gegenüberzusehen. Sie hat die Zarin Katharina II. erlebt, mitangehört, wie kurz sie sich bei der Brautschau für ihren Sohn Paul im Sommer 1773 hielt: „c' est un mouton" (Das ist ein Schaf) – gemeint war Louises Schwester Amalie. „C' est une tête" (Die hat Köpfchen) – das galt ihr selber. Nur Wilhelmine war „ce qu'il nous faut" (Das, was Uns paßt). Sie kennt auch die Last einer starken Mutter. Ihre früh eingeschliffene Zurückhaltung ist ihr in diesen ersten kritischen Stunden und Tagen die beste Hilfe. Sie hat es gelernt, sich in sich selber zu verkriechen. Wie das der Ausstrahlung auf den jungen Mann bekommt, der mit ihr einen Erben zeugen soll, ist eine andere Frage.

Selbst wenn sie wollte – sie kann nicht mehr aus sich heraus. Goethe wird sie „eine verschlossene Natur" nennen und wohl an sie denken, wenn er eine Prinzessin im „Tasso" sagen läßt, sie habe die Welt nur wie durch einen Flor erblickt. Ihre Mutter Caroline, eine geborene Prinzessin von Pfalz-Zweibrücken, erwarb sich den Beinamen „die Große Landgräfin". Wieland hätte sie in einer schwärmerischen Anwandlung gern als „Königin von Europa" gesehen. Nur als sehr starke Frau hat Caroline von Hessen-Darmstadt, zwanzigjährig mit einem Militärnarren verheiratet, an der Seite des Landgrafen Ludwig IX. überleben und ihm acht Kinder schenken können, fünf Töchter und drei Söhne. Auch Louises Geburtsort Berlin ergab sich aus der martialischen Leidenschaft des Vaters. 1750–1756 war er mit dem preußischen Regiment „Selchow" in Prenzlau stationiert gewesen. Beim Ausbruch des Siebenjährigen Krieges vom Vater, Ludwig VIII., zunächst zurückgerufen, hatte er es durchgesetzt, als Generalleutnant doch wieder in Friedrichs Dienst zu treten. Am 30. Januar 1757, noch am Tag ihrer Niederkunft mit Louise also, entschuldigte sich Caroline bei ihrem Gemahl brieflich, daß sie wieder nur eine Tochter zur Welt gebracht hatte.

Die Kindheit in Darmstadt und in Buchsweiler, einem hessischen Mini-Versailles, das Goethe sich als Student von Straßburg aus ansah, verlief eintönig und vergleichsweise ärmlich. Die Hofhaltung verfügte über wenig Geld, die Tafel war nicht üppig, die Kleidung einfach. Der spätere preußische Staatskanzler von Hardenberg vermerkte in einem Reisetagebuch: „Man ißt schlecht bei Hofe, und alles sieht sehr mustricht aus." In allem war Caroline darauf aus, ihre Töchter abzuhärten. Daß Louise bei ihrer Konfirmation am 5. Dezember 1771 „eine sehr gute Haltung gezeigt" habe, meldete sie nicht ohne Stolz dem Soldatennarren nach Pirmasens.

Fünf Töchter ohne verlockende Mitgift zu verheiraten – das war die Hauptsorge, die bei Hofe umging. Verheiratet werden – so hieß für Louise von Anfang an das Schicksal, in das sie sich zu schicken hatte. Ein zartfühlendes Herz empfindet das als äußerste Willkür und wird schüchtern. Die Aussichtslosigkeit, sich etwa zu widersetzen, machte die junge Frau gehemmt. Eine unwillkürliche Flucht aus beengten Kreisen in die Selbstbeschränkung legte in ihren Charakter etwas Zwanghaftes. Sie sah ihre älteste Schwester als Fürstin von Hessen-Homburg, die nächste an der Seite König Friedrich Wilhelms II. von Preußen als Königin und Mutter eines Königs. Während Wilhelmine als Großfürstin Natalie die Schwiegertochter der Zarin wurde, wofür sie allerdings den Glauben wechseln mußte, hatte Amalie mit dem Erbprinzen von Baden-Durlach vorliebzunehmen wie ihre Cousine mit dem Hof von Mecklenburg-Strelitz.

Für den Zwang, die Dinge des Lebens so nüchtern zu betrachten und hinzunehmen, hielten sich die Damen in einer schwärmerischen und gefühlsseligen Scheinwelt schadlos. „Empfindsamkeit" hieß das Losungswort des kleinen Musenhofes, zu dem sich Darmstadt bald entwickelt hatte. Die musische Bildung der Prinzessinnen war nicht der geringste Grund für Anna Amalia, Louise als Braut ihres Sohnes in die engere Wahl zu ziehen. Hausmusiken wurden veranstaltet. Die Schar heranwachsender Kinder sang Opernpartien des Zeitgenossen André Ernest Grétry, aus „Der Hurone", „Lucile" und „Sylvain". Das duftige Flair eines Hofes, der in Ermangelung anderer Pracht mit Kunst und Weiblichkeit glänzte, zog die Geister der Zeit an. Wieland, Gleim und Sophie von La Roche kamen; man wechselte mit Voltaire, Helvétius und dem Baron Grimm geistvolle Briefe. Herder lernte auf der Durchreise mit den Prinzen von Eutin seine künftige Frau kennen, die Elsässerin Caroline Flachsland, diese „leichte, vergnügte Unschuldsgöttin, diese Blume der Menschheit", deren er sich „nicht wert" fühlte. Man gab sich holde Namen. Psyche hieß Herders Braut, die Hofdamen Henriette von Roussillon und Luise von Ziegler nannten sich Urania und Lila. Man himmelte Friedrich Gottlieb Klopstock an. Ein Klopstock-Kult kam auf. Die Oden des zeitweilig berühmtesten Dichters erschienen 1771 zu Darmstadt in einer Vorzugsausgabe von vierunddreißig Exemplaren „Für Ihro Hochfürstliche Durchlaucht die Landgräfin von Darmstadt". Die noch nicht als Fälschungen James Macphersons enttarnten Gesänge Ossians fanden dieselbe hingebungsvolle Verehrung wie sie der Schluß von Goethes „Werther" schildert. 1773 erschien der junge Liebhaber selbst, am Hut die Reste von Charlotte Buffs Brautstrauß, und holte sich die Grundtöne der Werther-Stimmung ins Herz.

Eingeführt hatte ihn schon 1771 der Englischlehrer der Prinzessinnen, Johann Heinrich Merck. Eigentlich war Merck alles andere als ein Schwarmgeist. Was Goethe in „Dichtung und Wahrheit" über ihn berichtet, scheint in der Paralipomena-Notiz zusammengefaßt: „Mercks böses Maul". Aber der Apothekerssohn, der ohne jeden Abschluß in Gießen und Erlangen Theologie und Jura, Rhetorik und Logik studiert und, hin und her gerissen zwischen Wissenschaft und Kunst, auch einmal in die Dresdner Malerakademie hineingerochen hatte, muß ebenso wie die empfindsamen Damen sehr unter dem unaufhörlichen Zusammenprall der eigenen Mittelmäßigkeit mit dem Mittelmaß der Zustände gelitten haben. Das Mephistophelische, das Goethe an ihm schätzte und ihm für den Gegenspieler Fausts abkonterfeite, kam aus den tiefen Blicken, die ein Leidender in seine Verhältnisse und in die anderer tut. Es nährte sein „Bedürfnis, die Menschen hämisch und tückisch zu behandeln", das ihm, wie Goethe sich erinnert, „das gesellige Leben verdarb". Hofmeister und Reisebegleiter, seit 1767 Beamter am Darmstädter Hof, kannte er die aufreibende Abhängigkeit von knausrigen Herrschaften. Auch die beschwerliche, im Grunde demütigende Rußlandreise der Landgräfin mit ihren Töchtern hatte er mitmachen müssen. Vom Kriegszahlmeister rückte er dafür 1774 zum Kriegsrat auf. Die Fabeln, die Gedichte, der Roman, an denen er schrieb, spielten in der Literatur nie eine Rolle. Goethe bescheinigt ihm

„einen gewissen dilettantischen Produktionstrieb". Desto mehr Beachtung fanden seine Rezensionen in den „Frankfurter Gelehrten Anzeigen" und im „Teutschen Merkur". Sie machten ihn zum kritischen Ansporn und Inspirator der literarischen Bewegung, die, als sie bereits beendet war, nach Friedrich Maximilian Klingers Schauspiel den Namen „Sturm und Drang" erhielt. „Wirrwarr" hatte es zunächst geheißen; und weder Merck noch Goethe waren es, die dem Dichter zu der epochalen Titeländerung rieten, sondern ein sonst unbekannter Schweizer namens Christoph Kaufmann. „Treffend und scharf zu urteilen, war ihm gegeben", heißt es über Merck in „Dichtung und Wahrheit". Goethes „Clavigo" war ihm ein „Quark". Der „Werther" allerdings konnte ihn in Wahrheit nicht so gleichgültig lassen, wie er rezensierend maulte, brachte doch seine Frau Franziska Louise, eine geborene Chabonnier, die er sich aus der französischen Schweiz mitgebracht hatte, gerade zu der Zeit von einem reichen Berner Bürger ein Kind zur Welt. „Man schätzte ihn als einen wackern und entschlossenen Geschäftsmann", knüpft Goethe an das Lob seines Urteilsvermögens an. Dieser Geschäftssinn befähigt Merck später, wenn ihn sein Reiseleben auch nach Weimar verschlägt, zu manchem ökonomischen Ratschlag an Herzog Carl August. Als kleiner Unternehmer scheitert er jedoch. 1790 kommt der Mann, der anderen, aber nicht sich selbst gut raten kann, nach Paris und begeistert sich für die französische Revolution. Kein Schwarmgeist? Merck wird 1791 sogar Jakobiner. Die harte Schale ist gebrochen; die Bruchstellen hält er selbst nicht aus. Rätselhafterweise, und doch auch wieder verständlich, schießt er sich im selben Jahr noch eine Kugel in den Kopf.

Der Darmstädter Musenhof, als dessen Sendbotin Louise nach Weimar kommt, ist allerdings schon mit dem Tod der Mutter vor anderthalb Jahren verwaist. Die Rußlandreise hat die Gesundheit der Großen Landgräfin ruiniert, die Wagenfahrt nach Sanssouci zu Friedrich II., der die Brautschau über Mittelsmänner angestiftet hatte, die Seereise von Travemünde nach Reval, dem heutigen Tallinn, die heißen Sommertage in Sankt Petersburg, auf Schloß Gatschina, dem Sitz von Katharinas Favoriten Orlow, in Zarskoje Selo und Peterhof, die Empfänge, Bälle und Ausfahrten, die Hochzeit

Wilhelmines mit dem Zarewitsch am 10. Oktober, die Rückreise auf den spätherbstlich verschlammten Straßen Litauens und Polens. Der Katharinenorden hilft gegen keine Krankheit. Am 30. März 1774 ist Landgräfin Caroline gestorben. Die Geldgeschenke der Zarin – 100 000 Rubel für die Mutter, 50 000 Rubel für jede der nicht akzeptierten Prinzessinnen und 20 000 Rubel Unkostenerstattung für die lange Reise – haben die berüchtigte „Geldklemme" Hessens nicht behoben.

Louise ist durch das karge, strenge Hofleben in Darmstadt und Karlsruhe, aber auch durch weite Reisen und die Kenntnis prunkvoller Höfe gereift. Sie hat vor allem mit ihren literarischen Interessen das Zeug, neben Anna Amalia die andere Dichtermuse Weimars zu werden. Vor ihrer Verlobung, im Sommer 1774, hat sie noch eine Reise fürs Herz unternommen, in die Schweiz zu Johann Caspar Lavater, zu Albrecht von Haller, zu dem uralten Johann Jakob Bodmer, zu Salomon Geßner und Johann Jakob Breitinger. Die Waise der Empfindsamen sah das Abendrot der aufgeklärten Poetik und Poesie, die sich gefühlvoll gegen den starren, französisch höfischen Vorbildern verhafteten deutschen „Literaturpapst" jener Zeit, Johann Christoph Gottsched, aufgelehnt hatten, hörte den Nachhall der naturschwärmerischen Idyllen und gottesfürchtigen Landschaftsepen. Auch ein Ausflug von Genf nach Ferney ergab sich, wo sie mit Voltaire, dem „Alten vom Berge", aus Tassen trinken durfte, die der Preußenkönig dem Philosophen geschenkt hatte. Louise kennt die Verse, in denen sich Goethes Dichtungen vorbereitet haben, die Gedankengänge, die zu Herders großen Abhandlungen über Literatur und Humanität führen. Wie sollte die junge, bald einsame Herzogin nicht eine Vertraute, eine Freundin dieser Männer werden.

Lavater, mit dem sie weiter Briefe wechselt, hat ihr Interesse an seiner Physiognomik geweckt. Die Technik, aus schwarzen Schattenrissen und Scherenschnitten die preiswertesten, am leichtesten zu vervielfältigenden Konterfeis der vorphotographischen Zeit zu fertigen, die ein gewisser Etienne de Silhouette, Finanzminister Ludwigs XV., erfunden hatte, schmückt nicht nur die Wände in bürgerlichen Wohnungen und Adelsschlössern, sie bewegt auch auf lange Zeit spekulative Gemüter. Georg Christoph Lichtenberg in Göttingen macht sich in seinem Essay „Über Physiognomik" (1778) und in seinem „Fragment von Schwänzen" (1779) darüber lustig, Musäus in Weimar schreibt einen satirischen Roman „Physiognomische Reisen" (1778). Lavaters Anhänger sind damit nicht zu beirren.

Was sagt der Herzogin die Silhouette des Herzogs? Stirn, Nase und Kinn sind, verglichen mit der kurzen Ernestiner-Oberlippe, stark, beinahe finster. Ihr eigenes Profil wirkt weich und nachgiebig daneben. Sie wird sich gegen den energischen Kopf niemals durchsetzen und doch sich zu behaupten wissen. Kaiser Napoleon sagt 1806 nach seiner Begegnung mit der Herzogin Louise Auguste von Sachsen-Weimar-Eisenach im neuerbauten Schloß des besetzten Weimar, sie habe den Mut eines Mannes bewiesen. Es klingt, als hätte er den Grabspruch gelesen, den Friedrich II. ihrer Mutter Caroline zudachte: „Von Geschlecht ein Weib, von Geist ein Mann."

DICHTER UND SOUVERÄN

Goethes Sommer 1775 glich einer Flucht. Er floh vor seinem Verlöbnis mit Lili Schönemann, vor Frankfurt und seiner unbefriedigenden Anwaltspraxis im väterlichen Haus am Hirschgraben, vor den kränkenden Widersprüchen zwischen der geliebten Lili und den Leuten ihrer Umgebung, dem ungeliebten Juristenberuf und dem Erfolg als Dichter, vor der Schwester, deren Heirat mit Schlosser ihm erst zu fühlen gab, was sie ihm bedeutete. Vielleicht floh er auch vor der Versuchung, sich im krähwinkligen Weimar niederzulassen, sich in geordneten Verhältnissen warmzusitzen. Er sah das Straßburger Münster wieder, reiste in die Schweiz, sah den Rheinfall von Schaffhausen toben, den Sankt Gotthard gleißen, warf nach Italien, wohin sein Vater ihn, eigenen Erinnerungen nachhängend, gern reisen sehen wollte, nur einen Blick. Auf dem Zürcher See, in die „türmende Ferne" blickend, ins Spiegelbild, das „die reifende Frucht" ihm entgegenhielt – so die berühmten Verse –, versuchte er sich von der Erinnerung an Lili loszureißen: „Weg du Traum, so Gold du bist / Hier auch Lieb und Leben ist." Zusammen mit den Grafen Stolberg und dem Grafen Haugwitz, die ihn in Werther-Uniform begleiteten, war er Carl August auf seiner Rückkehr von Paris nach Weimar in den Weg getreten. Mit ihnen badete er zum Entsetzen der Philister auch „nackt wie eine heidnische Gottheit" in den Gewässern. „Nackte Körper jedoch leuchten weit, und wer es auch mochte gesehen haben, nahm Ärgernis daran", berichtet er in „Dichtung und Wahrheit". Derlei war damals in ganz Deutschland schnell herum und eilte Goethe voraus nach Weimar, wo man ihn denn auch ein Jahr später in milden wie kalten Mondnächten nackt in der Ilm baden sah.

Die Schweizreise war ein „Zurück zur Natur" im rousseauschen Sinne wie auch in Bezug auf poetische Paten. Goethe sah und hörte dieselben Dichter, denen ein Jahr zuvor seine künftige Landesherrin ihre Aufwartung gemacht hatte, Haller und Geßner, Bodmer und

Breitinger. Die Sympathie beruhte ebenso wie die Skepsis zwischen den Generationen auf Gegenseitigkeit. Bodmer nannte den dichtenden Frankfurter Anwalt in einem Brief vom Juli 1775 einen „Schwindelkopf". Nach Frankfurt zurückgekehrt, fühlte Goethe sich, wie er an Merck schrieb, „scheisig gestrandet". Es gab keine Rückkehr zu Lili. Er hatte Lust, sich zu ohrfeigen dafür, daß er nicht nach Italien weitergereist war. Die Herbstmesse zog zwei gute Bekannte, Carl August und Louise, das neuvermählte herzogliche Paar, nach Frankfurt. Am 12./13. Oktober sah man sich. Dichter und Souverän waren wieder bezaubert voneinander. Doch die Einladung nach Weimar war nicht mehr die Grille eines Erbprinzen, sondern der ernsthaft wiederholte Wunsch eines reformerisch denkenden Fürsten, den eine literarisch gebildete Dame nachdrücklich unterstützte. Daß es nur eine Art Schnupperreise bleiben durfte und die Annahme der Einladung zu nichts verpflichtete, war ausgemacht.

Goethes Vater riet entschieden ab. Er ahnte die Verlockungen, die der Sohn sich nicht eingestand, hielt aber nichts von ihnen. Für ihn war es ein unerträglicher Gedanke, daß sein Sohn, der Bürger einer Freien Reichsstadt, sich unter den blasierten Höflingen einer kleinen Fürstenresidenz würde behaupten müssen. Gleich mitzureisen, schien auch dem Dichter überstürzt. Man einigte sich darauf, daß er sich von Kammerrat von Kalb mitnehmen lasse, der nächstens mit einem neuen „Landauer" aus Straßburg kommen werde. Doch Johann August von Kalb blieb aus in der Manier des launischen Edelmannes, als wollte er dem väterlichen Vorurteil genau entsprechen. Die Lage wurde peinlich in der Gesellschaft, aus der sich der Reiselustige bereits verabschiedet hatte. Was lag da näher, als zu tun, wozu der alte Kaiserliche Rat schon lange riet: aufzubrechen nach Italien. Ein Eilbote holte Goethe am 3. November in Heidelberg ein: Kalb warte mit der Kalesche in Frankfurt auf ihn. „Der Wagen stand vor der Tür", schließt „Dichtung und Wahrheit", „aufgepackt war; der Postillon ließ das gewöhnliche Zeichen der Ungeduld erschallen; ich riß mich los." Und mit den Worten Egmonts fragt der Erzähler: „Wohin es geht, wer weiß es? Erinnert er sich doch kaum, woher er kam." Am 7. November 1775, morgens fünf Uhr, traf er in Weimar ein.

Was zog Goethe nach Weimar?

Der Arzt Johann Georg von Zimmermann hatte ihm die Silhouette einer Dame der Weimarer Gesellschaft gezeigt, die er aus Bad Pyrmont kannte. Sie ließ dem Dichter mit dem unbestimmten Reisefieber, in dem auch die Fluchtreflexe des Verlobten flackerten, keine Ruhe: Charlotte von Stein. „Es wäre ein herrliches Schauspiel zu sehen, wie die Welt sich in dieser Seele spiegelt", meinte er. „Sie sieht die Welt wie sie ist, und doch durchs Medium der Liebe." Der Wunsch, diese Frau persönlich kennenzulernen, die ihm dann tatsächlich eine neue große Liebe werden sollte, war eher die Folge eines aus anderen Gründen in seinem Inneren schon feststehenden Entschlusses, der einer lange insgeheim gehegten Erwägung entsprach. Werther, mit dem der Dichter nicht zufällig über Grundzüge einer Liebesgeschichte hinaus den Geburtstag gemeinsam hat, berichtet unter einem „24. März" zumindest die Vorahnung eines Fürstenrufes, wie er nun erfolgt war: „Ich soll ganz mir selbst gelassen sein, hat er mir versprochen, und da wir uns zusammen bis auf einen gewissen Punkt verstehn, so will ich es denn auf gut Glück wagen und mit ihm gehen." Auch ein gewisses Ungenügen am bürgerlichen Beruf verband Goethe mit seiner Romangestalt, und da es ihm offenbar nicht ausreichte, es durch literarische Erfolge auszugleichen, war es gewiß die Aussicht, irgend etwas Sinnvolles zu tun, die Goethe bewog, eine Italienreise zugunsten Weimars auf unbestimmte Zeit zu verschieben und seinen Lebensplan zu ändern. Lessings klägliches Scheitern als freier Autor mag in seinen Erwägungen eine Rolle gespielt haben. Im Unterschied zu diesem zwei Jahrzehnte älteren Kollegen war Goethe allerdings durch seinen Anteil am Vermögen des Vaters nicht auf das Weimarer Jahresgehalt angewiesen. Doch das ist eher ein Grund mehr, in der Entscheidung für Weimar etwas jeder Zwangslage fernes Immaterielles zu sehen. Wievieles davon abhing, daß Goethes Weg nach Weimar und Carl Augusts Regierungsantritt und Heirat in denselben Herbst fielen, läßt sich kaum ermessen. Es scheint, als sei diese Zeit das einzige „Fenster" für das nachhaltige und folgenreiche Zusammenwirken eines Dichters und eines Souveräns gewesen, das bald als einzigartig dastehen sollte. Fünfzig Jahre später betrachtet der

Fürst, inzwischen Großherzog, in einem Glückwunschschreiben den 7. November 1775 als Tag des Dienstantritts, obwohl Goethe erst im Juni des folgenden Jahres wirklich Aufgaben übernahm.

Es sieht zunächst gar nicht nach Bleiben aus. Goethe wohnt im Winterhalbjahr 1775/76 beengt, mit seinem Diener Philipp Seidel im selben Zimmer, im „Deutschritterhaus" hinter der Stadtkirche, in dem die Familie des Kammerpräsidenten Carl Alexander von Kalb auf Kalbsrieth residiert. Mit diesem verschlagenen nordthüringischen Großgrundbesitzer, der jedes seiner Ämter nutzt, um auch die Söhne hochzubringen, und seinem Clan wird Goethe es noch des öfteren zu tun bekommen. Mit dem älteren ist er angereist. Erst Kammerherr, dann Offizier in kursächsischen Diensten, Mitglied des Johanniter-Ordens wie der Freimaurerloge Minerva zu den drei Palmen in Leipzig, wird der glatte, unermüdliche Titeljäger vom Vater die Präsidentschaft der Finanzbehörde übernehmen, um Carl Augusts Finanzen zu ordnen und den Steuerwust zu entwirren, aber stattdessen sein Geld und das anderer verschleudern, Schulden machen, die Zinsen hoher Darlehen nicht mehr bezahlen können und in die Staatskasse greifen, bis ihn Carl August, der ihn der ahnungsvollen Skepsis Anna Amalias zum Trotz als Jugendfreund geschätzt hat, 1782 entläßt. „Als Geschäftsmann hat sich Kalb mittelmäßig, als politischer Mensch schlecht und als Mensch abscheulich aufgeführt", wird Goethe als sein Nachfolger urteilen. Der jüngere, Heinrich Julius von Kalb, als Offizier in Zweibrücken stationiert, an die Franzosen vermietet und dann drei Jahre in Amerika, hat jene Charlotte von Kalb, geborene von Marschalk, geheiratet, die erst als Schillers, dann als Jean Pauls Freundin und als Hölderlins Dienstherrin von sich reden machen wird und mit ihren freien Ansichten über die Geschlechter in der Gesellschaft als überspannt gilt. Getrennt verarmen beide, da der ältere von Kalb, mit einer Schwester Charlottes verehelicht, das ganze Vermögen derer von Marschalk durchbringt. Heinrich sucht einen Ausweg in einer Geliebten, mit der er Kinder hat, und findet ihn doch nur mit einer Pistolenkugel. Einstweilen macht die hübsche Schwester, Sophie von Kalb, in ihrer heiteren, temperamentvollen Art dem Dichter Goethe Avancen, und noch denkt kaum jemand an solche Schicksale.

Willkommen ist Goethe vor allem dem acht Jahre jüngeren Herzog. Willkommen ist er trotz der Satire dem alten Wieland. Willkommen ist er Anna Amalia und denen, die ihrem Liebhabertheater verbunden sind, dem laienspielerischen Notbehelf. Nach dem Schloßbrand, der die Seylersche Truppe zwang, Anna Amalias Vermittlung an den Hof von Gotha anzunehmen, probt und spielt man im Redoutensaal des Hofjägers Hauptmann, später auf Schloß Ettersburg und bei milder Witterung mitunter auch im Freien, in natürlicher Kulisse, am Ettersberg oder im Tiefurter Park. In diesem Umkreis schließt Goethe auch erste freundliche Bekanntschaften mit Leuten, die etwas verseln oder komponieren und sich nicht zu schade sind, selbst aufzutreten. Zu Wieland und Knebel gesellen sich als Wohlwollende der Maler Georg Melchior Kraus, der musische Beamte Friedrich Justin Bertuch, der Kammerherr und Jagdjunker Moritz von Wedel, der musikalisch dilettierende Hofrat Friedrich Hildebrand Freiherr von Einsiedel-Scharfenstein, der Theatermeister Johann Martin Mieding. Der Bühnenbildner, eigentlich Schreiner wie sein Vater, fertigt das Mobiliar für Goethes Gartenhaus an und liefert auch die Schreibkommode, die der Dichter Charlotte von Stein nach Kochberg schickt. Im Handumdrehen fällt Goethe die Leitung des Liebhabertheaters zu, und es gelingt ihm, die beiden Lager, die darin rivalisieren, das bürgerliche und das adlige, miteinander auszusöhnen. Die Bühne selbst ist wiederum geeignet, Goethe mit den Standesschranken auszusöhnen, denn bis zu seiner Erhebung in den Adelsstand bleibt ihm ein Platz an der Tafel des Hofes noch versagt.

Man hat italienische Komödien, heitere Opern und Singspiele aufgeführt, Vorläufer der Operette, Goldoni, Gozzi und Cimarosa, aber auch Voltaire und seine Epigonen, Lessings „Minna von Barnhelm" und belanglose Schwänke, Ballette, Maskeraden. Aus den Reihen der Theaterfreunde selbst kommen Singspiele von Wieland und von Heermann, von einem Freiherrn, der Goethe noch zu schaffen machen wird, Carl Friedrich Siegmund von Seckendorff-Aberdar, und 1780 Einsiedels Zigeunerstück „Adolar und Hilaria". Die finanziellen Aufwendungen fließen vorwiegend aus Carl Augusts Privatschatulle. Goethe übernimmt 1776 die Leitung und behält sie sechs Jahre lang, paßt seine dramatische Produktion zunächst diesem Geschmack an, benutzt die Liebhaberbühne aber auch als Werkstatt der eigenen Entwicklung. Nach „Erwin und Elmire", „Die Fischerin", „Die Mitschuldigen", „Die Laune des Verliebten", „Das Jahrmarktfest von Plundersweilern", „Die Geschwister", „Lila", „Triumph der Empfindsamkeit" und „Das Neuste von Plundersweilern" bietet er auch Szenen des „Urfaust", des „Tasso" und die „Iphigenie" an. Die „Theatralische Sendung" seiner Romangestalt Wilhelm Meister wäre ohne diese Erfahrungen nicht denkbar. Aus Leipzig holt Goethe die schöne Corona Schröter, die schon der Student als fast noch kindliche Sängerin im „Großen Konzert der Herren Kaufleute", aus dem dann die Gewandhauskonzerte wurden, bewundert hat. Im März 1776 reist er eigens dazu in die Messestadt; ein Jahr nach seiner Ankunft, am 16. November 1776, ist sie da und gibt nur eine Woche später ihr erstes Konzert. Sie wird die erste Darstellerin der Iphigenie, und Goethe, der seinen Orest selbst übernommen hat, verliebt sich so in sie, daß er sich zeitweilig als Rivale des Herzogs fühlen muß.

Willkommen ist Goethe auch, obgleich Anstand und Etikette überschwängliche Bekundungen der Sympathie verbieten, der Gattin des Souveräns, Herzogin Louise. Er kennt sie länger als Carl August, kennt das darmstädtische Klima der Empfindsamkeit, das manchmal von Empfindelei nicht weit entfernt ist, versteht sich über Literarisches mit ihr in wenigen Worten und sieht sofort den großen Unterschied der Temperamente, der dem jungen Paar das Eheleben schwermacht. Daß eine starke, aus naheliegenden Gründen sofort straff gezügelte Liebe zwischen Goethe und Louise bestanden habe und Goethe vor ihr in die Beziehung zu Frau von Stein ausgewichen sei, ist vielfach vermutet, nie bewiesen worden. Eine Ungezogenheit darüber wäre für Goethes Eifer, Lenz fortjagen zu lassen, auch ein gewichtigerer Grund als Eifersucht gegenüber der Frau des Oberstallmeisters. Es ist auch angenommen worden, die Herzogin selbst habe auf Lenz' Ausweisung bestanden. Louises Schatten geistert durch die Szenen der „Geschwister" wie durch das Stück „Lila", das unverhohlen auf den Beinamen einer Dame aus dem Darmstädter Kreis zurückgreift.

Goethe versteht als Mann den Mann Carl August, den die zartfühlende, schamhafte Scheu seiner Gemahlin vor den sexuellen Erfordernissen einer dynastischen Ehe irritiert. In allen Regungen des Herzens erfahren, durch ähnliche Demütigungen in Lili Schönemanns Familie ernüchtert und selbst im Erotischen ziemlich zurückhaltend, weiß er aber auch sich in die schöne Seele zu versetzen, die von den Erlebnissen des Ehebettes völlig überrumpelt wird.

Wenn dem Dichter, der zu einer Zeit nach Weimar kommt, in der Carl August seine Erzieher gerade abgeschüttelt hat, gegenüber seinem Souverän noch eine erzieherische Rolle bleibt, so ist es die, gefühlvoll in den ersten schweren Krisen zwischen den Eheleuten zu vermitteln, die ihrer gemeinsamen Lage beide nicht gewachsen sind. Daß Goethe gern den Lehrer spielt, hat nicht nur seine Schwester Cornelia in der gemeinsamen Kindheit erfahren, sondern auch der drei Jahre jüngere, im Alter von sieben Jahren verstorbene Bruder. Wie ein menschlicher Katalysator verbessert Goethe, scheinbar nebenbei, auch gleich die Stimmung zwischen Carl August und Anna Amalia. Denn es sind die Schroffheiten der Mutter gegenüber, die sich nun auf die Ehegattin übertragen. Zu diskreten, unverfänglichen Anspielungen, die den Betroffenen Fingerzeige geben können, eignet sich nichts besser als die Liebhaberbühne. So kommt in „Lila" das Erdenferne Louises zum Ausdruck: „Ach, mir ist nicht beschieden, der Erde mich zu freu'n, ich schwanke wie ein Schatten, habe keinen Teil mehr an der Welt." Gerade das beklagt ihr Gatte ein wenig poltrig: „Ich hab' es nie an ihr leiden können; sie war immer mit ihren Gedanken zu wenig an der Erde." Aber seine Enttäuschung wird auch sehr verständlich: „Ob ich wohl aushalte, ihr Elend zu teilen, wo ich mir so viel Glück mit ihr versprach?" Es ist die Quittung des Selbstbetrugs, einer Selbstvergewaltigung im Grunde, mit dem sich tief verschiedene Menschen in eine „Vernunftheirat" schicken, bei der alle Vernunft zum Teufel geht. Eins verbindet Goethe und Louise mit Sicherheit: die tägliche Forderung, vor den Schranzen des Hofes das Gesicht zu wahren. „Scheißkerle, die auf dem Fasse sitzen", heißen sie im Stoßseufzer eines Briefes an Herder.

Den Schranzen gilt Goethe als Eindringling. Er spürt es gleich und muß sich möglichen Eindringlingen gegenüber, die ihn besuchen, sperren. Die Grafen Stolberg, die ihm beinahe auf dem Fuß am 26. November 1775 folgen, reisen nordwärts weiter. Der Frankfurter Freund und Dramenschreiber Friedrich Maximilian Klinger sucht im Spätsommer 1776 mit unausgesprochenen, aber leicht zu erahnenden Erwartungen die Nähe des Paktes, den Dichter und Souverän geschlossen haben. Er gibt bald auf und findet sich wie viele zu dieser Zeit ungenutzte deutsche Begabungen in russische Dienste. Am längsten harrt der Dichterfreund aus der Straßburger Zeit aus, der seine Füße überall ungeschickt in Goethes Spur zu setzen sucht – bei der verlassenen Friederike Brion, bei Schwester Cornelia –, dessen anonym erschienenen „Hofmeister" man zunächst für ein neues Werk aus der Feder des „Götz"-Verfassers hielt: Jakob Michael Reinhold Lenz. Er kommt im April, nimmt Goethes Aufforderung, sich ungezwungen zu benehmen, allzu wörtlich, fällt damit unangenehm auf, zieht sich zurück nach Berka, genießt es, daß Charlotte von Stein ihn nach Kochberg einlädt, ohne daß Goethe zu der Freundin kommt, und reizt mit einer niemals aufgeklärten „Eseley" die Weimarer Gesellschaft so, daß Goethe sich bemüßigt fühlt, ihn Hals über Kopf ausweisen zu lassen.

Was erwartet nun aber Herzog Carl August von dem Dichter, den er an seinen Hof gelockt hat? Er sucht nicht etwa einen Hofpoeten; er weiß, in Goethe würde er ihn gar nicht finden. Er sucht aber wohl auch nicht den fähigen Juristen, denn es kann kein Geheimnis geblieben sein, daß dieser Frankfurter Anwalt schwunglos und lustlos arbeitet und sich in kniffligeren Dingen vom Vater helfen läßt, der viel Zeit erübrigt, weil er um seines kaiserlichen Titels willen kein Amt hat annehmen dürfen. Goethe ist keineswegs Doktor der Rechte, das hat er nicht geschafft; er ist nur Lizentiat. Nirgends ist dokumentiert, worauf Carl August die hohe Meinung über den Gast gründet, den er an sich binden möchte, welche Pläne er mit ihm zu verwirklichen beabsichtigt. Er ist zwar ein reformerisch denkender, aber noch kein reformerisch planender Souverän. Was seinen Umgang mit Goethe betrifft, wissen wir über das erste Weimarer Jahr recht wenig. Dem Feuer, in das der „Dichter und Staatsmann" 1797 alle Briefe warf, die er bis dahin erhalten hatte, sind nur durch Zufall einige wenige entgangen.

Wir kennen das verwunderte bis entrüstete Echo bei Hofe und bald in der deutschen Öffentlichkeit, den Aufschrei der Philister. Es ist das Echo von Gerüchten. Und wir kennen die bald sichtbaren erstaunlichen Folgen. Sicher ist: In diesen Monaten wird eine Freundschaft geschlossen, wie sie nicht oft vorkommt, sofern man überhaupt nach ihresgleichen suchen darf. Man braucht die Dichtungen, die Goethe eindeutig auf seinen Dienstherrn bezogen wissen will, nicht ernster zu nehmen, als sie es verdienen. Neben einer Huldigung wie „Ilmenau" stehen zerknirschte, resignierte Verse aus dem „Tasso". Das Unabhängige in jeder Hinsicht besticht den jungen Souverän an diesem Bürgerlichen, die geistige Unabhängigkeit, die keine Vorurteile anerkennt, und die materielle, die ihn, den von Stand Geringeren, in mancher Hinsicht wie einen „Weltbürger" über die Standesschranken wie über die Landesgrenzen erhebt. Die Vorstellungen von dem, was Goethe in Weimar leisten soll, nehmen für Carl August erst allmählich Gestalt an. Zugleich muß er den Vorbehalten des Hofes begegnen, wo er kann. Carl August unterläßt nichts, Goethe fest und fester an sich zu binden. Das „alte Häusgen vor dem Tore", das Gartenhaus an der Ilm, das Goethe haben möchte, um den engen Mietverhältnissen der Stadt zu entkommen, hat er gerade seinem neuen Geheimsekretär Bertuch geschenkt. Nun muß er es, um den neugewonnenen Freund mit dem Geschenk zu halten, zurückfordern und den verdutzten Favoriten mit Ländereien am Stadtrand entschädigen. Am 21. April zieht Goethe aus seiner Mietwohnung im alten Ritterhaus gegenüber dem Gelben Schloß ins Gartenhaus.

Aus der Nebenwohnung, die Goethe für Tage, an denen es spät wird, in der Stadt behält, im Haus des Hofkassiers König, fällt der Blick auf die verrußte Schloßruine. Sie wirkt entmutigend wie jeder Blick in die Regierungsgeschäfte des Herzogtums. Die „Schnupperreise" könnte rasch zu Ende gehen. Wohin der Ehrengast auch schnuppert, es riecht brenzlich oder übel. Nur wo man musiziert und Stücke probt, Skulpturen, Gemälde und Kupfer betrachtet, Journale und Bücher liest, wo man seinen Versen und seiner Prosa zuhört, fühlt er sich wohl. Und da der Souverän es ehrlich meint und ihn nicht drängt, Aufgaben zu übernehmen, da ihn in Frankfurt absolut nichts reizt, zurückzukehren, bleibt er. Wo der Souverän seinen Rat sucht, darf er offen sprechen, ohne etwas verantworten zu müssen. Darin steckt ein geheimer Kitzel: Macht zu haben über einen Mächtigen. Man kann auch ruhig abwarten, auf wen der Souverän mehr hört, auf die banausischen Schranzen oder auf die kultivierten Geister, auf irgendeinen adligen Schafskopf oder einen Goethe. Schon Ende Januar 1776 schreibt Wieland an Merck: „Goethe kommt nicht wieder von hier los. Carl August kann nicht mehr ohne ihn schwimmen noch waten. ’s ist aber noch nichts Entschiedenes." Ein paar Tage später erfährt Lavater von Wieland: „Goethe bleibt vermutlich lange hier – er ist mächtig umsponnen." Er selbst gehört zu denen, die Goethe geradezu bezaubert. Sein großes Herz hat die Satire auf „Alceste" nur zu gern vergessen. Der Dichter selbst gesteht schon am 22. Januar in einem Brief an Merck: „Meine Lage ist vorteilhaft genug, und die Herzogtümer Weimar und Eisenach immer ein Schauplatz, um zu versuchen, wie einem die Weltrolle zu Gesicht stünde."

Charlotte von Stein, von der sich Goethe schon nicht mehr gern trennen würde, berichtet Zimmermann Anfang März: „Goethe wird hier geliebt und gehaßt; Sie fühlen wohl, daß es hier genug Dickköpfe gibt, die ihn nicht verstehen." Zu der Zeit ist es dem skeptischen Teil des Hofes bereits klar, daß diese Freundschaft zwischen Souverän und Dichter, zwischen einem Exponenten des Adels und einem Bürgerlichen, für den der Schimpfname „Emporkömmling" rasch gefunden ist, auch voller Risiken steckt. Frau von Stein, die Goethe versteht, wenn sie ihn nicht schon liebt, fühlt sich doch in der Mitte. Was die „Dickköpfe" – die Goethe „Scheißkerle" nennt – so stört, ist zwar „nichts, als daß er jagt, scharf reit't, mit der großen Peitsche knallt, alles in Gesellschaft des Hofes." Aber sie kennt den Hof zu gut, um nicht für ihren sieben Jahre jüngeren Verehrer das Schlimmste zu befürchten. Sie weiß noch nicht, wie dieses Kräftemessen ausgeht. Bedenklich findet sie es, wie sie Zimmermann mitteilt, daß Carl August, seit er Goethe kaum von seiner Seite läßt, anfängt, gutes Benehmen als unehrlich zu betrachten: „Gestern war er bei mir, behauptete, daß alle Leute mit Anstand, mit Manieren nicht den Namen eines ehrlichen Mannes tragen könnten!" Sie kennt die Macht, die von Goethes Zauber ausgeht, ahnt, was er vermag, und weiß auch, wieviel Risiko in ihm selber steckt: „Goethe verursacht hier einen großen Umsturz", schreibt sie im Mai. „wenn er auch wieder Ordnung machen kann, um so besser für sein Genie!" Er wiederum klagt ihr aus Tiefurt im September 1776: „Ich hab die Hofleute bedauert, mich wundert daß nicht die meisten gar Kröten und Basilisken werden."

Nur wenige ahnen die Tiefe des Verstehens, das zwischen dem Dichter und dem Souverän zu wachsen begonnen hat. Aus dem Abstand des Alters würdigt es Goethe am 23. Oktober 1828 gegenüber Eckermann, wie Carl Augusts „außerordentlicher Geist das ganze Reich der Natur umfaßte. Physik, Astronomie, Geognosie, Meteorologie, Pflanzen und Tierformen der Urwelt, und was sonst dazu gehört, er hatte für alles Sinn und für alles Interesse. Er war achtzehn Jahre alt, als ich nach Weimar kam, aber schon damals zeigten seine Keime und Knospen, was einst der Baum sein würde. Er schloß sich bald auf das innigste an mich an und nahm an allem, was ich trieb, gründlichen Anteil. Daß ich fast zehn Jahre älter war als er, kam unserem Verhältnis zugute. Er saß ganze Abende bei mir in tiefen Gesprächen über Gegenstände der Kunst und Natur und was sonst allerlei Gutes vorkam. Wir saßen oft tief in die Nacht hinein, und es war nicht selten, daß wir nebeneinander auf meinem Sofa einschliefen."

DER QUIRLIGE LANDESHERR

Graf Görtz hat seinem Zögling beim Regierungsantritt eine eindringliche Mahnung mitgegeben: „Die meisten Fürsten machen sich unglücklich, weil sie die hohe Stufe, auf der sie stehen, für eine Last ansehen; sie suchen sich deshalb durch frivole Lustbarkeiten Zerstreuung zu verschaffen und vergessen auf der Jagd oder im Schauspielhause ihre Pflichten. Vergeblich suchen sie dort Befriedigung für ihr Herz, diesen empfindsamen Teil ihres Wesens; und unglücklich sind sie, wenn sie dessen Regungen ersticken."

Die Kenntnis vieler Höfe gibt ihm diese Warnung ein und auch ein Wissen um Carl Augusts Anlagen, um seine vom Großvater geerbte Jagdleidenschaft. Auffällig benimmt sich der jugendliche Herzog sich damit eigentlich nicht. Es ist paradox genug: Der Adel, der sich um seine tägliche Nahrung nicht im geringsten sorgen muß wie etwa die Waldmenschen der Vorzeit oder die Bettelarmen in der Reihe der Untertanen, der Adel hat zu seinem unverzichtbaren Hauptvergnügen die Jagd gemacht. Wo sie zur Leidenschaft geworden ist, lockert sie auch die Sitten. Siegmund von Seckendorff, wie Goethe ein Neuling in Weimar, entsetzt sich Mitte Februar 1776 über die ungehobelten „Schöngeister": „Man läuft, jagt, schreit, peitscht, galoppiert ... und, sonderbar genug, bildet man sich ein, es mit Geist zu tun." Die allgemeine Duzerei mißfällt dem Edelmann. Es wird in einem fort geflucht. Vokabeln wie „Schwerenot", „Donner" und „Wetter" sind an der Tagesordnung. Der Herzog verstimmt die Mutter und ihren Kreis, indem er in Begleitung seiner Hunde ein Konzert besucht und nichts dabei findet, wenn sie mit dem Kammersänger Johann Adam Aulhorn um die Wette heulen. Zum Stadtgespräch wird eine Dame, die in der Jagdgesellschaft Carl Augusts das Spiel „Wer besser küssen könne" aufgebracht hat, die Baronin von Werhern, auch „Lachtaube" genannt, weil sie mit einer ungewohnt sinnenfrohen Unbeschwertheit alle unterhält. Sie wird noch skandalöser von sich reden machen.

Ein Brief Carl Augusts an Goethe, der sich zufällig erhalten hat, läßt aus sehnsüchtigen Anspielungen auf das, worauf der Herzog neidisch ist, erschließen, wie es zugegangen ist, wenn sie zusammen umherstreiften. Er muß Ende 1775 um die Weihnachtszeit mit seiner Frau am gothaischen Hof der Etikette frönen, während Goethe mit von Kalb, von Einsiedel, von Knebel und Bertuch einen Streifzug durchs jenaische Land macht, nach Waldeck und Bürgel, wo man trinkt und tanzt und sich mit „Misels" oder „Mieselchen" amüsiert. Das Wort, das Goethe auch freimütig in Briefen an Frau von Stein verwendet, ist die elsässische Verkleinerungsform für „Mus", was soviel wie „Maus" bedeutet und hübsche junge Mädchen aus den unteren Ständen meint. Wie weit man es in Landgasthöfen, Schankstuben und Nebengelassen mit diesen „Mäuschen" trieb, bleibt ebenso ungewiß wie die Frage, ob Goethe selbst aus seiner Straßburger Studentenzeit das Wort nach Weimar mitgebracht hat. Der ländlich ungezwungene Umgang der Geschlechter über alle Standesschranken hinweg ist auch vergleichsweise harmlos vorstellbar, bedenkt man, daß man noch immer mit Rousseau zurück zur Natur strebt und die Stadtluft, den Provinzmief, durch „Erdgeruch" und „Erdgefühl" vertreiben will. Aus Leipzig schickt Goethe an Carl August im März 1776 die folgende Tirade: Er könne „nicht genug sagen", wie sich sein „Erdgeruch und Erdgefühl gegen die schwarz, grau, steifröckigen, krummbeinigen, Perückengeklebten, schwänzlichen Magister, gegen die feiertagsberockte, alamodische, schlankliche, vieldünkliche Studentenbuben, gegen die zuckende, krinselnde, schnäbelnde und schwumelnde Mägdlein und gegen die hurenhafte, strozzliche, schwänzliche und finzliche Jungemägde ausnimmt." Im Sommer heißt es aus der Gegend um Ilmenau an Merck: „Wir sind ziemlich eingewildert." Man führt sich eigentlich nicht anders auf, als es junge Leute, die es üppig haben, zu allen Zeiten tun. Später nennt man es Bürgerschreck. „Der Herzog geht auf Hirsche, ich auf Landschaften aus, und selbst zur Jagd führe ich mein Portefeuille mit... Wir halten zusammen und gehen unsern eigenen Weg, stoßen so freilich allen Schlimmen, Mittelmäßigen und Guten für'n Kopf."

Goethe zeichnet also, während der quirlige Landesherr jagt. Er weiß, daß er dem jungen Mann kein Erzieher mehr sein kann, sondern allenfalls ein Mentor, und dazu muß er sich seine Freundschaft bewahren. Gegenüber Eckermann bekennt noch der Greis, der diesen Freund gerade verloren hat, unter dem 23. Oktober 1828: „Übrigens hing die alte Droschke des Großherzogs kaum in den Federn. Wer mit ihm fuhr, hatte verzweifelte Stöße auszuhalten. Aber das war ihm eben recht. Er liebte das Derbe und Unbequeme und war ein Feind aller Verweichlichung ... Er war damals sehr jung, ... doch ging es mit uns freilich etwas toll her. Er war wie ein edler Wein, aber noch in gewaltiger Gärung. Er wußte mit seinen Kräften nicht wo hinaus, und wir waren oft sehr nahe am Halsbrechen. Auf Parforcepferden über Hecken, Gräben und durch Flüsse, und bergauf bergein sich tagelang abarbeiten, und dann nachts unter freiem Himmel kampieren, etwa bei einem Feuer im Walde: das war nach seinem Sinne." Und dann folgen, wenn auch mit einem Schimmer späterer Verklärung, die aus tief verstehendem Herzen gesprochenen Worte: „Ein Herzogtum geerbt zu haben war ihm nichts, aber hätte er sich eins erringen, erjagen und erstürmen können, das wäre ihm etwas gewesen ... Ich leugne nicht, er hat mir anfänglich manche Not und Sorge gemacht. Doch seine tüchtige Natur reinigte sich bald und bildete sich bald zum Besten, so daß es eine Freude wurde, mit ihm zu leben und zu wirken."

Das Halsbrecherische an diesem Treiben macht allerdings gerade dem Adel mehr Sorge, als Goethe später wahrhaben möchte. Vom Leben des Landesherrn hängt viel für sie ab. Die Reise nach Leipzig, an die sich eine nach Dessau anschließen sollte, muß Goethe, selbst gesundheitlich etwas angeschlagen, im Frühjahr 1776 allein antreten, da Carl August Rheumatismus und Gliederreißen plagt und das hohe Fieber und die Schwindelanfälle nicht nachlassen. Im Sommer 1776 zieht sich der Herzog bei der Jagd eine gefährliche Fußverletzung zu. Prinz Constantin ist als der Zweitgeborene nicht ins Regieren eingeweiht und wäre, das hat sich längst herumgesprochen, kein wünschenswerter Ersatz, stieße Carl August etwas Ernstes zu. Siegmund von Seckendorff, beinahe zwei Monate später als Goethe nach Weimar gekommen, ein fränkischer Reichsritter, der nach einem Jurastudium in Erlangen auf der zeitüblichen „Kavalierstour" Frankreich und Italien gesehen hat, vielleicht auch

Spanien und Portugal, und erst in österreichischen Diensten, dann als Offizier des Königs von Sardinien vom dolce farniente oberitalienischer Garnisonsstädte verwöhnt worden ist, zuletzt im anmutigen Turin, wirft sich, obschon er das tolle Leben oftmals selber mitmacht, in Briefen an Leute, die es weitertragen, zum Kläger auf. Er fühlt sich nicht recht angenommen, glaubt sich übergangen und genasführt. „Man hat mehr als zehnmal den Plan geändert; ich bin bald der erste, bald der zweite, bald der dritte Kammerherr; man möchte bälder die Staaten des Moguls einrichten."

Eigentlich hat er nach Braunschweig gewollt und, durch Görtz überredet, mit Weimar, das ihm zu schmutzig und zu teuer ist und ihn trotz der Liebhaberbühne, auf der er mitwirkt, auch langweilt, nur vorliebgenommen. Eine gewisse Wertschätzung für den Verfasser des „Werther", den er gerade ins Französische übersetzt, wodurch das Werk in die Feldbibliothek Napoleons gelangen wird, hindert ihn nicht, abschätzige Urteile zu verbreiten. „Serenissimus überläßt sich fortwährend den geräuschvollsten Zerstreuungen und kommt nicht heraus aus dem Kreis der Personen, die seine Augen bezaubert haben." Eine Beschuldigung Goethes als Verführer des quirligen Landesherrn ist hier so wenig zu überhören wie der Neid auf Goethes Erfolge beim schönen Geschlecht, wenn er dann feststellt: „Unser Frauenzimmer ist mittelmäßig." Dem Adel liegt viel daran, Goethe als den bürgerlichen Verderber des Herzogs überall unmöglich zu machen. „Zwei Horden" unterscheidet Seckendorff; „die ruhige", meint er, „langweilt sich meistens" mit der Komödie und auf Festen. Die „Intrigen" und „Kabalen" und „geheimen Eifersüchtelein", an denen er selbst keinen geringen Anteil zu haben scheint, „geben Allen etwas Gezwungenes inmitten der Vergnügungen und nehmen den Festen Saft und Leben." Die andere „Horde" um den Herzog ist „die geräuschvolle", in der man „rennt, jagt, schreit, hetzpeitscht und galoppiert."

Gerüchte schwellen rasch an. Wie weit die Phantasie biederer Zeitgenossen das tolle Treiben aufbauscht, zeigt ein Brief, den der Dichter und Homer-Übersetzer Johann Heinrich Voß bekümmert an Boies Schwester Ernestine, seine Braut, im Juli 1776 schreibt: „Es geht da erschrecklich zu. Der Herzog läuft mit Goethe wie ein wil-

94

der Pursche auf den Dörfern herum; er besäuft sich und genießet brüderlich einerlei Mädchen mit ihm. Ein Minister, der's gewagt hat, ihm seiner Gesundheit halben die Ausschweifungen abzuraten, hat zur Antwort gekriegt, er müßte es tun, sich zu stärken. Er ist sehr schwach von Körper, und sein Vater ist vom Trinken gestorben. Klopstock hat desfalls an Goethe geschrieben und ihm seinen Wandel vorgerückt, daß er sich an dem Herzoge, seinem Freunde, seiner Gemahlin, seiner Mutter, dem ganzen Lande und der ganzen Gelehrtenrepublik versündigte, weil kein Fürst künftig einen Dichter zu seiner Gesellschaft wählen würde." Auch die Grafen Stolberg haben gehört, der Herzog teile sich mit Goethe gelegentlich eine „Maitresse", doch Klopstock erfährt unter dem 18. Juni 1776 vom älteren der beiden: „Das habe ich Mühe zu glauben, aber beide sind unbändig." Und Bodmer will in der fernen Schweiz noch 1777, wie er einem Brieffreund mitteilt, gehört haben, die beiden machten nachts die Gassen unsicher: „Sie sollen einer ehrbaren Frau die Kleider über den Kopf gebunden haben." In Berlin hält man Goethe literarisch für erledigt; er betrinke sich fortwährend mit Branntwein.

Aus Hamburg hat Klopstock am 8. Mai Goethe ins Gewissen zu reden versucht, an die gemeinsamen aufgeklärten Grundsätze erinnernd: „Der Herzog wird, wenn er sich ferner bis zum Krankwerden betrinkt, anstatt, wie er sagt, seinen Körper dadurch zu stärken, erliegen, und nicht lange leben. Es haben sich wohl starkgeborne Jünglinge, und das ist denn doch der Herzog gewiß nicht, auf diese Art früh hingeopfert. Die Deutschen haben sich bisher mit Recht über ihre Fürsten beschwert, daß diese mit ihren Gelehrten nichts zu schaffen haben wollen. Sie nehmen jetzo den Herzog von Weimar mit Vergnügen aus."

Der Gerügte fühlt sich aber keineswegs getroffen. „Verschonen Sie uns", antwortet er am 21. Mai, den Herzog einbeziehend, „inskünftige mit solchen Briefen, lieber Klopstock! Sie helfen uns nicht und machen uns immer ein paar böse Stunden." Da alle Vorwürfe unbegründet sind, lehnt er Rechtfertigungen ab. „Graf Stolberg soll immer kommen. Wir sind nicht schlimmer, und will's Gott, besser, als er uns selbst gesehen hat." Doch der zum Kammerherr bestellte Graf, der schon im Göttinger Hainbund an jenem prüden Autodafé gegen

Wielands „Idris" teilgenommen hatte, ist, den Gerüchten glaubend, nicht mehr bereit, in Weimar zu erscheinen. Darauf beendet Klopstock am 29. Mai die Dichterfreundschaft mit feierlichem Groll. Er hat den Mahnbrief als Freundschaftsbeweis gemeint. Nun schilt er: „So erkläre ich Ihnen hierdurch, daß Sie nicht wert sind, daß ich ihn gegeben habe." Die sittliche Entrüstung über Goethes „Werther" hat, noch nicht abgeklungen, ihre Fortsetzung gefunden. Selbst Zimmermann, Goethes und Charlotte von Steins gemeinsamer Vertrauter, warnte, Goethe habe hundert Seelen.

Weder den Dichter noch den Landesherrn kümmert das noch. Carl August hat den alten Klopstock fast zeitgleich mit Goethe in Karlsruhe kennengelernt und da schon bei aller Sympathie herausgefunden, „daß er etwas zu sehr fühlt, daß er Klopstock ist, und daß dies Bewußtsein ein wenig das Empfinden für die Größe Anderer ausgelöscht hat." Die Worte waren am 29. Dezember 1774 an Wieland gerichtet, und Wieland ist es auch, der aus Weimar, dem Ort der mutmaßlichen Orgien, den Verleumdungen beherzt entgegentritt. An Gleim in Halberstadt, der gleichfalls „noch einen Pik gegen diesen edlen, herrlichen jungen Mann" hat, schreibt er Anfang September 1776: „Sie brauchten ihn nur etliche Tage in der Nähe zu sehn, so würde er Ihnen fast so lieb werden als mir." Und nach einem langen Lob „der reinsten Harmonie" in der sie zehn Monate miteinander ausgekommen seien, schließt er: „Überhaupt, mein Lieber, glauben Sie von allem Bösen, was die Dame Fama von Weimar und dem Herzog und Goethen und der ganzen Wirtschaft aus ihrer schändlichen Hintertrompete in die Welt hineinbläst, kein Wort! Dies ist das einzige Mittel, nicht betrogen zu werden." Sogar der Berliner Moralphilosoph Johann Georg Sulzer beruhigt Bodmer in der Schweiz am 20. Januar 1777, „in dem Herzog von Weimar" sei „ein männliches Fürstengemüt verborgen, das sich künftig entwickeln wird, und Göthe ist der Mann, dem man diese Entwicklung wird zu danken haben." Und immer ist es auch Merck, der Gutes sagt. Nach einem Zusammentreffen auf der Wartburg versichert er Friedrich Nicolai am 3. November 1777: „Der Herzog ist einer der respektabelsten und gescheitesten Menschen, die ich je gesehen habe."

Abb. 10: Carl August als Aschersleber Kürassier. Stich von J. Ch. E. Müller (1793)

Abb. 11: Stich nach der
Natur von J. H. Lips (1780)

Abb. 12: Graf Johann
Eustachius v. Görtz.
Kupferstich von
C. Guerin nach F. Hof

Abb. 13: Jakob Friedrich
Fritsch. Ölgemälde von J. E.
Heinsius nach A. Graff (1774/75)

Abb. 14: Christoph Martin
Wieland. Bleistiftzeichnung von
J. W. v. Goethe (1776)

Abb. 15: Schloß Belvedere. Kupferstich von C. Müller

Abb. 16: Die Großherzogliche Bibliothek vor 1849. Kupferstich von A. Glaeser

Abb. 17: Herzogin Luise von Sachsen-Weimar, Gattin Carl Augusts.
Ölgemälde von J. F. A. Tischbein (1810)

Abb. 18: Silhouette der
Herzogin Luise (1780)

Abb. 19: Silhouette des
Herzogs Carl August mit
Stock (um 1785)

Abb. 20: Johann Kaspar
Lavater. Stich von
C. H. Pfeiffer nach F. Oelenhainz

Abb. 21: Johann Wolfgang
v. Goethe. Zeichnung von
G. M. Kraus (1776)

Abb. 22: Carl August um 1800. Miniatur von F. W. Schellhorn

Was auch immer zur Entkräftung böswilliger Gerüchte gesagt werden kann – toll genug war das Treiben des Landesherrn in seinen ersten Regierungsjahren schon. Es waren aber doch nicht nur die Jagdleidenschaft und die Abenteuerlust, der Drang, sich nach den Bevormundungen der Zöglingsjahre auszutoben. Er lernte auch sein Ländchen kennen, seine entlegenen und vergessenen Winkel. Die Enttäuschung mancher Würdenträger kam auch aus übertriebenen Erwartungen, als wäre ein junger, aufgeklärter Souverän eine Art Messias, der alle Probleme löst. Carl August hatte es nicht leicht, die eigene quirlige Natur mit der Trägheit des übernommenen Beamtenapparates in Einklang zu bringen. Trockene Berichte und Zahlenkolonnen widerten ihn an. Vieles von dem, was er sofort selber hätte anpacken müssen, delegierte er aus Mangel an Auswahl und im Glauben an bewährte Routine genau dahin, wo es schon lange im argen gelegen hatte. Der Alltag des Regierens überforderte seine Geduld, und seine Ungeduld verleitete ihn, andere zu überfordern. Es verdroß ihn, wiederholt behelligt zu werden mit Kleinigkeiten, die aber nach den Regeln des Absolutismus nun einmal nicht ohne den Souverän erledigt werden konnten. Mehr als einen selbständigen Kopf wie Goethe, den er eben darum mit allen Mitteln an sich binden wollte, hätte er gebraucht. Er hatte den guten Willen, seine Herrschaft mustergültig auszuüben, aber ihm fehlte zunächst die Ausdauer dazu. In seiner Unrast wirkte er zu hitzig oder zu lässig, erschreckte er seine Untergebenen mit plötzlichen Befehlen, plötzlichen Verboten. Daraus entstanden ständig neue Irritationen. Der altvertraute Selbstlauf wurde formal bestätigt und dennoch fortwährend beunruhigt durch selbstherrlich spontane Eingriffe. So entstand der Eindruck des Dämonischen, den Goethe später, 1809, Kanzler Friedrich von Müller gegenüber erwähnte.

Das Herzogtum geriet davon nicht aus den Fugen. Zwischen duldsamem und berechnendem Mittun war für Goethe nur schwer eine Grenze zu ziehen. Daß er Ausschweifungen duldete, um seinen Einfluß auf den Herzog nicht zu verlieren, nicht von Höflingen verdrängt zu werden, wie ihm Charlotte von Stein in einem Brief zugute halten wollte, ist allein auf dem Hintergrund der Gerüchte von Belang. „Ich leugne nicht, er hat mir anfänglich manche Sorge

gemacht", räumt Goethe in seinem Rückblick gegenüber Eckermann am 23. Oktober 1828 noch ein. „Doch seine tüchtige Natur
reinigte sich bald und bildete sich bald zum besten, so daß es eine
Freude wurde, mit ihm zu leben und zu wirken." Dieses Wirken mit
einem Souverän, der gutem Rat zugänglich war, klingt schon als
Ziel des Bleibens in einem Brief Goethes an die Vertraute Johanna
Fahlmer, später die zweite Frau seines Schwagers Schlosser, vom
14. Februar 1776 an: „Ich werd' wohl auch bleiben und meine Rolle
so gut ausspielen, als ich kann, und so lang', als mir's und dem
Schicksal beliebt." Auf jeden Fall fand er das Leben in Weimar
„besser als das untätige Leben zu Hause ... Hier hab' ich doch ein
paar Herzogtümer vor mir. Jetzt bin ich dran, das Land nur kennen
zu lernen ... Und der Herzog kriegt auch dadurch Liebe zur Arbeit,
und weil ich ihn ganz kenne, bin ich über viele Sachen ganz und gar
ruhig."

Allerdings führt es auch in die Irre, Carl Augusts erstes Regierungsjahr und sein enges Verhältnis zu Goethe, als „Sturm und
Drang" zu etikettieren. Die literarische Epoche, die Klingers gleichnamigem Stück den Namen verdankte, war mit Goethes Ankunft in
Weimar eigentlich zu Ende, und einen literaturgeschichtlichen Begriff aufs Politische zu verschieben, ergibt keinen Sinn. Die scharfen
Zungen in Berlin, die an Goethes weiterer poetischer Entwicklung
zweifelten, hatten in gewisser Weise recht, nur daß es nicht am
Branntwein lag. Goethe sah seinen neuen Aufgaben mit solchem
Ernst entgegen, daß er in Briefen einstreute, er würde seine literarische Laufbahn gern Lenz überlassen. Wieland wird nicht müde, in
Briefen für ihn einzustehen: „Goethe spielt seine Rolle edel und
groß und meisterhaft; außer der Erfahrung, die er nicht haben
kann, fehlt ihm Nichts; wenn nicht viel Gutes hier durch ihn geschieht, und viel weniger Böses, als sonst geschehen wäre, so wird
die Schuld gewiß nicht an ihm liegen."

Was Goethe seit seiner Ankunft in Weimar auf sich zukommen
sieht, gerinnt schließlich am 8. Oktober 1777 in seinem Tagebuch
zu dem emphatischen Ruf: „Regieren!!" Carl August hat in seinem
ersten Regierungsjahr nichts Geringeres vor, als Goethe in sein
Geheimes Consilium zu bringen. Dabei sind mehrere Klippen zu

umschiffen, die den jungen Herzog lehren, daß auch ein Souverän durchaus nicht uneingeschränkt tun kann, was er will. Gerade die höchsten seiner Untergebenen entwickeln einen eigenen Willen und pokern im Kräftespiel bis an die Grenze zum Boykott. Schon Ende 1775 beginnt Freiherr von Fritsch ein solches Manöver. Am 9. Dezember verleiht er, alle Schuld scheinheilig auf sich nehmend, seiner Unzufriedenheit mit dem neuen Klima des Hofes in einem Schreiben an Carl August nachdenklich fragenden Ausdruck: „Wie könnte aber ich, der ich zuviel Rauhes in meinen Sitten, zuviel öfters an das Mürrische grenzende Ernsthaftigkeit, zuviel Unbiegsamkeit und zu wenig Nachsicht gegen Das, was herrschender Geschmack ist, an mir habe, am Hofe gefallen oder eine günstige Aufnahme mir versprechen können?" Lange ist ein Geheimer Rat von Tabor aus Frankfurt am Main fürs Geheime Consilium im Gespräch. Er kommt am 15. Februar 1776 nach Weimar, bittet Fritsch, zu bleiben, kann ihm aber die Vorbehalte gegen den jungen von Kalb und Goethe nicht zerstreuen. Dann ist, da Fritsch auch gegen ihn selber eingenommen ist, von Tabor keine Rede mehr. Der fünfundvierzigjährige Höfling, selbst Sohn eines Emporkömmlings, hegt eine Abneigung gegen die bürgerlichen Kandidaten und stellt fest, daß in der „Wahl der Mittel" seine und seines Dienstherrn „Ideen zu weit voneinander" abweichen.

Am 24. April erklärt er sich dem Herzog detailliert über „das Sujet des Dr. Goethe": Mit seiner „Placierung im Geheimen Consilio" könne er sich – „ohne allen Widerwillen oder Abneigung gegen diesen Mann" – nicht einverstanden erklären. Ein solcher „Entschluß" könne Carl August „von aller Welt verdacht werden". Die anderen „treuen und verdienten Diener, so auf eine dergleichen ansehnliche Stelle Anspruch machen könnten", würden sich übergangen fühlen. Fritsch vermeidet es geschickt, die eigene Person ins Spiel zu bringen. Stattdessen erklärt er, als fiele ihm nichts leichter, als gänzlich zu verzichten, „in einem Consilio, dessen Mitglied gedachter Dr. Goethe anjetzt werden soll", könne er „nicht länger sitzen". Damit bitte er „um die gnädigste Entlassung". Er kennt seine Verdienste und seinen Wert für die Regierung des Herzogtums, weiß, was der Landesherr mit ihm verliert.

Carl August läßt sich Zeit mit seiner Antwort. Am 10. Mai erteilt er seinem halsstarrigen Diener eine wohlgesetzte, wenn auch grammatisch nicht lupenreine Lehre. Daß Goethe berufen werden solle, sei kein hinlänglicher Grund, die Entlassung zu verlangen. „Wäre der Dr. Goethe ein Mann eines zweideutigen Charakters, würde ein jeder Ihren Entschluß billigen. Goethe aber ist rechtschaffen, von einem außerordentlich guten und fühlbaren Herzen. Nicht alleine ich, sondern einsichtsvolle Männer wünschen mir Glück, diesen Mann zu besitzen. Sein Kopf und Genie ist bekannt. Sie werden selbst einsehen, daß ein Mann wie dieser nicht würde die langweilige und mechanische Arbeit, in einem Landescollegio von unten auf zu dienen, aushalten. Einen Mann von Genie nicht an den <sic!> Ort gebrauchen, wo er seine außerordentlichen Talente nicht <sic!> gebrauchen kann, heißt, denselben mißbrauchen." Über das „Urteil der Welt" versucht er Fritsch zu beruhigen: „Die Welt urteilt nach Vorurteilen, ich aber und jeder, der seine Pflicht tun will, arbeitet nicht, um Ruhm zu erlangen, sondern um sich vor Gott und seinen <sic!> eignen Gewissen rechtfertigen zu können, und suchet auch ohne den Beifall der Welt zu handeln." Carl August gibt sich verwundert und befremdet, ja er beanstandet die „beleidigende Art" dieses Gesuchs.

Nur zu dem letzteren äußert sich Fritsch umgehend. Der Höfling muß auf jeden Fall vermeiden, daß er seinen Dienstherrn kränkt. Aber in der Sache weicht er noch nicht zurück. Er bittet seine langjährige Vorgesetzte, die Herzoginmutter Anna Amalia, um Vermittlung. Doch auch aus dem Wittumspalais wird er zurechtgewiesen: „Sie sind eingenommen gegen Goethe, den Sie vielleicht nur aus unwahren Berichten kennen oder den Sie von einem falschen Gesichtspunkt beurteilen." An seiner Moral, seiner Religiosität, seiner Rechtschaffenheit sei kein Zweifel möglich. „Machen Sie Goethes Bekanntschaft, suchen Sie ihn kennen zu lernen!" wird Fritsch, der dem Genie anscheinend ein halbes Jahr lang aus dem Weg gegangen ist, aufgefordert. „Mich dünkt", schließt die ehemalige Regentin, „die Welt würde es Ihnen verargen, wenn Sie einen Fürsten verlassen, der Ihrer Einsicht, Ihrer Rechtschaffenheit bedarf!" Da sie Fritschs Adelsdünkel kennt, verfügt sie auch über ein schlagendes

Argument: Der Freiherr sei allein schon als Gegengewicht gegen die Bürgerlichen im Consilium unentbehrlich. Nicht ohne darauf hinzuweisen, daß er ein Opfer bringe, gibt Fritsch sich am 15. Mai geschlagen und bleibt.

Das Geheime Consilium, in dem Goethe am 11. Juni als Geheimer Legationsrat Sitz und Stimme erhält, ist tatsächlich bis auf Fritsch ganz bürgerlich. Der Dichter hat erreicht, was seinem Vater, dem Gegner seines Gangs nach Weimar, immer versagt geblieben ist: Ein bedeutendes Amt durch Ernennung zu erhalten, nicht durch Wahl. Er tritt unter dem Vorsitz des Freiherrn von Fritsch für den ausscheidenden Achatius Ludwig Carl Schmid neben Christian Friedrich Schnauß, seit 1772 im „Conseil". Johann Christoph Schmidt, ein Vetter Klopstocks, seit 1756, dem Gründungsjahr des Gremiums, Sekretär des Geheimen Consiliums, erhält erst 1784 als Geheimer Legationsrat Sitz und Stimme. Johann August von Kalb, bislang Kammerrat, wird für seinen Vater Kammerpräsident und übernimmt die Finanzaufsicht. Ernannt werden des weiteren Regierungsräte, Kammerräte, Geheime Kammerräte. Am 25. Juni wird Goethe eingeführt. Er hat dagegen anzukämpfen, daß man ihn nur als eine Art „maître de plaisir" des Herzogs ansieht, und ist von Anfang an bemüht, ernsthafte Aufgaben zu übernehmen. Wieland meint in einem Brief an Merck im Juli, die Kabale gegen Goethe habe „nichts als Neid und Jalousie und Mißvergnügen über fehlgeschlagne Hoffnungen zur Quelle."

Seit Carl Augusts Regierungsantritt sind vergleichsweise läppische Dinge so weit verhandelt worden, daß sie ihren Niederschlag in Gesetzen und Verordnungen gefunden haben. Die Gerichtsprozesse sollen kürzer sein, damit die Kosten sich verringern. Eingaben sind kurz abzufassen und unter Nennung des Advokaten, der geholfen hat, nur an den Herzog selbst oder das Geheime Consilium zu richten. Eine Straßenpolizei regelt den zunehmenden Verkehr der Equipagen und achtet darauf, daß im Winter die Kinder nicht durch „Gländern" Glatteis hervorrufen. Der Anatomie in Jena sind mehr Leichen zuzuführen, und zwar aus den Reihen derer, die für die Bestattungskosten nicht aufkommen können. Für Verunglückte und Selbstmörder ist ein Rettungsdienst einzurichten. Der Tuchbedarf des Militärs wird gewährleistet, die Rezeptbefugnis der Ärzte geklärt, die Tötung tollwütiger Hunde verfügt. Auch über Bettelei und das Anpflanzen von Bäumen gibt es klare Anordnungen.

Was an gewichtigeren Aufgaben zu lösen ist, läßt sich an den Aufgabenbereichen ablesen, die sich Goethe im Lauf der Jahre auflädt. Am 8. Februar 1777 übernimmt er die Bergwerkskommission in Ilmenau. Am 5. Januar 1779 wird er als Nachfolger von Fritschs Vorsitzender der Kriegskommission und steuert einen strengen Sparkurs an, der nach und nach das Militär halbiert, zwei Wochen später Wegebaudirektor, am 23. Februar desselben Jahres kommt dazu die „Direction des hiesigen Stadt-Pflaster-Bau-Wesens und der um die Stadt gehenden Promenaden". Goethe ist es zu danken, daß endlich gut befahrbare Chausseen Weimar mit Erfurt und mit Jena verbinden. Am 11. Juni 1782, die Aufnahme ins „Conseil" jährt sich zum sechsten Mal, löst er den bankrotten, halbkriminellen von Kalb an der Spitze der Finanzbehörde ab, zwei Jahre später kommt auch das Ilmenauer Steuerwesen auf seinen Tisch. Erst 1785, nach der Zuwahl Johann Christoph Schmidts, beginnt eine allmähliche Entlastung. Goethe erscheint nicht mehr zu jeder Sitzung. Bis dahin hat er zwei Drittel aller Zusammenkünfte besucht und ohne triftigen Grund nicht eine versäumt. Nun wendet er sich Ämtern zu, die seinen Musen näherstehen. 1788 wird er Oberaufseher der Anstalten für Wissenschaft und Kunst, 1791 übernimmt er die Theaterdirektion. Sein Jahresgehalt klettert von 1 200 Talern auf 3 100. Er selber klettert auf der Leiter ehrender, klangvoller Titel. Am 5. September 1779 wird er Geheimer Rat. 1782 sind endlich die Bemühungen Carl Augusts, Goethe in den Adelsstand zu erheben, in Wien erfolgreich. Der Vater des Dichters stirbt am 25. Mai, bevor die Nachricht, die ihn wohl sehr gefreut hätte, Frankfurt erreicht. Ab 1804 darf Goethe sich mit „Exzellenz" anreden lassen, 1815 ist er Wirklicher Geheimer Rat und Staatsminister. Natürlich entsprach schon seine Mitgliedschaft im Geheimen Consilium des Herzogtums den Aufgaben nach dem Rang eines Ministers.

Noch vor Ablauf seines ersten Jahres in Weimar gelang es Goethe, neben Wieland und sich selber einen dritten Tüchtigen an den Hof zu bringen: Johann Gottfried Herder. Die Stelle des Generalsuperintendenten war seit dem Tod Siegmund Baschs am Vorabend von Carl Augusts Konfirmation vakant. Sie wieder zu besetzen, gehörte zu den vordringlichsten Aufgaben der neuen Regierung. Es war nicht Goethes eigener Einfall, sondern eine Empfehlung Zimmermanns, der ihm auch schon die Silhouette Frau von Steins gezeigt hatte. Der Hof war gegen den unorthodoxen Theologen, der schon mit seinen „Fragmenten zur neueren deutschen Literatur" (1767), seinen „Kritischen Wäldern" (1769) und einer „Abhandlung über den Ursprung der Sprache" (1770) auf sich aufmerksam gemacht hatte. Wiewohl Superintendent in Bückeburg und vorher Prediger in Riga, schien der Ostpreuße aus Mohrungen mit seinem Werdegang – er hatte in Königsberg auch Medizin studiert – nicht kirchlich genug. Seine Reisen durch halb Europa machten ihn im engen Weimar nicht weniger verdächtig als seine literarischen und philosophischen Interessen und Meriten. Aber Carl August war weltoffen genug, um ihn sympathisch zu finden, und als Vertrauten des Darmstädter Kreises der Empfindsamen kannte ihn auch Herzogin Louise gut. Goethes Verdienst an der Berufung bestand darin, ihre Fürsprache zu finden. Das war nicht schwierig, hoffte sie doch auf das Verständnis eines weiteren hochgebildeten Mannes für ihre Lage. Am 1. Oktober 1776 spätabends kam Herder mit seiner Familie nach Weimar. Er begann als Hofprediger, erwarb sich das Vertrauen des herzoglichen Paares und der Herzoginmutter, gewann auch einen Teil des Hofes und rückte zum Generalsuperintendenten und Oberkonsistorialrat auf.

Der quirlige Landesherr kam allmählich zur Ruhe und wurde ein leutseliger. Wieland schilderte Merck am 3. Juni 1778 eine Begegnung, die ihm Bewunderung abforderte: „Er erblickt uns von fern, bleibt stehen, und sobald er uns erkennt, geht er uns wohl zwanzig bis dreißig Schritte entgegen, und empfängt mich und die Meinigen so liebreich, daß es uns im Herzen wohltut. Seine Anschauung war mir eine wahre Herzensstärkung, so gesund und kräftig sah er aus, und so edel, gut, bieder und fürstlich zugleich fand ich ihn im Ganzen seines Wesens." 1783 sah Goethe den Herzog seinem hohen Amt so gewachsen, daß er nicht zögerte, ihm zum 26. Geburtstag mit dem Gedicht „Ilmenau" zu huldigen. Darin heißt es:

„So mög, o Fürst, der Winkel deines Landes
Ein Vorbild deiner Tage sein!
Du kennest lang die Pflichten deines Standes
Und schränkest nach und nach die freie Seele ein.
Der kann sich manchen Wunsch gewähren,
Der kalt sich selbst und seinem Willen lebt;
Allein wer andre wohl zu leiten strebt,
Muß fähig sein, viel zu entbehren."

Veröffentlicht wurden die Verse erst 1815. Die Szene, aus der sie entstanden, schildert Goethe am 23. Oktober 1828 Eckermann: „Wir hatte uns am Fuße eines Felsens kleine Hütten gebaut und mit Tannenreisern gedeckt, um darin auf trockenem Boden zu übernachten. Vor den Hütten brannten mehrere Feuer, und wir kochten und brieten, was die Jagd gegeben hatte. Knebel, dem schon damals die Tabakspfeife nicht kalt wurde, saß dem Feuer zunächst und ergötzte die Gesellschaft mit allerlei trockenen Späßen, während die Weinflasche von Hand zu Hand ging. Seckendorff, der schlanke mit den feinen Gliedern, hatte sich behaglich am Stamm eines Baumes hingestreckt und summte allerlei Poetisches. Abseits in einer ähnlichen kleinen Hütte lag der Herzog im tiefen Schlaf. Ich selber saß davor, bei glimmenden Kohlen, in allerlei schweren Gedanken, auch in Anwandlungen von Bedauern über mancherlei Unheil, das meine Schriften angerichtet."

Goethe hat, auch in herben Enttäuschungen, nicht an der Grundüberzeugung rütteln lassen, daß aus dem quirligen Landesherrn ein verantwortungsbewußter Staatsmann geworden war. „Überhaupt waren seine Tendenzen nicht persönlich, egoistisch", heißt es weiter in seinem berühmten Gespräch mit Eckermann, „sondern rein produktiver Art, und zwar produktiv für das Allgemeine Beste. Dadurch hat er sich dann auch einen Namen gemacht, der über dieses Land weit hinausgeht." Was ihn bei Hofe quälte, waren die engen, schwer beweglichen Verhältnisse und die vielen anderen, die Angepaßten, die jedes höhere Ziel in Frage stellten, so daß er bereits ein Jahr nach seiner Ankunft in Weimar am 7. November 1776 in seinem Tagenbuch den Seufzer aufzeichnete: „Was ist der Mensch daß du sein gedenckst und das Menschenkind dass du dich sein annimmst." Im Dezember 1778 fühlte er sich „zugefroren gegen alle Menschen" und hatte im „Conseil leidig Gefühl der Adiaphorie so vieler wichtig seyn wollender Sachen." Am 14. Dezember schreibt er: „Meine Vorstellung darf sich nicht in Worten ausdrücken, sie wäre mißverstanden und dann gefährlich. Indem man unverbesserliche Übel an Menschen und Umständen verbessern will, verliert man die Zeit und verdirbt noch mehr, statt daß man diese Mängel annehmen sollte gleichsam als Grundstoff und nachher suchen, sie zu kontrabalancieren." Diese innere Gleichgültigkeit war es, die es ihm ermöglichte, sich um seiner Dichtung willen unmerklich dem lästigen Teil seiner Pflichten zu entwinden.

EHEFRON

Graf Christian von Stolberg ist wohl nicht der erste, der die Herzogin Louise wie Goethe dann so oft und andere auch einen Engel
nennt, November 1775: „Heut mittag hatten wir die Herzogin zwischen uns! Verstand wie ein Engel und durch ihre anscheinende,
nach und nach sich entnebelnde Kälte leuchtet das liebenswürdigste
Herz hervor. Mit ihr von Lavater zu sprechen, war mir ein inniger
Genuß." Sein Urteil über ihre Ehe faßt er in einem Brief vom Juni
1776 kurz: „Sie sind freilich gar nicht füreinander gemacht und haben sich nie geliebt." Man kann diese Einschätzung der Ehe, die
Carl August und Louise zu dem Zeitpunkt erst ein dreiviertel Jahr
führen, auch zu grob finden. Aber in Weimar macht sich niemand
Illusionen. Wieland klagt es schon am 4. März dem fernen Lavater,
der den Zweiten Teil seiner „Physiognomischen Fragmente" der
Herzogin von Sachsen-Weimar-Eisenach widmet, was den mitfüh-
lenden Teil der Hofgesellschaft bewegt, in bitteren Fragen: „Warum
kann Carl August den Engel nicht aus meinen Augen sehen? Warum kann Louise den edeln, guten, biederherzigen, wiewohl auf hal-
bem Wege verunglückten Heros Carl August nicht mit meinen
Augen sehen? Warum? Warum?"

Klopstock, die Kultfigur des Darmstädter Kreises der Empfindsamen, aus dem der Engel kommt, geht in seinem Mahnbrief vom
8. Mai so weit, Goethe für Louises Seelenqualen verantwortlich zu
machen: „Die Herzogin wird wahrscheinlich ihren Schmerz jetzt
noch niederhalten können, denn sie denkt sehr männlich. Aber
dieser Schmerz wird Gram werden. Und läßt sich Das etwa auch
niederhalten? Louisens Gram! Goethe! – Nein, rühmen Sie sich nur
nicht, daß Sie sie lieben wie ich!"

Aber sie weiß es besser; sonst wären sie sich nicht einig darin,
daß Herder nach Weimar berufen werden müsse. Gerade Goethe ist
es, der beide Eheleute zu verstehen versucht und sich nicht mit
ratlosen Fragen begnügt. Auch er bemüht des öfteren den Vergleich

mit einem Engel und möchte sich „ihr etlichemal zu Füßen werfen".
Er bleibt jedoch „in Fassung" und sorgt sich um die Stimmung. „Sie
widersprach", fährt er am 27. Januar 1776 an Frau von Stein fort,
„über eine Kleinigkeit dem Herzog hefftig – doch macht ich sie
nachher lachen." Um dieselbe Zeit ist er auch unfreiwillig Zeuge
eines ehelichen Zusammenstoßes, der verdeutlicht, daß das Verhängnis auf beiden Seiten Wurzeln hat. Carl August läßt es sich
nicht nehmen, mit einem seiner Lieblingshunde in die Gemächer
seiner Frau zu poltern: „Ich sah ihr in die Seele und begreife nur
nicht, was ihr Herz so zusammenzieht, und doch wenn ich nicht so
warm für sie wäre, sie hätte mich erkältet. Ihr Verdruß über des
Herzogs Hund war auch so sichtlich. Sie haben eben immer beide
unrecht. Er hätte ihn draußen lassen sollen und da er hinnen war,
hätte sie ihn eben auch leiden können."

Die Szene enthält viel Symbolisches. Der Ehemann und Souverän denkt nicht daran, auf die Schreckhaftigkeit seiner Gemahlin
Rücksicht zu nehmen. Die junge, empfindsame Frau wiederum fühlt
sich durch die animalische Gegenwart seines Begleiters an die für
sie abstoßenden Umstände erinnert, unter denen sie ihren ehelichen
Pflichten nachkommen muß. Die Sache wäre viel einfacher, fände
Carl August sich damit ab, daß er von der Frau, die ihm Erben gebären soll, nicht geliebt wird. Sie wäre auch dann einfacher, wäre
Louise bereit, sich ihrem ungeliebten Gatten in jedem Fall gefügig
unterzuordnen. Aber beide beharren offenkundig darauf, was sie
jeweils für ihr Recht, für ihre Würde halten. Der Ehemann fühlt sich
als Herr, der kommt, wann er will und wie er will, der sich nehmen
kann, was er will, der seine ehelichen Rechte zusätzlich dadurch
gestützt sieht, daß sein Land auf herrschaftlichen Nachwuchs wartet. Da er seine Frau nicht wirklich liebt, reduziert sich sein Begehren tatsächlich aufs Animalische. Louise muß dafür da sein, wenn es
ihn überkommt. Darin besteht ihre eheliche Pflicht. Und da Carl
August längst ein anderes Begehren kennt, kommt auch ihm selbst
der eheliche Beischlaf wie ein Opfer vor. Die Ehefrau, nach den
sittlichen Grundsätzen der Zeit ohne jede erotische Erfahrung, begreift plötzlich, aber zu spät, das ganze Ausmaß der Erniedrigung in
dieser Rolle. Sensibel und gebildet, fühlt sich Louise seelisch in der

Falle und erwartet von Carl August Rücksichten, für die er keinen Grund sieht. Rücksichtnahme ist ihm lästig. Er kann Verweigerung nicht dulden und braucht sie nicht zu dulden. Er kann auch seine Frau sich selber überlassen, wann er will. Sie weiß dann nicht, ob sie sich freuen kann, daß er sie schont. Denn Langeweile ist das Gespenst, das bei Hofe am liebsten Frauen nachstellt. Hinzu kommt, daß persönlicher Stolz die Partner daran hindert, sich einzugestehen, wie sehr sie beide Opfer einer entwürdigenden Konvention sind, daß ihre Ehe der Leibeigenschaft ihrer geringsten Untertanen ähnlich ist und ihr Vollzug im Bett dem Frondienst gleicht. Patriarchalische Rahmenbedingungen bringen es mit sich, daß unter solchen Verhältnissen die Würde einer Frau mehr leidet als die eines Mannes. Während die Frau ihrem Mann, auch wenn sie ihn nicht liebt, unbedingt treu zu bleiben hat, behalten die Ansprüche, die sie an seine Treue stellen kann, in den Augen der Gesellschaft immer nur etwas Formales. Er kann sich in jeder Hinsicht mehr erlauben als sie. Dennoch ist der Leidensanteil eines Mannes dabei, besonders wenn er vital und intelligent ist wie Carl August, nicht gering. Louise, die das nicht sieht, versucht sich mit einem Widerspruchsgeist, der bisweilen kleinlich wirken mag, noch einen Schein von Würde zu bewahren. Sie will sich nicht so ohne weiteres unterwerfen. Sie kann, wenn ihr Mann in seinem Freiheitsdrang sich aufspielt, gar nicht sehen, daß auch er der Unterworfene ist. Statt einer Mutter, der sie sich anvertrauen könnte, hat sie in Weimar nur eine Schwiegermutter, die bei aller Besorgnis auf ihren Sohn nichts kommen läßt – eine Fremde. Ihr bleibt als Schutz ihrer Persönlichkeit nur das abstrakte Sittliche, und das ist konkret das Schickliche, das sie selber einengt. Das kompliziert die Ehe weiter. Auch daraus erklärt sich das Quirlige, womit der junge Landesherr die Weimarer und alle, die in Deutschland auf ihn schauen, in Atem hält.

Die meisten Zeitzeugen, besonders die weiblichen, machen aus ihrer Solidarität mit Louise als der Schwächeren keinen Hehl. Selbst Jakob Lenz bewundert in einem Brief aus Weimar an Herder die Selbstbehauptung der Herzogin: „So viel Großes habe ich nicht leicht in einem Charakter vereinigt gefunden, der ganz und gar auf sich selber ruht." So ist es nicht verwunderlich, daß Goethes vermittelnder Ton, der aus einem weisen Mitgefühl für beide kommt, der auch für die Nöte seines Dienstherrn einiges Verständnis aufbringt, der, wie er in „Lila" zum Ausdruck bringen wird, das Unirdische, also auch Unweibliche an Louise mitverantwortlich machen möchte, skeptisch aufgenommen wird. Anfang März 1776 teilt Charlotte von Stein, Louises Vertraute in dieser Zeit, brieflich Zimmermann mit: „Ich fühl's, Goethe und ich werden niemals Freunde. Auch seine Art, mit unsern <sic!> Geschlecht umzugehen, gefällt mir nicht. Er ist eigentlich, was man coquet nennt. Es ist nicht Achtung genug in seinen <sic!> Umgang." Sie ist durchaus in der Lage, das Dilemma der herzoglichen Ehe zu erkennen; aber als Angehörige des Adels, dessen Wohl und Wehe von dem des Fürstenhauses abhängt, beklagt sie die Gefahren, die davon ausgehen, ohne daß Goethe, der Bürgerliche, sie ermessen könnte: „Ein Herr", schreibt sie am 5. Mai, „der mit sich selber und mit aller Welt unzufrieden ist, der täglich sein Leben und sein bißchen Gesundheit aufs Spiel setzt, um diese letztere zu stärken; sein Bruder noch haltloser; eine bekümmerte Mutter, eine unzufriedene Gattin: alle zusammen gute Leute, aber Nichts, was in dieser unglücklichen Familie zusammenstimmt."

Es ist die Ohnmacht der Wohlwollenden, die aus ihr spricht. Auch Louises Oberhofmeister Graf Görtz kann nur in ohnmächtiger Wut resignieren, wenn er sieht, wie sich das Wesen seiner Herrin zunehmend verdüstert, während die Herzoginmutter Anna Amalia, die natürlich auf der Seite ihres Sohnes bleibt, auch wenn der ein Schwerenöter ist, gleichsam verjüngt und mit neuer Lebenslust ein sorgenfreies Leben genießt. Nicht einmal die verwandten musischen Interessen bringen die beiden Damen einander näher. „Vorgestern", klagt Louise im Juli 1777 ihrer Vertrauten Frau von Stein, „war ich in Ettersburg und habe mich zu Tode gelangweilt. Ich versichere Ihnen, daß ich mich immer fürchte, dorthin zu gehen, obgleich die Stimmung meiner teuren Schwiegermutter ein wenig besser ist als zu ihrer Zeit." Louise hat den ganzen ersten Weimarer Sommer 1776 über als familiäres Gegengewicht ihren Bruder bei sich, den Erbprinzen

Louis von Hessen-Darmstadt, dessen Geburtstag am 14. Juni in Belvedere gefeiert wird. Jedoch eine Nachricht, die den beiden am 16. Mai durch den Grafen Edelsheim aus Karlsruhe überbracht wird, überschattet alles: Am 26. April ist die Großfürstin Natalie, die mit dem Zarewitsch Paul verehelichte Schwester Wilhelmine, in Sankt Petersburg nach einer Totgeburt im Kindbett gestorben. Der Schatten legt sich gleich auch auf die sogenannten ehelichen Pflichten. Der Gedanke, selbst bei der Niederkunft mit dem erwarteten herzoglichen Nachwuchs zu sterben, ist in dieser gegen das Kindbettfieber machtlosen Zeit nicht weit. Die andere, kaum geringere Angst der Herzogin besteht darin, ein Mädchen zur Welt zu bringen, dem Herzog keinen Sohn zu schenken. Die dritte Angst ist die um Carl August, wenn er jagt, wenn er seine Gesundheit und sein Leben aufs Spiel setzt. Sie hüllt Louise in Einsamkeit. „Was mich in Belvedere betrifft", berichtet sie im Juli 1777 Frau von Stein, „so kümmere ich mich wenig um das Menschengeschlecht und wünsche, es kümmerte sich wenig um mich... Der Herzog schmollt seit einigen Tagen mit mir, und ich weiß nicht, weshalb, aber ich bin sehr ruhig."

Es gibt aber auch Gemeinsames, das dem jungen Paar behilflich ist, die beiden in ihrer Tragweite nicht voll bewußte Lage zu meistern. Überwiegend sind es die Pflichten der Repräsentation, Empfänge, Besuche an anderen Höfen, in Gotha, Rudolstadt und Dessau, beim kurmainzischen Statthalter von Dalberg in Erfurt. Man fährt zusammen ins Naturtheater des Ettersburger Parks, um Goethes kleine Stücke oder Szenen der „Iphigenie" anzuschauen, oder zum Vogelschießen auf den Markt in Buttelstedt. Man promeniert an der Ilm, wo Goethe, angeregt durch die Anlagen des Fürsten Leopold Friedrich Franz von Anhalt-Dessau in Wörlitz, mit „Fels- und Uferarbeit" einen Park im englischen Geschmack anlegen läßt, zum „Stern", feiert im Borkenhäuschen ein „Louisenfest", zu dem Goethe sich selbst, den Herzog, dessen Bruder, von Stein, von Seckendorff und von Knebel als Mönche verkleidet und zu einer schlichten Tafelmusik auf irdenen Tellern mit Blechlöffeln eine Bierkaltschale reichen läßt. Man vergnügt sich im Winter auf Maskenbällen, im Theater, auf Schlittenfahrten und auf dem Eis mit Schlittschuhen, zu dieser Zeit noch „Schrittschuhe" genannt, oder im Stuhlschlitten. Einmal bricht die Herzogin, vom Hoffräulein von Waldner aus Übermut in einen Schneehaufen geschoben, ein, und es ist Charlotte von Steins ältester Sohn Carl, der sie rettet. Die Ausfahrten des herzoglichen Paares nach Buchfart oder Dornburg macht nicht selten Goethe mit. An einem solchen Sommertag, bezeugt Knebel gegenüber Herder 1777, sagt sie: „Es ist mir wie ein schöner Traum." Mitte September meldet Goethe dem besorgten Lavater nach Zürich: „Über Carl und Louise sei ruhig, wo die Götter nicht ihr Possenspiel treiben, sollen sie noch eins der glücklichsten Paare werden, wie sie eins der besten sind, nichts Menschliches steht dazwischen, nur des unbegreiflichen Schicksals verehrliche Gerichte."

Herzog Carl August hat sich mit „Misels" über die Ehefron hinweggetröstet – Johann Caspar Lavater ist im fernen Zürich der geheime Seelenhelfer, mit dem Louise sich in Frömmigkeit und Gottvertrauen einig ist. Ihm schüttet sie von Zeit zu Zeit ihr Herz aus, ihm gegenüber legt sie ihre Scheu ab, Gefühle auszusprechen: „Ich war fast zur Kleinmütigkeit gesunken (aber stark hinauf bin ich wieder gestiegen!) Nichts von denen liebevollen Aussichten. Alles düster und dumpf um mich her, alle Hoffnung erloschen." Der Geistliche, wie Klopstock ein Idol der Darmstädter Empfindsamen, wird von Wieland, Goethe, Herder und anderen immer aufs beste informiert. Die Intellektuellen Deutschlands, ja Europas sind zu der Zeit durch eine lebhafte multilaterale Korrespondenz gleichsam vernetzt. Lavater drängt sich mit der umsichtigen Sanftmut eines Psychagogen in das stumme, duldsame Leiden der Herzogin. Als „Schwester" soll sie sich ihm eröffnen, damit er sie tröste: „Mit dir, du Engel, wandert oft mein Geist." Tobler, ein Freund, berichtet ihm im Sommer 1781, und sein Eindruck deckt sich fast mit dem Goethes und Lenz': „Auf mein Lebtag hab' ich das Bild der Herzogin in meine Seele gefaßt – das mir wahrhaft edel, weiblich stark und fein vorgekommen ist. Die Art trockene Kälte, die erst in ihr scheint, ist nichts weniger als Verachtung, wie ich gesehen habe - sondern wahre, edle Gehaltenheit." Im März 1776 schon hat Lavater ihr besorgte Verse geschickt:

„Daß dein erhaben Herz verborg'ne Leiden
Umschleichen, stille Tränen du vergießest,
Vielleicht du keiner schwesterlichen Seele
Den edeln Kummer nur im Blicke
Darfst ahnden lassen, o Louise ..."

Ein eifersüchtiger Ehegatte hätte sich solchen Umgang hinter seinem Rücken wohl verbeten. Goethe antwortet statt seines Herzogs
ungehalten und weist Lavater in die Schranken: „Wenn ich Dich
künftig frage, so antworte mir. Es kann all gut sein, was Du Dir
denkst und wähnst; aber wenn ich frage, mußt du nie Weibern
antworten."

Der räumlich nähere Vertraute, auch ein Geistlicher, wird Johann Gottfried Herder, der seit dem 1. Oktober 1776 in Weimar
lebt. Herder ist nicht nur Theologe, sondern auch Philosoph und
Literaturfachmann. Unter seiner Anleitung wendet sich die Herzogin gelehrten Studien zu. Ihm gelingt es aber auch besser als Goethe, in Louise Verständnis für Carl August wachzurufen, und seine
Frau Caroline, die dem Darmstädter Kreis der Empfindsamen angehört hat, rückt ihr als Vertraute näher als Frau von Stein, deren
adlige Zurückhaltung auch Grenzen setzte. Ob es nun die vielseitige
Anteilnahme am Schicksal dieser Ehe ist oder ein einfacher Triumph des Biologischen – 1778 ist Louise endlich nach zweiein-
halbjähriger Ehefron schwanger. Am 3. Februar 1779 kommt das
Kind zur Welt, und es bleibt der Mutter nicht erspart, daß es nur
eine Tochter ist, kein Erbprinz. Sie wird bereits am nächsten Tag im
Beisein der gothaischen Verwandtschaft, die Pate steht, auf den
Namen Louise Auguste Amalie getauft. Louise läßt sich den Mut-
terstolz nicht nehmen. Lavater erfährt im Oktober desselben Jahres:
„Meine Tochter ist gesund und stark, es ist ein braves Kind, voll
Munterkeit und Leben, die wohl das Glück meines Lebens ausma-
chen wird."

Die nächste Schwangerschaft läßt nicht so lange auf sich warten.
Aber die Tochter, die am 10. September 1781 geboren wird, ist tot.
Und auch der Erbprinz, dem Louise am 2. Februar 1783 das Leben
schenkt, überlebt die ersten Minuten nur durch die tatkräftige Hilfe
Caroline Herders und Charlotte von Steins, die selbst viele Kind-

betten hinter sich haben. Carl August jubelt: „Ein Verewiger, ein Fortpflanzer, ein Endzweck, Erbe, kurzum ein Sohn!" Die Huldigungen seiner Untertanen sind entsprechend. Eine Festredoute wird ausgerichtet. Goethe bringt sein dramatisches Fragment „Elpenor" als Festgabe. Getauft wird wie fast immer gleich am nächsten Tag: Carl Friedrich heißt der Erbe, der nach Carl Augusts Tod 1828 Großherzog von Sachsen-Weimar-Eisenach wird. Die Taufpredigt hält Herder.

Jedoch im Jahr darauf, am 24. März 1784, reißt eine plötzliche Erkrankung die Erstgeborene mit nur fünf Jahren aus dem Leben. Der Knabe, mit dem Louise am 26. Februar 1785 niederkommt, stirbt schon nach einer Stunde. Von ihren sieben Kindern verliert Louise noch zwei weitere früh. Prinzessin Caroline Louise, am 18. Juli 1786 geboren, heiratet 1810 den Erbprinzen Friedrich Ludwig von Mecklenburg-Schwerin. Am 30. Mai 1792 wird Prinz Carl Bernhard geboren.

Der Balanceakt der Erbfolge aber gelingt. Carl Friedrich heiratet am 3. August 1804 Maria Pawlowna, die Tochter des Zaren Paul, für den die Zarin Katharina II. Louises Schwester Wilhelmine ausgewählt hatte, aus zweiter Ehe, die Schwester des Zaren Alexander. Das Geblüt des sachsen-weimarischen Fürstenhauses nimmt seinen Weg in die ersten Europäischen Monarchenfamilien. Nach dem Tod des ersten, 1805 geborenen Sohnes beschert das Prinzenpaar Carl August und Louise zwei Enkelinnen, am 3. Februar 1808 Marie und am 30. September 1811 Augusta. Erst am 24. Juni 1818 begrüßt Weimar den nächsten Erbprinzen und späteren Großherzog Carl Alexander. Carl Augusts Enkelin Augusta wird als Gemahlin Wilhelms I. von Preußen 1871 deutsche Kaiserin.

REISE ZU LAVATER

Wie ein Menetekel wirkte auf die Weimarer Gesellschaft der Freitod der jungen Christiane Henriette von Laßberg am 16. Januar 1778. Während man sie zu den Proben für Goethes kleines, hintersinniges Stück „Der Triumph der Empfindsamkeit" erwartete, ging die Obristentochter, eine „hübsche junge Person", wie Herzogin Louise sie nannte, in die eiskalte Ilm, wo Goethes Diener sie am nächsten Tag fand. Ein Baron von Wrangel hatte sie verlassen, weil sein Vater eine Ehe nicht wünschte. Wieder war eine Liebe an der Konvention zerbrochen, mit tödlichem Ausgang für den schwächeren Teil. Das Stück, in dem „Christel" hatte auftreten sollen, stand dem Problem auf heikle Weise nahe. Goethe selbst versuchte, es als „dramatische Grille" abzutun und heiter die Empfindsamkeit vorm Abgleiten in Empfindelei zu retten.

Aber die Wirklichkeit war ernst. Im Hintergrund schwebte auch die hoffnungslose Liebe des Prinzen Constantin zu der früh verwaisten Caroline von Ilten, die für eine eheliche Verbindung nicht reich genug war. Der fürchterliche Satz Racines, daß Ehre ohne Geld nur eine Krankheit sei, galt nicht nur für die tragische Bühne. Die Stilisierung der schwachen Frau als „Engel" wurde zweideutig bis hintersinnig, ob sie sich nun ehelich unterordnete oder an einer außerehelichen Liebe zerbrach.

Ein „Engel" war auch Corona Schröter. Goethe nannte sie so in einem Brief an Frau von Stein vom 25. März 1776 aus Leipzig, wohin er sich begeben hatte, um sie in Carl Augusts Auftrag für das Liebhabertheater anzuwerben: „Die Schröter ist ein Engel. Wenn mir doch Gott so ein Weib bescheren wollte, daß ich Euch könnt' in Frieden lassen!" Der Heiratswunsch war nicht geheuchelt. Ungeachtet seiner Beziehung zu Frau von Stein saßen er und „Crone", wie sein Tagebuch verschleiernd meldet, ein paarmal „lieb zusammen". Danach fand er nicht in den Schlaf, hatte „Herzklopfen und fliegende Hizze." Corona Schröter hielt im „Triumph" den Monolog der schönen Proserpina, ein eingelegtes Monodram, das Goethe später unpassend fand, ohne es beim Druck der Werkausgabe herauszunehmen, sie spielte die Hauptrolle in „Lila", und in der Erstaufführung der „Iphigenie" am 6. April 1779 übernahm sie die Titelrolle mit Goethe als Orest. In einem Gemälde hat Georg Melchior Kraus die beiden festgehalten. Später gab sie das Dortgen in Goethes „Fischerin" und vertonte selbst einige Gedichte, darunter den „Erlkönig" im gefälligen Ton der Zeit.

In Guben am 14. Januar 1751 als Tochter eines Musikers geboren, genoß die schlanke, frühzeitig hochgewachsene, stolze Schönheit mit den ausdrucksvollen, großen, strahlend blauen Augen und den üppigen Locken eine Ausbildung in Warschau und Leipzig, wo sie als Wunderkind mit vierzehn Jahren erfolgreich Solopartien sang. Nachdem ihre Konkurrentin Gertrud Elisabeth Schmehling, die derzeit berühmte „Mara", einem Ruf Friedrichs II. nach Berlin gefolgt war, stand sie in Leipzig an der Spitze. Für galante Beziehungen war sie aber nicht zu haben. Nach einem Konzert im Richterschen Gartensaal, erinnert sich Johann Friedrich Reichardt, „wagte ich es, ihr in einem Gange des Gartens einen Kuß zu geben, der aber durch die spröde wegwerfende Art, mit der sie diese Frechheit zurückwies, der einzige blieb." Für sein „treues Dienen" war „ein leiser Händedruck, ja eher Fingerdruck" die höchste Belohnung geblieben. Sie konnte geschmeidig tanzen, spielte auch Laute und Flöte und war vielseitig gebildet, malte, sprach außer Polnisch auch Französisch, Italienisch, Englisch. Im Sommer pflegte sie mit Reiten, im Winter mit Schlittschuhlaufen ihre klassische Figur. Vor allem die Schauspielkunst beherrschte sie so, daß ihr der Gothaer Theatermann Friedrich Wilhelm Gotter „alle Theaterkenntnis" bescheinigte, „alle Gewandtheit und Geistesgegenwart der routinierten Schauspielerin".

Als „Vocalistin" erhielt sie in Weimar 400 Taler Jahresgehalt auf Lebenszeit. Ihr schauspielerisches Talent war aber nicht ausgelastet. In Anna Amalias Abendmusiken gehörten Arien von Hasse und von Händel zu ihren glänzendsten Leistungen. Ein wenig überanstrengt hatte freilich die Dressur unter dem Vater ihre Stimme. Aber sie sprach auch gut. „Die Schröter liest gut, sehr gut", urteilt Friedrich

Schiller am 14. Oktober 1787, „mit Affekt und richtiger Auseinandersetzung." Sie brachte in die Laiendarstellungen des Liebhabertheaters das Professionelle.

In späteren Aufführungen der „Iphigenie" tritt Carl August als Pylades an die Stelle seines Bruders Constantin. Zwischen dem Herzog, der Schauspielerin und dem Dichter hat sich ein Dreieck angedeutet. Es steht dafür, daß von seiten der beiden Männer die Sache nie zu intim wird. Auch Kammerherr Moritz von Wedel, „der schöne Wedel", ist manchmal dabei. Immerhin hat sich Corona im Sommer 1778 dazu herbeigelassen, beiden Verehrern ihres griechisch anmutigen Körpers an verborgenen Plätzen am buschigen Ufer der Ilm in fleischfarbenem Kostüm zu posieren. Wieland, der so entschieden die Gerüchte über Ausschweifungen Goethes und Carl Augusts widersprach, hat mit Frau und Töchtern in dem „Grottenwerk" geschnüffelt, das „der Herzog nach Goethens Invention und Zeichnung dort am Wasser anlegen lassen". Es ist der „wunderbar künstliche, anmutig wilde, einsiedlerische und doch nicht abgeschiedene" Ort, „wo Goethe, der Herzog und Wedel oft selbdrei zu Mittag essen oder in Gesellschaft einer oder der andern Göttin oder Halbgöttin den Abend passieren." Diesmal weiß er nicht, was er davon zu halten hat. „Bei dem Grottenwesen", berichtet er Merck am 3. Juni, „trafen wir Goethen in Gesellschaft der schönen Schröterin an, die in der unendlich edlen attischen Eleganz ihrer ganzen Gestalt und in ihrem ganz simpeln und doch unendlich raffinierten und insidiosen Anzug wie die Nymphe dieser anmutigen Felsgegend aussah. Wir hießen einander auch willkommen, und Goethe war zwar simpel und gut, aber äußerst trocken." Immerhin wünscht er dem Adressaten, „den Herzog, Goethen, die Schröterin und ihre dicke Cypassis, die ihr zur Folie dient, in vorbesagter Szene an der Ilm" auch selbst zu sehen.

Die „dicke Cypassis" ist „Minchen" – Wilhelmine – Probst, eine unansehnliche Anstandsdame, die sich Corona Schröter aus Leipzig mitgebracht hat. Die Schauspielerin bleibt bei all dem kühl und unnahbar. Eine gewisse Scheu vor Männern ist ihr eigen. Carl August findet sie „marmorschön und marmorkalt". Das Urteil zeigt, daß er sich Hoffnungen gemacht hat, sie als Mätresse zu bekommen. Die „Misels" hat er allmählich satt. Doch wird schnell klar, daß Dichter und Souverän, so eng befreundet, daß sich Carl August eigenhändig und sogar mit Versen in Goethes Briefschaften an Frau von Stein mischt, im Handumdrehn Rivalen würden, wäre Corona nicht sich selbst die beste Tugendwächterin. Wissend, daß Carl August gegenüber der Bürgerlichen die sanfte Gewalt seiner Herzogswürde geltend machen könnte, ihm also überlegen wäre, achtet Goethe mit Argusaugen darauf, daß beide nicht allein beisammen sind. Er macht sich dabei ritterlich zu einem Beschützer auch der Ehre, die Herzogin Louise zu verlieren hätte. Da er die Schröter nach Weimar geholt hat, könnte die Herzogin am Ende ihn für eine Untreue Carl Augusts verantwortlich machen. Zudem wäre eine Mätresse, solange die Ehe noch keinen Erbprinzen hervorgebracht hat, wider die Staatsräson. Die Verse in der Mitte des Ilmenau-Gedichts lassen noch anklingen, wie deutlich das Risiko in Carl Augusts Charakter Goethe vor Augen trat, wie tief er sich in seiner Verantwortung als Mentor getroffen fühlte. Nach der Berufung auf Prometheus fragt er:

„Und konnt er mehr als irdisch Blut
Durch die belebten Adern gießen?"

Und er fährt fort, sich mit dem wagemutigen Menschenschöpfer vergleichend:

„Ich brachte reines Feuer vom Altar;
Was ich entzündet, ist nicht reine Flamme."

Schon im September 1777 hat er Carl August ins Gewissen geredet. Unter dem 10. Januar 1779 vermerkt sein Tagebuch nun „eine radikale Erklärung mit dem Herzog über Crone." Um glaubwürdig zu bleiben, muß er allerdings die eigenen Gefühle dem Tugendappell zum Opfer bringen und seinen Heiratstraum, sofern er damit vor Charlotte von Stein nicht lediglich kokettieren wollte, begraben. Auch für Corona Schröter gestaltet sich die Geschichte schicksalhaft. Sie heiratet nie, verliert allmählich die Lust an ihrem Beruf und schlägt, nachdem Weimar wieder ein ordentliches Theater bekommen hat, verlockende Rollen aus, weist Angebote aus Gotha und Mannheim zurück. Kränkelnd verabschiedet sie sich aus der Gesellschaft. In Ilmenau sucht sie Heilung und stirbt mit einundfünfzig Jahren.

Carl Augusts Stimmung wird im Sommer 1779 immer düsterer und bedrückter. Mißhelligkeiten sehr unterschiedlicher Art bestätigen einander. Die Ehe mit Louise geht auch in der Gewöhnung nicht besser. Ein Kind ist endlich aus ihr hervorgegangen, aber „nur" eine Tochter. Carl Augusts Versuch, sich eine Mätresse zu nehmen, wie es mit wenigen Ausnahmen die Fürsten in ganz Europa tun, ist daran gescheitert, daß man in Weimar mehr als anderswo auf seinen Ruf bedacht ist und sich die Begehrte nicht für diese Rolle eignet. Der Musenhof, den Wieland, Goethe und Herder zieren, ist eine Damenkreation Anna Amalias und Louises und fordert seinen sittlichen Tribut. Weimar ist nicht Paris. Einen Regenten hat seine tugendhafte Lebensweise glaubwürdig zu erhalten.

Doch das Regieren selbst macht auch nicht eben Freude. Noch immer sind Sachsen-Weimar-Eisenachs Finanzen nicht geordnet, und das Desaster, in das August von Kalb sie schlittern läßt, ist schon erkennbar. Mehr gibt es aber nicht zu tun; das andere ist Routine. Die Enge seines Herzogtums, die Grenzen reformerischen Handelns haben Carl Augusts unruhigen und ehrgeizigen Blick auf die Reichspolitik gelenkt. Was dieses Reich wohl noch zusammenhalte, ist eine landläufige Frage, die Goethe in seinen „Faust" übernimmt. Unter dem Druck der beiden rivalisierenden Flächenstaaten an seinem östlichen Rand drohen die kleinen, verwinkelten, in ihren Grenzen bizarr zerklüfteten Herzogtümer und Fürstentümer aufgerieben zu werden. Ihr relatives Gleichgewicht hat im Frieden von Münster und Osnabrück, der den Dreißigjährigen Krieg beendete, einen Zusammenhalt garantieren sollen. Jetzt droht dem Reich aus ihrer weitgehenden Unabhängigkeit allmählicher und fortschreitender Zerfall. Der Bayrische Erbfolgekrieg 1778/79 setzt warnende Signale. Dem Einhalt zu gebieten, wäre eine verlockende Aufgabe, die ein Politiker allein nicht zu bewältigen imstande wäre. Viele kleine Monarchen sind betroffen. Warum nicht erkunden, wie sie darüber denken? Reisen nach Dessau und Berlin, immer in Begleitung Goethes, haben 1778 das nördliche Terrain sondiert.

118

Goethe, am 3. September 1779 zum Geheimen Legationsrat befördert, kennt in diesen nur scheinbar unzusammenhängenden Konflikten, den privaten und den politischen, nur einen Rat: Reisen! Eine Schweizreise des Erbprinzen Carl August war 1775, da sonst die Zeit für Paris zu kurz gewesen wäre, ausgefallen. Die Reise nach Süddeutschland und in die Schweiz, die Herzog Carl August und er in Begleitung des „schönen Wedel", eines angenehmen, ein wenig oberflächlichen Unterhalters, dessen „krancker Humor" aber, wie Carl August im Tagebuch vermerkt, auch lästig werden kann, am 12. September 1779 antreten, ist auch für ihn ein Seelenbedürfnis. Goethe hat das Reisen selber bitter nötig. „Conseil. Dumme Luft drinne", verzeichnete sein Tagebuch am 1. Februar 1779. „Fataler Humor von Fritsch. Der Herzog zu viel gesprochen." Im Vorfrühling ist seine Aufgabe die „Menschenklauberei", das Ausheben von Rekruten gewesen. Friedrich II. hat sie mit äußerst zweifelhaftem Recht gefordert, und Goethe ist es gelungen, das Schlimmste zu verhindern: Um preußischen Werbeoffizieren die berüchtigten Streifzüge durch das Herzogtum verwehren zu können, ist er auf eigenen Vorschlag selbst eingesprungen. Daß er vergleichsweise human vorging, bezeugt Knebel, der ihn „am Tische sitzend, die Recruten um ihn her und er selbst dabei an ‚Iphigenia' schreibend" vorfand. Auch ihn hat die prickelnde Corona-Affäre – er durchlebt sein dreißigstes Jahr – nervös gemacht. Wie um Goethes „Werther" und den edlen Verzicht auf Liebeserfüllung nochmals lächerlich zu machen, ließ Friedrich Heinrich Jacobi seinen Roman „Woldemar" erscheinen, der den Lesern weismacht, es gebe zwischen Mann und Frau auch Freundschaft. Um der interessierten Hofgesellschaft sein Mißfallen kundzutun, hat Goethe das Machwerk nahe Anna Amalias Sommerresidenz Ettersburg eigenhändig in einen Eichenwipfel genagelt.

Daß ihre Zwecke sich so gut vereinen lassen und der Erfolg, wie sich zeigen wird, den Erwartungen entspricht, ist ein untrügliches Zeichen, daß Souverän und Dichter wirklich Freundschaft geschlossen haben. Unter wechselndem Incognito besucht man Kassel, betrachtet die Gemäldesammlung und amüsiert sich an Georg Forsters Irritation darüber, wen er wirklich vor sich habe. Das nächste

Ziel ist Frankfurt und Goethes Elternhaus am Großen Hirschgraben. „Frau Aja", Goethes Mutter, hat gelernt, an allem, was den Dienstherrn ihres Sohnes angeht, Anteil zu nehmen. „Ein Prinz, ein Prinz!" wird sie dann jubeln, wenn endlich Erbprinz Carl Friedrich geboren ist. Goethe wiederum legt Wert darauf, seinen Souverän im bürgerlichen Haushalt seiner Eltern heimisch zu machen. In Darmstadt holt man bei Merck sachkundigen Rat in ökonomischen Belangen ein. Die Gutachten über mögliche Verbesserungen in der Landwirtschaft, Erwägungen merkantilistischer und physiokratischer Strategien, die sich dann auf die Wiederbelebungsversuche des Ilmenauer Bergbaus auswirken, werden in den Folgejahren brieflich fortgesetzt. Goethe besucht allein Rat Schlosser in Emmendingen, den Witwer seiner Schwester, der sich inzwischen mit Johanna Fahlmer verheiratet hat, und macht auch einen Abstecher ins Elsaß zu Friederike Brion und zu Lili, die als Frau von Türckheim in Straßburg lebt und bei seinem Eintreten gerade mit ihrem sieben Wochen alten Kind spielt. In einem Brief an Frau von Stein, der er tagebuchartig berichtet, nennt er ihn „eine recht ätherische Wollust".

Die Berge der Schweiz, denen man sich über Basel, Biel und Bern nähert, kennt Goethe schon von seiner Reise im Sommer 1775. Bern ist zunächst die wichtigste politische Station. Eine beträchtliche Anleihe aus dem Schweizer Staatsschatz soll die ärgsten Folgen der Kalbschen „Finanzreform" lindern. Die Eidgenossen halten den Fürsten hin und lassen ihn wiederkommen. Unterdessen erfüllt sich Goethes Hoffnung, das Erlebnis der Bergwelt, ihrer herbstlichen Wälder, Schneegipfel, Eisfelder und Gletscher werde der Seele des Herzogs guttun, ihn abkühlen, in Grindelwald, an der Großen Scheidegg, am Thuner und am Brienzer See und in Interlaken. Auch in die französische Schweiz wird gereist, über Lausanne nach Genf. Man wandelt auf den Spuren Rousseaus, wenn man bei seinen Wirtsleuten einkehrt. Von Chamonix wendet sich im November die Route ins Wallis und zum Sankt Gotthard, dem Tor Italiens, wohin Goethe auch diesmal nicht weiterreisen kann – „alles wendet mein Auge zum zweitenmal vom gelobten Lande ab", klagt er Charlotte von Stein unter dem 13. November. Es geht nicht immer gut zwischen dem Dichter und dem Souverän; Goethe fühlt sich durch Carl Augusts geringeren Unternehmungsgeist in seiner Bewegungsfreiheit eingeschränkt. „Wär ich allein gewesen ich wäre höher und tiefer gegangen aber mit dem Herzog muß ich thun was mäsig ist", schreibt er an Frau von Stein. Das drohende Zerwürfnis bleibt aber nur ein böser Traum. Über Luzern und den Vierwaldstätter See erreicht man Ende November Zürich.

Hier beginnt die andere wohlerwogene Seelenkur, die der Dichter seinem Souverän verordnet hat. „Wir sind mit Lavatern glücklich", erfährt Charlotte von Stein und mit ihr Weimar unter dem 30. November 1779, „es ist uns allen eine Cur, um einen Menschen zu seyn, der in der Häuslichkeit der Liebe lebt und strebt, der an dem was er würckt Genuß im Würcken hat, und seine Freunde mit unglaublicher Aufmercksamkeit trägt, nährt, leitet und erfreut. Wie gern mögt ich ein Vierteljahr neben ihm zubringen, freylich nicht müsig wie ietzt. Etwas zu arbeiten haben, und Abends wieder zusammen lauffen. Die Wahrheit ist einem doch immer neu, und wenn man wieder einmal einen so ganz wahren Menschen sieht meynt man, man käme erst auf die Welt. Aber auch ist's im moralischen wie mit der BrunnenCur alle Übel im Menschen tiefe und flache kommen in Bewegung, und das ganze Eingeweide arbeitet sich durcheinander. Erst hier geht mir recht klar auf in was für einem sittlichen Todt wir gewöhnlich zusammenleben, und woher das Eintrocknen und Einfrieren eines Herzens kommt das in sich nie dürr, und nie kalt ist. Gebe Gott daß unter mehr grosen Vortheilen auch dieser uns nach Hause begleite, daß wir unsere Seelen offen behalten, und wir die guten Seelen auch zu öffnen vermögen. Könnt ich euch mahlen wie leer die Welt ist, man würde sich an einander klammern und nicht von einander lassen. Indeß bin ich auch schon wieder bereit daß uns der Sirocko von Unzufriedenheit, Widerwille, Undanck, Lässigkeit und Prätension entgegendampfe."

Goethe, der Skeptiker und Pantheist, hat sich gleichwohl frommen Weltvorstellungen immer offengehalten. An allem Religiösen interessiert ihn weniger der Glaubensinhalt als die sittigende, die Seele läuternde Kraft, die davon ausgeht. Einer bis zur Mystik frommen Freundin seiner Mutter, einem Fräulein von Klettenberg, der „schönen Seele", hat er in seiner Frankfurter Jugend verehrend nahegestanden. Als „Weltkind" ist er 1774 zwischen Lavater und Basedow den Rhein entlanggewandert. In „irgendein Album" schrieb er, so will es „Dichtung und Wahrheit":

„Und, wie nach Emmaus, weiter ging's,
Mit Sturm- und Feuerschritten:
Prophete rechts, Prophete links,
Das Weltkind in der Mitten."

Johann Caspar Lavater, der Brieffreund und Seelenhelfer der Herzogin Louise, soll nun auch eine Art Seelenarzt des Herzogs werden. Woher nimmt Goethe diese Zuversicht? Der liebenswerteste Kauz des 18. Jahrhunderts, der Fanatiker der Physiognomik, der sich 1782 mit dem Betrüger Cagliostro trifft, der mit den „Stillen im Lande" in Verbindung steht, einer evangelisch-pietistischen Erweckungsbewegung der Zeit, die unter dem Motto des Psalms 35,20 der Lutherbibel jeder kritischen Theologie eine naive Glaubensinnigkeit entgegensetzt, der Apostel einer universellen Frömmigkeit, der auch den Disput mit katholischen Kreisen nicht scheut, der später in seinem Altersmystizismus geneigt ist, einer Legende Glauben zu schenken, der Evangelist Johannes, Jesu Lieblingsjünger, sei immer noch am Leben, kommt aus einer Züricher Familie von Ärzten und Apothekern und zögert keinen Augenblick zu glauben, pietistische Frömmigkeit könne jede Seele heilen. Daß die Güte über alles triumphiere, ist seine langjährige Erfahrung. Seine Sanftmut richtet überall dasselbe aus wie harte Willenskraft. Schon das sensible, phantasievolle Kind mußte seinen Wunsch, Geistlicher zu werden, gegen eine herrschsüchtige, zänkische Mutter durchsetzen und an den Schulen Züchtigungen tyrannischer Lehrer über sich ergehen lassen. Aber auch Dichter wie Haller, Bodmer und Breitinger sind seine Lehrmeister. Nach einem Studium der Theologie, Philosophie und Philologie unternimmt er eine ausgedehnte Deutschlandreise, die ihn an der Seite des Malers Johann Heinrich Füßli 1763/64 mit Gellert, Gleim, Moses Mendelssohn und Klopstock zusammenbringt. Nach seiner Rückkehr an die Limmat heiratet er 1766 Anna Schinz. Ehe er das harmonische Familienleben führen kann, dessen Vorbild Goethe seinem Herzog zeigen möchte, lebt er lange unter mancher

Demütigung ohne feste Anstellung im elterlichen Haus. 1778 wird er Diakon, 1786 Pfarrer an St. Peter in Zürich. Seine Schriften sind umstritten und machen ihn berühmt, „Der ungerechte Landvogt oder Klage eines Patrioten" (1762), die „Schweizerlieder" (1767), die vierbändigen „Physiognomischen Fragmente zur Beförderung der Menschenkenntnis und Menschenliebe" (1775–1778), die gleichfalls vierbändigen „Aussichten in die Ewigkeit" (1768–1778) und andere. 1793 reist er auf Einladung der Nordischen Schule nach Kopenhagen. Die Französische Revolution, die er wie viele Zeitgenossen erst begrüßt und angesichts ihrer Greuel dann ablehnt, wird ihm zum Verhängnis: Den Sommer 1799 verbringt er wegen Widerstands gegen die Kantonsregierung in Basel in Haft. Am 2. Januar 1801 stirbt er an einer Kugel, die sich fünfzehn Monate zuvor bei der Besetzung Zürichs durch französische Truppen in seine Brust verirrt hat und chirurgisch nicht entfernt werden konnte.

Goethe steht seit 1773 mit ihm in Verbindung. Den Spott über die „Physiognomischen Fragmente" macht er nicht mit. „Ihr habt mich zum Genie hinaufposaunt", seufzt 1774 der bescheidene Silhouettenfänger, „zum Narren schmettert mich meine Gegner hinunter." Lange halten sie viel voneinander. Goethes Verehrung geht ins Überschwengliche: „Er ist der beste, größte, weiseste, innigste aller sterblichen und unsterblichen Menschen, die ich kenne." Er schätzt an ihm „Wahrheit, Glauben, Liebe, Geduld, Stärke, Weisheit, Güte, Betriebsamkeit, Ganzheit, Mannigfaltigkeit, Ruhe." 1786, auf der Rückreise von einer fehlgeschlagenen Bewerbung an Sankt Ansgari in Bremen, kommt Lavater auch nach Weimar. Erst die späten abergläubischen Neigungen entzweien ihn mit dem Dichterfreund.

Herzog Carl August, dem er nun Seelenhelfer werden soll, wie er es der Herzogin Louise wurde, ist ihm schon am 9. Januar 1778 durch Merck heiß anempfohlen worden: „Ist er unter vier Augen, so läßt er sich zwar in seinen Anmerkungen heraus, und diese sind so scharf und treffend, daß man nicht begreifen kann, wie ein junger Mensch von zwanzig Jahren und ein Mann von Gewalt von diesem scharfen kritischen Sinn keinen Mißbrauch machen mag." Von den Gesprächen zwischen Lavater, Goethe und Carl August, bei denen auch Bodmer und Füßli manchmal zugegen sind, gibt es nichts Aufgezeichnetes. Doch Goethe meldet Charlotte von Stein Ende November vollen Erfolg: „Die Bekanntschaft mit Lavatern ist für den Herzog und mich was ich gehofft habe, Siegel und oberste Spizze der ganzen Reise, und eine Weide am Himmelsbrod wovon man lange gute Folgen spüren wird." Der Gastgeber selbst ist von seinen Besuchern so angetan, daß er sie zum Rheinfall von Schaffhausen begleitet, und dieses Naturschauspiel inspiriert Goethe zu einem weiteren Loblied: „Es ist mit Lavater wie mit dem Rheinfall, man glaubt auch man habe ihn nie so gesehen wenn man ihn wiedersieht, er ist die Blüte der Menschheit, das Beste vom besten."

Abrechenbar sind solche Reiseerträge nicht. Doch auch der politische Teil, der überwiegend auf der Rückreise erledigt wird, die diplomatischen Kontakte zu einem Bündnis kleiner Fürsten für den Erhalt des Reiches, bleiben noch unverbindlich. Am 16. Dezember 1779 feiert die Württembergische Militärakademie ihr Jahresfest. Der ehemalige Eleve der Karlsschule Friedrich Schiller, jetzt Student der Medizin, nimmt drei Auszeichnungen entgegen. Herzog Carl August und Goethe sind unter den Ehrengästen. „In Stuttgard", schreibt Goethe an Frau von Stein am 20. Dezember, „haben wir den Feyerlichkeiten des Jahrestags der Militär Akademie beygewohnt, der Herzog war äuserst galant gegen den unsrigen, und ohne das incognito zu brechen hat er ihm die möglichste Aufmercksamkeit bezeigt." Der achttägige Aufenthalt gestaltet sich „sehr merckwürdig und instrucktiv".

Folgenreich wird er auch. Zur Galanterie des Herzogs Carl Eugen gehört vor allem seine Mätresse Franziska von Hohenheim, mit der er 1784 zu einem Gegenbesuch nach Weimar kommt. Im selben Jahr, um Weihnachten, wird Carl August zu Darmstadt einer Manuskriptlesung zuhören: Es ist der Erste Akt von Schillers „Don Carlos". Ein vertrauliches Gespräch des jungen Dichters mit dem Herzog schließt sich an. Ohne von seinem Stück begeistert zu sein, beantwortet der Souverän das Hilfeersuchen des württembergischen Deserteurs mit einem Schreiben, das einen Briefwechsel eröffnet: „Mit vielem Vergnügen, mein lieber Herr Doktor Schiller, erteile ich Ihnen den Charakter als Rat in meinen Diensten. Ich wünsche Ihnen dadurch ein Zeichen meiner Achtung geben zu können." Ein neuer Name, der bald ein großer sein wird, ist für Weimar gewonnen.

Darmstadt und Homburg, die hessischen Residenzen, auch Karlsruhe, sind die anderen kleinen Höfe, an denen sich Dichter und Souverän Anfang des Jahres 1780 „herumtreiben", wie es Goethe im Bericht an seine Freundin in Weimar nennt. Am 1. Januar meldet er, als sähe er voraus, wie wenig das Bemühen um einen Fürstenbund fruchten wird: „Der Herzog ist munter und erkennt sich nach und nach im alten Elemente wieder, beträgt sich vortrefflich, und macht köstliche Anmerckungen. Von mir kan ich das nicht rühmen, ich stehe von der ganzen Nation ein für allemal ab, und alle Gemeinschafft, die man erzwingen will, macht was halbes, indes führ ich mich so leidlich auf als möglich." Am 3. Januar klingt Reisemüdigkeit mit an: „So ziehen wir an den Höfen herum, frieren und langweilen, essen schlecht und trincken noch schlechter. Hier jammern einen die Leute, sie fühlen wie es bey ihnen aussieht und ein Fremder macht ihnen bang. Sie sind schlecht eingerichtet, und haben meist Schöpse und Lumpen um sich." Auch die berühmten Briefzeilen vom 6. März 1779 an Charlotte von Stein gingen schon in diese Richtung: Die „Iphigenie" sei „verflucht", „der König von Tauris soll reden, als wenn kein Strumpfwürcker in Apolde hungerte."

Goethe macht sich keine großen politischen Hoffnungen, wenn der soziale Boden, auf dem die Politik geschieht, so schwach ist. Ein Vierteljahr nach dem Besuch in Zürich erhält Lavater die resignierenden Zeilen Goethes vom 6. März 1780: „In der Jugend traut man sich zu dass man den Menschen Palläste bauen könne, und wenn's um und an kömmt so hat man alle Hände voll zu thun um ihren Mist beseite bringen zu können." Lavaters weise und einfühlsame Weltsicht wirkt in Goethe länger und tiefer nach als in Carl August. Immerhin bleiben sie Seite an Seite.

LIEBHABEREIEN

Der Herzog bleibt ruhelos. In der Unrast der politischen Bemühungen, die ihn von Jahr zu Jahr häufiger und länger von Weimar entfernen wird, wirkt sich ein unausgefülltes Privatleben aus. Das Fürstenhaus, in dem er residiert, solange das Schloß eine Ruine bleibt und der Neubau nur schleppend vorangeht, ist ihm kein Zuhause; in die kostbar eingerichteten Gemächer seiner Frau kommt er als seltener Gast, dessen Gegenwart von einer Förmlichkeit in die andere wechselt. Die Reise zu Lavater hat das schwierige Verhältnis zwischen den Eheleuten nicht gebessert, sie hat Carl August nur gelehrt, es mit einer ähnlich behutsamen Resignation hinzunehmen wie Herzogin Louise. Der dänische Gesandte Wilhelm Christoph von Diede bezeugt in seinen Erinnerungen vom April 1781: „Der Herzog und die Herzogin waren auf kaltsinnigem Fuß miteinander, wiewohl in besserem Vernehmen als ehemals. Die Herzogin erschien ernsthaft, zurückhaltend und zu einer gewissen Melancholie geneigt. Zwischen ihr und der verwittibten Herzogin war einiger Zwist."

In der Wahl seiner Unterhaltung unterscheidet sich Carl August wenig von anderen Fürsten dieser Zeit. Mit seiner Gemahlin erscheint er zu Bällen und Redouten. Zu Louises Geburtstag am 30. Januar wird stets mit einigem Geschmack ein Maskenzug aufgeführt. Goethe und Wieland müssen sich als „Hofpoeten" für „beyde Damen", wie Goethe im Februar 1781 Lavater meldet, dazu immer etwas einfallen lassen. Astronomische, meteorologische oder geologische Anspielungen sind beliebt. Das eindrucksvolle Nordlicht des Winters 1781 bewegt den Hof, sich eine Gruppe Lappländer zu leisten. Im Sommer zeigt das Paar sich bei Konzerten im Park, nach einem Londoner Lustgarten auch Vauxhalls genannt, zu denen auf Carl Augusts Anordnung ab 1789 auch Nichtadlige Zutritt haben. Meist erklingen die Musiken an der „Schnecke", einem Gebäudefragment aus künstlich zugeschnittenen Bäumen, heute nicht mehr zu bewundern. Unter den Männervergnügungen stehen die Kartenspiele obenan, Tarock und Pharo vor allem; Skat ist noch nicht erdacht. Dazu wird gewöhnlich viel getrunken. Trinkfestigkeit gilt den Herren als Tugend; Carl August sieht das nicht anders.

In den geselligen Unterhaltungen der Weimarer Gesellschaft, die geistigen Dingen zugewandt sind, ist Carl August seltener zu sehen. Der Souverän darf kommen und gehen, wann er will; er wird als Ehrengast behandelt. Das heißt: Nur wenn auch er dabei ist, fühlt man sich wirklich vollzählig, und er ist es dem Ruf seiner Residenz als Musenhof, den er mitgefördert hat, auch schuldig. Man sieht ihn von Zeit zu Zeit bei Anna Amalias Leseabenden, die im Unterschied zu anderen beinahe rituellen Geselligkeiten bis zum Tod der Herzoginmutter nicht abreißen. Man findet in den siebenundvierzig Nummern des „Journals von Tiefurt" auch Beiträge von Carl August. Anna Amalia gibt das Blatt, das neben Literarischem und Gelehrsamem auch Vermischtes bis Belangloses enthält, vom August 1781 bis zum Juni 1784 nach dem Muster des „Journal de Paris" heraus, nicht regelmäßig, sondern wie es sich nach dem Stand der Einsendungen ergibt. Weimar ist eben nicht Paris. Hildebrand von Einsiedel zeichnet als Redakteur, seine Sekretärin ist das verwachsene, spitzzüngige Fräulein von Göchhausen, eine Tochter des Eisenacher Schloßhauptmanns, die lange am Hof in Karlsruhe gelebt hat, 1775 nach Weimar kam und 1783 Erste Hofdame Anna Amalias wird. Handschriftlich in elf Exemplaren vervielfältigt, bringt es anonym Beiträge der Herausgeberin und ihrer Hofdamen, Knebels, Einsiedels und Seckendorffs, Goethes und Wielands, Caroline Herders, Mercks, des Prinzen von Sachsen-Gotha, des Erfurter Statthalters von Dalberg.

Auch zu den dramatischen Liebhaberaufführungen in Tiefurt und Ettersburg, im Wittumspalais oder im Fürstenhaus, ab 1780 im Herzoglichen Comödie- und Redoutenhaus läßt sich der Herzog sehen, zumal wenn seine Mutter ein Singspiel Goethes nach dem Vorbild Glucks oder Schweitzers vertont hat. Das Operettenhafte solcher Produktionen macht sie zu einer leichten Kost. Doch auch den ernsteren Tönen verschließt der Souverän sich nicht, wenn er etwa bei der Darstellung des Pylades in Goethes „Iphigenie" den Bruder Constantin ablöst.

Das neue Herzogliche Hoftheater, das 1825 einem Brand zum Opfer fällt, wird erst ab 1798 bespielt. Josepho Bellomo, ein talentierter Italiener, kommt im Dezember 1783, eigens von Carl August eingeladen, von Bad Lauchstädt, wo er das Theaterprivileg innehat, nach Weimar und wird mit seiner Truppe mit einem Zuschuß von 320 Talern monatlich unter Vertrag genommen. Am 1. Januar 1784 eröffnet er die Saison mit dem Trauerspiel „Marianne" von Friedrich Wilhelm Gotter. Er bringt, ohne daß damit das Laientheater begraben würde, mit seinen Schauspielern, Dekorationen und Kostümen, von den Sängern und Musikern der Hofkapelle ergänzt, dem Bühnenleben das Professionelle wieder, das seit dem Schloßbrand 1774 und dem Weggang der Seylerschen Truppe gefehlt hat. Künstler aus Gotha, Rudolstadt, Eisenach oder Leipzig gastieren. Dienstags, donnerstags und samstags werden vom 1. November bis zum 1. März öffentliche Vorstellungen gegeben, der Hof, auf dessen Kosten die Veranstaltungen laufen, hat seine Logen kostenlos, die Bürger müssen für ihre Parterreplätze zwei bis zwölf Groschen zahlen. Im Sommer spielt die Bellomosche Truppe auf Abstechern in Bad Lauchstädt, im Herbst in Erfurt. Der umtriebige Italiener mutet sich und seinen Leuten eigentlich zuviel zu. Die Folge sind sinkende Qualität und zunehmender „Schlendrian", wie Goethe klagt, so daß Carl August sich entschließt, eine zugesagte Vertragsverlängerung zurückzunehmen. 1791 wird Goethe selbst die Theaterdirektion übernehmen.

Mit viel Phantasie und Aufwand, unterstützt von Goethe, widmet sich Carl August dem Plan, aus den Auen der Ilm einen Landschaftspark im englischen Geschmack entstehen zu lassen. Im Dezember 1776 und im Mai 1778 sind Dichter und Souverän Gäste des Fürsten Leopold Friedrich Franz von Anhalt-Dessau, der aus den Elbauen um Wörlitz den ersten englischen Landschaftspark des Kontinents entstehen läßt. Die barocke, „welsche" Künstlichkeit des Parks von Belvedere verlangt nach einem naturnahen Gegenstück. Der Herzog läßt sich den Aufkauf von Gehölzen, Wiesen- und Akkerland nicht wenig kosten. Die Ufer der Ilm müssen befestigt, Nebenarme und Tümpel zugeschüttet, Quellen ummauert werden. Als Organisator bringt Friedrich Justin Bertuch, inzwischen erfolgreicher Kunstblumenfabrikant, seine Tatkraft ein. Von Johannes Reichert, Friedrich Gottlieb Dietrich und Angehörigen der Gärtnerfamilie Sckell kommt fachmännisches Wissen. Nicht selten packt der Herzog selbst kräftig mit zu. Künstliche Felsen und Grotten, Zierbrücken, Gedenksteine und Pavillons, Einsiedelei und Klosterruine ergeben nach und nach ein naturnahes und doch im Wechsel von Schatten und Licht, Dickicht und Ausblick menschengewolltes Stück Landschaft nahe der Stadt, das den Musen, der Kunst, dem guten Weimarer Geschmack nicht weniger angehört als Bauten, Sammlungen und Gedenkräume.

Da Weimar seit 1764 eine Freimaurer-Loge hat, die sich der damaligen Regentin zur Huld „Anna Amalia zu den drei Rosen" nennt, bleiben die Besuche bei Schweizer Freimaurern Ende 1779 für Carl August und Goethe nicht folgenlos. Die Grundsätze der Gemeinnützigkeit und Wohltätigkeit, der Humanität und der Toleranz, die sie vertreten, stehen sowohl der Aufklärung als auch Lavaters universeller Frömmigkeit nahe. Anna Amalias Bruder Carl Wilhelm Ferdinand und der Erfurter Statthalter Dalberg, Herzog Ernst II. von Sachsen-Gotha und sein Sohn sind prominente Mitglieder, Musäus und Bertuch gehören dazu. Herder bleibt interessierter Zuschauer.

Vielleicht sind es Rücksichten der Reputation, wenn der Souverän nun den Dichter vorschickt: Goethe stattet gleich nach der Rückkehr von der Reise der Loge einen Besuch ab und bittet um Aufnahme. Er muß sich vermutlich ebenso überwinden wie Freiherr von Fritsch, der die Würde des „Meisters vom Stuhl", welcher den Hammer führt, innehat. Am 23. Juni 1780, einen Tag vorm Johannisfest, wird Goethe als „Lehrling" aufgenommen. In diesem Novizen-Rang fühlt er sich unterbewertet; die Bitte um Beförderung läßt nicht lange auf sich warten. Am 31. März 1781 wird er „Geselle". Damit hat er Carl August den Weg bereitet. Der Herzog wird am 5. Februar 1782 als „Lehrling" und „Geselle" zeremoniell eingeführt. Auch dies bleibt eine Zwischenstufe. Zusammen mit dem Jenaer Professor für Anatomie und Chirurgie Justus Christian Loder werden Dichter und Souverän schon einen Monat später, am 2. März 1782, zu „Meistern" befördert. Goethes Tagebuch enthält Hinweise auf ungute Geheimnistuerei und Pedanterie, die in Gezänk ausartet, so daß die Loge bald geschlossen wird. Sie bleibt jedoch dem Herzog wichtig genug, daß er sie 1808 wiedereröffnet.

Aber die Jagd bleibt doch Carl Augusts Hauptvergnügen. Im Herbst muß oft die Pflicht des Regierens davor zurückstehen. Die „guten Anlagen", die Goethe im März 1781 noch Frau von Stein gerühmt hat, müssen durch „verständige und gute Menschen" um ihn gestützt werden, „das Kind und der Fischschwanz gucken eh man sich's versieht wieder hervor." Das „größte Übel" ist: „So passioniert er für das Gute und Rechte ist, so wirds ihm doch weniger darinne wohl als im Unschicklichen, es ist ganz wunderbar wie verständig er seyn kan wieviel er einsieht, wieviel er kennt und doch wenn er sich etwas zu gute thun will so muß er etwas Albernes vornehmen, und wenns das Wachslichter Zerknaupeln wäre."

Diese beiläufg erwähnte Beschäftigung zeigt deutlich, wie leicht Irritationen über die Rolle, die ihm zugefallen ist, den jungen Fürsten ins Kindische zurücktreiben können. „Der Herzog hat seine Existenz im Hezen und Jagen", schreibt Goethe nicht ohne ironische Resignation über den Mann, der ihm Freund und Schüler sein wollte, nun aber den Dienstherrn und das Staatsoberhaupt herauskehrt, am 21. November 1782 an Knebel. „Der Schlendrian der Geschäffte geht ordentlich, er nimmt einen willigen und leidlichen Theil daran und läßt sich hie und da ein Gutes angelegen seyn, pflanzt und reißt aus pp. Die Herzoginn ist stille lebt das Hofleben beyde seh ich selten." Die Untertanen haben die Schäden auf ihren Feldern, an Gebäuden und Zäunen, ja in den Viehbeständen ohne Anspruch auf Schadenersatz hinzunehmen. Bei allem Reformgeist bleibt Carl August doch das Oberhaupt einer Hofgesellschaft und Exponent des Adels und seiner Privilegien, der durch sein parasitäres Verhalten, das andere Parasiten nährt, allen Besserungsversuchen im Land schnell wieder den Boden entzieht.

Carl August ist Herr seiner hunderttausend Untertanen. Herr seiner selbst ist er nicht mehr als irgendein anderer Mensch. Der Mittzwanziger, der junge Landesherr, der auf die Dreißig zugeht, und noch der Mittdreißiger hat immer weniger Geduld mit einer Rolle, die sein Herz im Grunde einsam läßt. Das Beispiel vieler seiner Standesgenossen, besonders wenn sie regierende Fürsten sind, zeigt ihm, daß ihm sein Rang die Ausnahme offenhält. Zu Goethes Gedicht „Miedings Tod", einem Beitrag des „Tiefurter Journals", der auch Corona Schröter huldigt, entschlüpfen ihm am 23. März 1782 an Knebel zweideutig verräterische Worte: „Corona bekommt darin einen ganz unverwelklichen Kranz. Schade, daß der Minnesold in neuern Zeiten so teuer ist! Wäre es weniger, sie könnte Goethen nicht anders als mit ihrer Person danken." Der Wunsch des Dichterfreundes, die Schauspielerin zu ehelichen, die ihm selber nur als Mätresse hätte gehören können, ist ihm noch gegenwärtig, aber die Wortwahl projiziert darauf die eigene Sicht, in der Hingabe nur in einer Art Prostitution möglich scheint.

Auf der Reise von 1779/80 hat er am Hof des Herzogs Carl Eugen von Württemberg Franziska von Hohenheim gesehen, die geborene Baronin von Bernardin, verehelichte und geschiedene Freifrau von Leutrum. Die adlige Mätresse, die sich ganz offen an der Seite des Souveräns präsentierte und dann, obwohl Carl Eugens rechtmäßige Gemahlin Elisabeth von Bayreuth eine Tante Carl Augusts ist, auch 1784 mit ihm zum Gegenbesuch nach Weimar kommt, verkörpert, ihrem Ehemann entführt und zur Scheidung gezwungen, gewissermaßen das alle anderen Rechte brechende Besitzrecht eines Fürsten an einer Frau, die ihm gefällt.

Auf derselben Reise hat er in Lausanne am Genfer See am 22. Oktober wohl mit Goethe auch die Frau gesehen, die zu der Zeit als schönste Frau Deutschlands gilt: Marquesa Maria Antonia von Branconi, geborene von Elsener. Die Tochter eines deutsch-österreichischen Offiziers und einer Genueserin, mit zwölf Jahren verheiratet und mit zwei Kindern früh verwitwet, ist mit zwanzig Jahren die Mätresse Carl Wilhelm Ferdinands von Braunschweig geworden, eines Onkels von Carl August, der sie 1777 wieder verlassen hat. Der Sohn dieser Verbindung, ein Graf von Forstenburg, gehört zu den vielen adligen „Bastarden" des galanten Jahrhunderts. Am 26. August 1780 kommt „die überschöne Branconi", wie Goethe sie nennt, nach Weimar, bleibt bis zum Tag nach Goethes Geburtstag und besucht die Hofkreise in Tiefurt und Belvedere und Goethe in seinem Gartenhaus, nicht ohne daß Carl August Anteil nimmt.

Ernster wird es mit der schönen Gräfin Jeanette Louise von Werthern-Neunheiligen, einer geborenen Freiin vom und zum Stein, Schwester des späterhin berühmten preußischen Staatsmannes und Reformers Heinrich Friedrich Carl vom und zum Stein, die mit ihrem dreizehn Jahre älteren Gemahl ein Gut nicht weit von Langensalza bewohnt. Carl August hat die Schöne bereits als Jüngling in Paris gesehen. Damals ist sie, gerade vermählt, hochschwanger gewesen. Inzwischen scheint der Ehealltag sie zu langweilen. Goethe ist der Verliebtheit seines Herzogs diesmal sehr gewogen. Allerdings wird sie bei Hofe bemerkt, da sich die Gräfin auf einem Ball bei der Gräfin Bernsdorff nicht genügend zurückhält. „Gährung bei Hofe", kommentiert Goethe im Tagebuch die empörte Reaktion der Herzogin Louise. Goethe ist auch Zeuge eines Treffens in Belvedere, kann aber „nichts erlauschen" und sich nur Gedanken dazu verkneifen, daß der Herzog und die Gräfin allein ausfahren.

Ein Jahr später, am 7. März 1781, machen Carl August und Goethe einen Ausflug zu Pferde nach Neunheiligen. Jedoch der Liebhaber holt sich in der scharfen Vorfrühlingsluft einen, wie ein Brief Goethes an Frau von Stein verrät, „entsetzlichen Schnuppen", der das Schäferstündchen, falls es dazu kommen sollte, vereitelt. Gute Aussichten hat das Verhältnis ohnehin nicht. Der Gatte, Jakob Friedemann Graf von Werthern-Neunheiligen, von höherem Adel, kursächsischer Geheimrat, hält sich mit seiner Eifersucht nicht zurück. Ein Skandal ließe sich kaum vermeiden. Die „schöne Seele", wie Goethe sie Frau von Stein schildert, die dann als Gräfin eine Romangestalt des „Wilhelm Meister" mitprägt, „liebenswürdig, einfach, klug, gut, verständig, artig," ist dafür auch nicht zu haben. Das Haupthindernis einer Liaison umreißt der Dichter mit den Worten: „Sie liebt den Herzog schöner als er sie."

Einen Skandal richtet eine oft mit ihr verwechselte Baronin von Werthern erst Jahre später an. Die Geliebte des Freiherrn Johann August von Einsiedel-Scharfenstein, eines Bruders des musisch engagierten Hildebrand, läßt, um ihn auf einer Expedition nach Afrika zu begleiten, ausstreuen, sie sei gestorben. Mit einer Strohpuppe wird ein Begräbnis fingiert. Schon in Tunesien treibt in Gestalt der Pest wirkliche Todesgefahr die Abenteurerin und den Abenteurer zur Umkehr, und man taucht wieder auf, wo man sich nicht mehr blicken lassen dürfte.

Es scheint, daß Carl August, gehemmt durch eine starke Mutterbindung, an der die Auflehnung nichts ändert, im Kennenlernen von Frauen, die ihm die erotische Leere seiner Ehe hätten ausgleichen können, lange auf Goethes unausgesprochen vermittelnde, aber letztlich nutzlose Komplizenschaft angewiesen bleibt. Denn auch Maria Elisabeth Gore, genannt Eliza oder, zu deutsch Elisa, eine der beiden schönen Töchter des englischen Reeders, Kaufmanns und in der Malerei dilettierenden Kunstsammlers Charles Gore, der sich 1797, nach längerem Aufenthalt in Italien und einem ersten Besuch im Oktober 1787, in Weimar niederließ, „hat ein sehr warmes Herz für ihn", wie Caroline Herder am 8. August 1788 ihrem Gatten schreibt. Sie ist zunächst damit beschäftigt, Teile des „Werher" ins Italienische zu übersetzen. Der Herzog durchlebt zu der Zeit eine gesundheitliche und auch psychische Krise; er leidet wieder an einem kranken Fuß und unter Mißerfolgen in seinen Bemühungen um einen Fürstenbund. Da ist er schwach genug für eine leidenschaftliche Verliebtheit oder Liebe zu der jungen Britin und läßt sich gehen. Goethe meldet Herder, der mit Anna Amalia nach Italien gereist ist, wenig später: „Er hat sich in der Neigung zu dem Mädchen so ganz indulgiert wie in seinem politischen Getreibe: beides hat keinen Zweck; wie soll es Zufriedenheit gewähren?" Es scheint, daß auch die jüngere, angeblich noch schönere Emily Gore in Carl Augusts Wunschvorstellungen eine Rolle spielt; das herzogliche Postbuch verzeichnet 1787–1789 eine lebhafte Korrespondenz der beiden. Die Briefe sind leider nicht erhalten.

Über Carl Augusts Liebschaften, aus denen „unebenbürtige" Kinder hervorgegangen sein könnten, gibt es außer Vermutungen und Klatsch wenig Gesichertes. Die Französin Jeanette Brossard in Epernay wurde erwähnt. Dem Nachtrag im Kirchenbuch von Stützerbach zufolge ist der am 9. Juni 1779 geborene Sohn des Knechts Johann Heinrich Klein und der Eva Dorothea, geb. Wiegand, die er am 30. Mai 1779 „in der Stille" geehelicht hat, erst am 20. November angenommen worden. Ein weiterer Nachtrag vermutet eine Vaterschaft Carl Augusts oder Goethes. Da Carl August vom 26. September bis zum 13. Oktober ohne Goethe in Stützerbach gewesen ist, kommt als Vater nur er in Frage. Geheimrat Fritsch läßt das Kind durch den Kantor Donath in Striegnitz bei Riesa erziehen und mit elf Jahren in das Freimaurer-Erziehungsinstitut zu Dresden-Friedrichstadt schicken, danach in eine Forstlehre in Luppa bei Bautzen. Dann wird dieser Carl Friedrich Klein Sekretär auf Fritschs Gut in Seerhausen bei Meißen. 1811 kommt er als Forstschreiber nach Weimar. Nach einem Militärdienst in den Befreiungskriegen wird er Baurevisor, dann Mitglied der Oberbaubehörde Weimar. 1830 stirbt er an „Auszehrung". Aus seiner Ehe mit Anna Friederike Henriette Müller, der Tochter eines Weimarer Kupferstechers und Lehrers an der Zeichenschule, gehen drei Kinder hervor: Carl Ferdinand Klein (geb. 1817) wird Landwirt in Münchengosserstädt, Heinrich Klein (geb. 1821) Kaufmann, über August Klein (geb. 1828) wurde nichts weiter bekannt.

Victoire Elisabeth Pauline Crayen, geboren 1786 als Tochter der Susanne Henriette Crayen, einer geborenen Le Veaux, Gattin des Leipziger Bankiers und preußischen Konsuls in Leipzig August Wilhelm Crayen, gilt unerwiesenermaßen als Frucht einer Reise, die Carl August vom 27. bis zum 30. November 1785 nach Leipzig führte. Ebenso wenig Beweise gibt es dafür, ob die Geschwister Amalie Louise und Carl Ludwig Riemann, Kinder der in Döbeln oder Ostrau bei Döbeln geborenen Dorothea Riemann aus Wickerstedt bei Weimar, Kinder des Herzogs waren, da Johann Christian Ludwig Ludecus, ein Bruder von Anna Amalias Geheimsekretär, eine uneheliche Vaterschaft anerkannte. Eine Absprache könnte bestanden haben. Die Nachkommen Amalies sollen Carl August sehr ähnlich gesehen haben.

Erst mit fast vierzig Jahren kommt Carl August zu einer außerehelichen Liebschaft, die wirklich der Rede wert ist. Im Alter von vierzehn Jahren ist 1787 Louise von Rudorff mit ihrer Mutter, der Witwe eines preußischen Rittmeisters aus Landsberg an der Warthe, nach Weimar gekommen. Unter den Hofdamen Anna Amalias

134

macht sie sich als Sängerin und Gesellschafterin angenehm und wird immer schöner. Bald ist sie als „das schöne Rudelchen" stadtbekannt. Kapellmeister Wolf gibt ihr Rollen junger Liebhaberinnen in Mozarts Opern. Abfällige Bemerkungen über ihr Talent, die sich in Caroline Jagemanns Memoiren finden, kommen wohl aus dem mißgünstigen Blickwinkel der zeitweiligen Rivalin. Carl August, dem ihre Reize nicht entgehen, findet im Frühjahr 1795 im Umgang mit dem Hofstaat seiner Mutter Gelegenheit, sich ihr zu nähern. In ihren „Erinnerungen" schreibt sie, nach dem Souper bei Anna Amalia habe der Herzog sie meistens schon in ihrem Zimmer erwartet. Im Sommer eröffnet die „liebe Rudel" der Herzoginmutter, daß sie schwanger sei und ihr ein Enkelkind bescheren werde. Sie irrt sich nicht in der Wahl dieser Vertrauten. Anna Amalia ist gerührt und beruhigt sie mit den Zeilen: „Ich versichere Dich auf meine Ehre, daß Du im geringsten Nichts bei mir verloren hast. Ich liebe Dich und schätze Dich so, wie ich es immer getan habe."

Im Dezember reist die Mutter mit Louise nach Templin in der Mark. Am 18. Januar 1796 wird dort Carl Wilhelm geboren. Das Angebot Carl Augusts, seine Mätresse zu werden, lehnt Louise ab. Das Kind, für das der Herzog jährlich 200 Taler zahlt, erhält zwei Jahre später einen ordentlichen Namen: Mit vierundfünfzig Jahren findet sich Carl Ludwig von Knebel, der frühere Erzieher des Prinzen Constantin und Reisebegleiter Carl Augusts 1775, bereit, die Einundzwanzigjährige in Ilmenau zu heiraten und ihren Sohn zu adoptieren. Goethe, der, selbst ein Hagestolz, mit Christiane Vulpius in „wilder Ehe" einen Sohn hat, bringt für diesen Schritt seines „Urfreunds" kein Verständnis auf. Er schickt ihm spöttische Verse, in denen anzüglich die „Rudel" nachklingt:

„Herr Bruder, welch ein Luder
bringst du in deine Einsiedelei.
Ohne Zweifel, dich versucht der Teufel,
Gott steh uns bei!"

Es bürgt für die Festigkeit der Freundschaft, daß Knebel das erträgt. Aber halb Weimar fürchtet das Schlimmste für diese Ehe. Das Paar bezieht 1804 ein Haus in Jena und lebt einträchtiger, als alle dachten. Carl August setzt, vielleicht von Goethe gedrängt, dem vielversprechenden Studenten Carl Wilhelm von Knebel ein Stipendium aus. Nach den Befreiungskriegen, an denen er als Freischärler teilnimmt, wird er preußischer Offizier. Im ostthüringischen Zwergstaat des Prinzen von Reuß-Ebersdorf wird er Forstbeamter, dann Polizeidirektor. Was er über seine wahre Herkunft durch eine Indiskretion erfährt, bedrückt ihn, obwohl Großherzog Carl Friedrich von Sachsen-Weimar-Eisenach ihn offen seinen Halbbruder nennt, bis zur Schwermut. Beim Ableben Carl Augusts fühlt er sich durch dessen Testament zurückgesetzt. Seine 1825 eingegangene Ehe mit der elf Jahre älteren, zweimal geschiedenen Gräfin Friederike zu Solms scheitert an der ungewissen Herkunft des Kindes, das während einer längeren Reise Knebels geboren wird, aber bald stirbt. Eine zweite Ehe mit der Pfarrerstochter Emilie Josephine Trautmann aus Königshofen bei Eisenberg, 1839 geschlossen, ist nicht glücklich. Als Landwirt in Gumperda und Naschhausen bei Orlamünde lebt er bedrückt und zurückgezogen bis 1868. Seine Witwe überlebt ihn um zwanzig Jahre. Nachkommen leben in Schweden.

Ein Liebhaber ganz anderer Art wird Prinz Constantin. Unter Knebels Aufsicht bleibt er mit seiner eigenen Hofhaltung im 1765 neu errichteten Pächterhaus von Tiefurt, aus dem Anna Amalia später ihr Landschlößchen machen wird, bis 1781 bestens behütet. Goethe weiß um die Verletzbarkeit des Nachgeborenen und bangt in einem Brief an Frau von Stein vom 3. Mai 1780: „Daß nur nicht etwa Knebel im Unmuth gegen den Prinzen herausfährt, ich möchte nicht daß ich Gelegenheit zu einer Scene gäbe." Constantin entwickelt den Charme des Schwächeren. Keinerlei ernsthafte Pflicht motiviert ihn für das, was seine Zeit unter dem Begriff Tugend zusammenfaßt. Er hat das Zeug, ein haltloser, windiger Typ zu werden. Zum jungen Mann gereift, wirkt er auf Frauen anziehender als sein regierender Bruder. Von der Mutter, die gegenüber dem Erbprinzen den größeren erzieherischen Ehrgeiz entwickelt hat, verhätschelt, spricht sein Wesen die mütterlichen Instinkte des anderen Geschlechts an. Weder körperlich noch geistig kann er mit Carl August mithalten; zu Jagdausflügen, Biwak und „Miseley" fühlt er sich nur mitgeschleppt. Dafür ist er ein vielseitiger, sensibler Musiker, der mehrere Instrumente beherrscht. Es trifft ihn empfindlich, daß ihm die Mutter die Liaison mit der armen Hofdame Caroline von Ilten verbietet, nur weil sie „Bettelprinzen" als Nachwuchs fürchtet.

Die zweite Kavalierstour, die Constantin ohne den älteren Bruder 1781–1783 nach Zürich, Paris und London führt, endet für den Weimarer Hof mit einem Alptraum. Zu spät wird klar, weshalb er unbedingt Hofrat Johann Carl Albrecht, einen Stiefsohn des alten „Abt" Jerusalem, der als Archivar von Braunschweig nach Weimar kam und unter seine Lehrer aufrückte, zum Begleiter haben wollte. In Paris macht sich der Prinz selbständig und unauffindbar. Nicht lange nach seiner Rückkehr kommt eine Mademoiselle Nanette Darsaincourt schwanger nach Weimar, hoffend, sie werde als Mutter eines Kindes, das sie vom Prinzen erwartet, gebührlich behandelt. Goethe versucht sie in Jena beim Bankier Paulsen zu verstecken. Doch sie hört nicht auf, den Hof mit flehentlichen Briefen zu beunruhigen. Man bringt sie nach Tannroda. Beim Oberförster schenkt sie einem Knaben das Leben, der, nachdem Goethes Diener Philipp Seidel die Dame nach Paris zurückbegleitet hat, die Laufbahn eines Försters einschlägt.

Fast zur selben Zeit wie die Französin meldet sich eine Engländerin aus Wiesbaden. Auch sie ist schwanger vom Prinzen Constantin. Goethe muß noch einmal den „garstigen Handel" übernehmen. Er reitet ihr mit Rat Ludecus, dem Geheimsekretär Anna Amalias, bis Eisenach entgegen. Carl August kommt aus Ilmenau hinzu. Es wird beschlossen, daß die Dame im entlegenen Marksuhl niederkommt und ebenfalls dorthin gebracht wird, wo sie herstammt.

Knebel, von seiner ehelichen Aufgabe noch nichts ahnend, bedauert, daß sein Zögling „auf eine so eklatante Weise die Liste der Sottisen deutscher Prinzen noch vergrößert" habe. Carl August, glücklicher Vater eines Erbprinzen, hat zunächst tief entrüstet „jedes moralische Zutrauen" zu seinem Bruder verloren. Constantin möchte in preußischen Diensten Weimar fernbleiben, der Herzog schickt ihn in kursächsische Dienste. Dort avanciert der Prinz vom Obristleutnant zum Generalmajor. In diesem Rang nimmt er 1792 an der mißlungenen Campagne in Frankreich und 1793 an der Belagerung von Mainz teil. In den Armeelagern zieht er sich eine typhöse Infektion zu, der er, für alle unverhofft, am 6. September 1793 in Wiebelskirchen an der Saar erliegt. In der Marktkirche zu Eisenach setzt man ihn bei. Die Mutter errichtet ihm einen Gedenkstein im Tiefurter Park. Herzog Carl August ruft ihm martialisch und versöhnlich nach: „Mein seliger Bruder hat sich wirklich die allgemeine Hochachtung aller derer erworben, die ihn bei der Armee kannten. Die Sachsen bedauerten sehr, daß sie ihn verloren; er war kaltblütig und ging mit jedem sehr anständig um.“

DER FÜRSTENBUND

Herzog Carl Augusts reichspolitischer Ehrgeiz hat mehrere Wurzeln. Die eine mag im Gedankenaustausch mit Goethe zu suchen sein, obgleich der Dichter den Bemühungen um einen Fürstenbund schon skeptisch gegenübersteht, ehe sie richtig ins Rollen kommen. Eine andere liegt in der Entdeckung, daß es in Sachsen-Weimar-Eisenach wenig zu tun gibt, das nicht auch gute Bürokraten leisten können. Eine dritte ist die selbständige Einsicht des reifenden Regenten in die Rolle, die sein Ländchen im zerbröckelten Reichverband, das Reich im Widerstreit deutscher und europäischer Mächte spielen kann. Fast alles läuft mißlich.

„Das liebe heil'ge Röm'sche Reich", fragt ein „garstig" Lied, ein „politisch" Lied, ein „leidig" Lied in Auerbachs Keller beim Besuch Fausts und Mephistos, „wie hält's nur noch zusammen?" Das Adelsdiplom für Johann Wolfgang von Goethe, das der Herzog in Wien beantragt hat, stellt am 10. April 1782 der römisch-deutsche Kaiser aus. Ein Heiliges Römisches Reich Deutscher Nation gibt es noch, eine Reichsverfassung, einen Reichstag und einen Reichserzkanzler. Aber was von diesen Institutionen und vom Kaiser ausgeht, hat längst nicht mehr die bindende und bannende Kraft einer zentralistisch regierten Monarchie. Der „Westfälische Frieden" von Münster und Osnabrück, der mit einem Tedeum und üppigen Gelagen in einem kahlgefressenen Land den Dreißigjährigen Krieg beendet hat, kennt viele Sieger – Frankreich, Schweden, die deutschen Territorialfürsten, gleichviel ob evangelisch oder katholisch. Konfessionell hebt er die Formel des Augsburger Religionsfriedens von 1555 „cuius regio – eius religio" auf und schreibt den Zustand von 1624 fest. Politisch zerstört er, was er auszubauen vorgibt: das Wahlkönigtum. Da die Pfalz eine der sieben Kurwürden 1623 an Bayern abgeben mußte, erhält sie nun eine achte. 1692 kommt eine neunte für Hannover hinzu. Die einzelnen Fürsten haben endlich erreicht, wonach sie seit Jahrhunderten strebten: Sie dürfen außerhalb des

Reiches Bündnisse suchen und schließen, nur nicht gegen das Reich. Aber was ist nun dieses Reich? Schweden zieht seine Truppen nur um den Preis zurück, daß es Vorpommern, Rügen, Stettin und Wismar behalten darf. Es erwirbt mit dem Besitz dieser zum Reichsverband gehörenden Territorien Sitz und Stimme im Reichstag. Das Frankreich des Kardinals Mazarin, eines Schülers Richelieus, dringt unter dem Vorwand einer „réunion", die ihm angeblich ehemals französische Gebiete zurückgewinnen soll, gegen den Rhein vor, erobert Straßburg, verwüstet Heidelberg, Worms und Speyer. Die beiden Mächte, die den Partikularismus gegen die Habsburger begünstigen, können sich jederzeit in Reichsangelegenheiten einmischen. Kaiser und Reich müssen nachgeben, denn die Türken marschieren gegen Wien und belagern es 1683. Die beiden ausländischen Mächte bieten sich für die kleinen deutschen Herrscher, die faktisch zu völliger Souveränität gelangt sind, bei jeder Gelegenheit als Bündnispartner an, sowohl in gegenseitigen Rivalitäten als auch gegen den Schatten, der von der Zentralgewalt übriggeblieben ist.

Es gibt, auf Dauer gesehen, nur einen Verlierer: das Haus Habsburg und die Kaiser, die zwar gewählt werden, aber fast wie nach einem Gewohnheitsrecht mit seltenen Ausnahmen immer wieder Habsburger sind. Die absolutistische Vormacht, die nach dem Schlachtentod Gustav Adolfs und der Ermordung Wallensteins für Kaiser Ferdinand zum Greifen nahe und 1635 im „Frieden von Prag" schon gesichert schien, macht der Kriegseintritt des katholischen Frankreich zugunsten der protestantischen Fürsten endgültig zunichte. Gerade die unsichere Lage des Reiches ist es nun, die Gefährdung der Westgrenzen durch das erstarkte Frankreich und die der Ostgrenzen durch die Türken, die dafür den Grund liefert. „Wenn der Herrscher Österreichs zurückgedrängt oder auch nicht zum Kaiser gewählt wird," argumentiert Prinz Eugen, der Türkenbezwinger, „wird Deutschland bald zum Sklaven Frankreichs oder der Türkei absinken." Dieser Kaiser, selbst ein Territorialfürst mit den Interessen eigener Gebiete innerhalb und außerhalb des Reiches, ist in allen Angelegenheiten des Reiches an die Zustimmung der Fürsten gebunden, von denen nur noch die durch

Säkularisierung gebeutelten geistlichen dem fernen Wien ergeben sind.

Die Folgen sind verheerend. Es gibt keine Außenpolitik des Reiches mehr. Viele Fürsten haben viele Stimmen; der Feind des einen gilt dem anderen als Freund. Die Städte, besonders die freien Reichsstädte, erleben einen wirtschaftlichen Niedergang, während fürstliche Residenzen aufblühen. In einem kaum noch innenpolitisch zu nennenden Kräftespiel, das die Fürsten auf nichts festlegt, den Kaiser aber von ihrem Votum abhängig macht, erstarrt die Reichspolitik. Der Immerwährende Reichstag in Regensburg, den Kaiser Ferdinand III. 1653 einberuft, verwandelt sich in einen ständig tagenden Kongreß von Gesandten unabhängiger Staaten. Alle Reichspolitik wird schwerfällig bis zur Unbeweglichkeit. Nicht einmal eine mehrheitlich beschlossene Steuerbewilligung ist durchsetzbar. Das Reich hat zu wenig Mittel für seine Truppen und seine Verwaltungskompetenzen. Seine militärische Macht wird unwirksam, der Betrieb seiner Amtsstuben erstarrt. Goethe macht damit im Reichskammergericht Wetzlar 1772 seine Erfahrungen: Zwanzigtausend unerledigte Rechtsfälle haben sich angesammelt. In seiner Abhandlung „Über die Verfassung des Deutschen Reiches" schreibt Samuel Freiherr von Pufendorf 1667: „Es bleibt also nichts übrig, als Deutschland, wenn man es nach den Regeln der Politik klassifizieren will, einen unregelmäßigen und einem Monstrum ähnlichen Staatskörper zu nennen, der sich im Laufe der Zeit durch die träge Nachgiebigkeit der Kaiser, durch den Ehrgeiz der Fürsten und die Ruhelosigkeit der Pfaffen aus der Monarchie zu so einer ungeschickten Staatsform umgestaltet hat. Jetzt ist daher Deutschland weder eine Monarchie, auch nicht einmal eine beschränkte, wenn auch in gewisser Beziehung der äußere Schein darauf hindeutet, noch auch, genau genommen, eine aus mehreren Staaten zusammengesetzte Föderation, vielmehr ein Mittelding zwischen beiden... Wir werden demnach der Wahrheit am nächsten kommen, wenn wir sagen, Deutschlands Verfassung nähert sich der einer Föderation, in der ein mit monarchischem Scheine ausgestatteter Fürst als Bundesoberhaupt eine hervorragende Stellung einnimmt, daß aber diese Bundeskörperschaft von schweren Krankheiten heimgesucht wird."

Österreich bleibt nicht allein mit seinem Gewicht als Flächenstaat, mit seinem Reichsterritorium und seinen „Erblanden" außerhalb des Reiches. Brandenburg hat schon im Dreißigjährigen Krieg begonnen, sein Gebiet ostwärts auszudehnen. Preußen, das spätere Ostpreußen, liegt außerhalb der Reichgrenze. Der große Kurfürst Friedrich Wilhelm nutzt Rivalitäten der Siegermächte Schweden und Frankreich für sich aus. Kurfürst Friedrich III. erhält dafür, daß er dem deutschen Kaiser für den Spanischen Erbfolgekrieg 8 000 Soldaten zur Verfügung stellt, als Friedrich I. die Würde eines Königs von Preußen. Kursachsen, drittgrößter Flächenstaat, bindet sich 1697 durch eine Personalunion des Herrschers eng an Polen: Kurfürst August der Starke wechselt die Konfession und läßt sich zum König von Polen wählen. Auch Bayern hat sein Gebiet durch den Gewinn der Ober- und der Unterpfalz beträchtlich erweitert.

Beim Aussterben der bayrischen Wittelsbacher 1777 kommt es zu einem beinahe lächerlichen Nachspiel des Siebenjährigen Krieges: Österreich hält sich für befugt, seinen Favoriten Carl Theodor gegen den Willen der Bayern als Nachfolger einzusetzen. Friedrich II. antwortet mit einem Einmarsch in Böhmen. Aber Versorgungsschwierigkeiten, die die preußischen Elitesoldaten zwingen, Kartoffeln auszugraben, um sich zu ernähren, lassen den Feldzug zum „Kartoffelkrieg" verkommen, und da Rußland nichts für seinen Bündnispartner Preußen tut und Frankreich nichts für Österreich, verläuft sich alles. Es zeigt sich aber alarmierend deutlich, daß die deutschen Kleinstaaten gegenüber Preußen und Österreich keinen Spielraum für eigene Entscheidungen haben und Preußen ohne Rußland, Österreich ohne Frankreich nichts mehr ausrichtet.

Da verändert Zarin Katharina 1781 das Kräfteverhältnis weiter: Rußland paktiert mit Österreich. Preußen steht wie andere deutsche Staaten ohne Schutz. Österreich scheint wieder übermächtig. Preußen hat schon im Bayrischen Erbfolgekrieg behauptet, es vertrete die Interessen des Reiches gegen Wien, und seinen Anspruch, in Sachsen-Weimar-Eisenach die Rekruten zu werben, die dann Goethe aushebt, während er an der „Iphigenie" schreibt, damit gerechtfertigt. Die Geheimdiplomatie des verjagten Grafen Görtz für Preußen spielt dabei eine nicht unbedeutende Rolle. Bald versichert sich Friedrich II. auch der Fähigkeiten von Seckendorffs. Der Freiherr übernimmt es, in Mainz und beim Fürstbischof von Würzburg für den Fürstenbund zu werben, stirbt aber am 26. April 1785 mitten in dem geheimdiplomatischen Spiel, an dem Weimar längst emsig teilnimmt.

Frankreich, aufgeschreckt, gelingt es, die kleineren deutschen Staaten, die vor der wachsenden Macht solcher Nachbarn zittern, für einen ersten, noch lockeren und bald wieder zerfallenden antihabsburgischen Rheinbund zu gewinnen. Es bleibt damit immer ein Faktor, mit dem auf dem Schauplatz der Politik innerhalb des Reiches zu rechnen ist, und während des Siebenjährigen Krieges hat es auch eifrig Gebrauch gemacht von diesem Einfluß. Das Frankreich Ludwigs XIV. bleibt das Vorbild absolutistischer Machtausübung, deren Theorie der englische Philosoph Thomas Hobbes ausformt: Die böse, stets die Vernichtung des anderen betreibende Natur des Menschen bedürfe der Zügelung durch eine uneingeschränkte Macht, die alle Egoismen autoritär auseinanderhalte, so daß sich jeder dieser absoluten Macht schon im Interesse seiner Selbsterhaltung unterwerfen müsse. Von Beispielen, welche Bizarrerien die Nachahmung eines großen Vorbilds in kleinsten und engsten Verhältnissen hervorruft, sind die deutschen Fürstenhöfe des 17. und 18. Jahrhunderts übervoll.

„Dankt Gott mit jedem Morgen", heißt es in der eingangs zitierten „Faust"-Szene weiter, „daß ihr nicht braucht fürs Röm'sche Reich zu sorgen!" Herzog Carl August von Sachsen-Weimar-Eisenach ist nicht der erste und nicht der einzige unter den kleinen deutschen Fürsten, der nach den verheerenden Paradoxien des Siebenjährigen Krieges und anderer Konflikte über die verhängnisvollen Folgen dieses auf die Spitze getriebenen Partikularismus nachdenkt und bereit wäre, mit einer unseligen Tradition zu brechen, in der seinesgleichen immer wieder die Interessen eines Ländleins oder eines Landes über die des Reiches gestellt hat. Die Sitzung des Geheimen Consiliums vom 9. Februar bringt Weimar in die Gesellschaft der Kleinstaaten, die einen Fürstenbund wollen. Das Protokoll läßt den Namen des Mannes, der den Vorschlag macht, ungenannt.

Vermutet worden ist Goethe mit einer Denkschrift, in der er als Chef der Kriegskommission auf die Notwendigkeit eines Zusammenschlusses kleiner und mittlerer deutscher Teilstaaten gegen die anmaßende Politik Österreichs und Preußens hinweist. Aber die Meinungen des Dichters, die aus anderen Quellen dazu bekannt sind, und die Entwicklung, die das Projekt wirklich nimmt, machen es unwahrscheinlich, daß er damit direkt den angestrebten Fürstenbund meint. Sein Tagebuch vermerkt zwar, daß man sich „zwischen zwei Übeln in wehrlosem Zustand" befinde, sieht aber 1778 verächtlich auf das „Kriegsgefühl" und „Kriegsgeschwätz" herab, das sofort aufkommt, wenn sich sein Dienstherr nach Preußen orientiert. Man ist der friderizianischen Macht durchaus abgeneigt, kann sich ihr aber in der Realpolitik nirgends entziehen. Auf der Reise nach Dessau und Berlin, die Carl August als Verwandtenbesuch tarnt, ist ihm, wie er am 14. und am 28. Mai an Frau von Stein schreibt, der Wörlitzer Park wichtiger als das Manöver bei Aken und alles, was mit dem Fürsten Leopold Friedrich Franz verhandelt wird. „Es ist ein schön Gefühl, an der Quelle des Kriegs zu sizzen in dem Augenblick da sie überzusprudeln droht", schreibt er am 17. Mai aus der preußischen Residenz. „Und die Pracht der Königstadt, und Leben und Ordnung im Überfluß, das nicht wäre ohne die tausend und tausend Menschen bereit für sie geopfert zu werden. Menschen, Pferde, Wagen, Zurüstungen, es wimmelt von allem." Ein großes „Uhrwerk" glaubt er zu beobachten und in Friedrich „die grose alte Walze" zu sehen, „mit tausend Stiften", „die diese Melodieen eine nach der andern hervorbringt." Es ist ihm eine Last, in diesen Angelegenheiten mit herumzureisen. „Dem Fürsten wird eine Stunde nach der andern gestohlen", heißt es am 21. August 1779 an Frau von Stein, „und dagegen ist er oft in der Noth uns ganze Tage zu rauben." Doch er ringt sich im September auch zu einigem Verständnis durch: „Den Herzog hats vergnügt daß er doch einmal was gesehn hat das unter seinem Schatten gedeiht, und daß ihm Leute dafür dancken daß er ihnen zum Guten Gelegenheit giebt." In den bewegtesten Jahren des Fürstenbundes beurlaubt Goethe sich schließlich selbst, um nach Italien zu reisen. In Rom wird der Mann aus Weimar, dessen Incognito schnell platzt, auch prompt von österreichischen Spitzeln beobachtet.

144

Carl August wird für den Bund durch eine Denkschrift des badischen Ministers Wilhelm von Edelsheim gewonnen, die ihm der Fürst von Anhalt-Dessau vorgelegt hat. Er übernimmt es, für die Idee, Verwandtenbesuche vortäuschend, wie ein Kurier herumzureisen, Bestechungsgelder zu vermitteln, den Schlüsselfiguren hinter den Kulissen zu helfen. „Er liebte überhaupt das Reisen", bezeugt Goethe gegenüber Eckermann am 23. Oktober 1828, „doch war es nicht sowohl um sich zu amüsieren und zu zerstreuen, als um überall die Augen und Ohren offen zu haben und auf allerlei Nützliches zu achten, das er in seinem Lande einführen könnte." Im Sommer 1784 reist er nach Braunschweig. Goethe begleitet ihn. Einer erneuten Reise nach Südwestdeutschland im Herbst desselben Jahres, nach Straßburg, Mannheim, Karlsruhe, Mainz und Frankfurt, entzieht er sich. Er teilt den Unmut Weimars über einen politischen Ehrgeiz, der den Herzog seinem Land zu entfremden droht. Unterdessen verliert die ursprüngliche Idee mehr und mehr an Boden. Preußen versteht es meisterlich, sich an die Spitze einer Bewegung zu setzen, die anfangs auch gegen seine Übermacht gerichtet war. So kommt zunächst am 8. Juli 1785 ein Dreikurfürstenbund zustande, der Joseph II. und Österreich zügeln soll. Aber Kur-Brandenburg verfügt als Königreich Preußen ebenso über außerhalb des Reiches liegende Territorien, die es zum Fremdkörper in einer Reichspolitik machen; Kursachsen steht seit 1765 nicht mehr in Personalunion mit Polen; aber Hannover zieht durch eine solche englische Interessen in den Bund. Carl Augusts Hoffnung, zu einem Fürstenbund zu kommen, der den Interessen der kleinen und kleinsten Staaten dient und endlich die „Fürstenrepublik" verwirklicht, wie sie der Westfälische Friede gewollt hat, stützt sich mehr und mehr auf den preußischen Hofjägermeister Johann Friedrich vom und zum Stein, den älteren Bruder des späteren Reformers, und auf Kronprinz Friedrich Wilhelm. Auch daß König Friedrichs II. Tage sichtlich gezählt sind, kalkuliert er ein. In Bad Pyrmont und Bad Meinberg, wo er mit Louise Kuren gebraucht, sucht Carl August in geheimen Verhandlungen mit preußischen Diplomaten Gewißheit, daß der Thronfolger die kleineren Fürstentümer nicht als Anhängsel einer preußischen Führungsmacht im Fürstenbund behandeln wird. Carl

Wilhelm Ferdinand von Braunschweig-Wolfenbüttel, Oheim des Herzogs, versteht es, die Bedenken weiter zu zerstreuen. Ohne Rußland, das Preußen als Bündnispartner an Österreich verloren hat, gehe von Berlin keine Gefahr aus. Seine militärische Stärke hingegen garantiere dem Fürstenbund Sicherheit. Goethe handelt noch einen Tag nach seinem Geburtstag mit Georg Friedrich von Böhmer einen „Assoziationstraktat" aus. Am 18. Oktober 1785 schließt Kurmainz sich dem Kurfürstenbund an. Der katholische Kurfürst-Bischof Friedrich Carl Joseph von Erthal fühlt sich durch die österreichischen Gebietsaustausche übervorteilt. Er hat auch persönliche Vorbehalte gegen den Habsburgerkaiser Joseph II. und denkt mit anderen geistlichen Fürsten über eine katholische deutsche Nationalkirche nach. Eine Berlinreise Anfang 1786 zerstreut letzte Befürchtungen Carl Augusts, Preußen werde durch einen Fürstenbund das Reich zu seinem Protektorat machen.

Im April erweitert sich der Bund der vier Kurfürsten um die kleineren Fürstentümer Sachsen-Weimar-Eisenach, Sachsen-Gotha, Braunschweig-Wolfenbüttel, Hessen-Kassel, Baden, Pfalz-Zweibrücken, Ansbach, Osnabrück und die Teilfürstentümer Anhalts unter Anhalt-Dessaus Führung. Als Reichserzkanzler bietet sich Erthal im Grunde an, eine Art Vorsitz zu übernehmen. Aber er ist gesundheitlich dazu nicht in der Lage und wünscht es wohl auch nicht, sich als katholischer Würdenträger in einem protestantisch dominierten Bund so sehr zu exponieren. Die Nähe Weimars zu Erfurt und ein seit Jahrzehnten gutnachbarliches Einvernehmen bewegen Herzog Carl August, als Koadjutor den kurmainzischen Statthalter von Dalberg vorzuschlagen. Er hat dabei den Grafen Görtz, der Weimar im Groll verlassen hat, wieder auf seiner Seite, also in Preußen Freunde. Hannover und Erthal selbst bringen den Mainzer Domherrn Christoph Carl Adam Ludwig Joseph von Dienheim ins Spiel.

Da stirbt der unberechenbare Preußenkönig Friedrich II. am 17. August 1786. Als Friedrich Wilhelm II. besteigt der Sohn seines Bruders, des Prinzen Heinrich, den Thron. Das gute Verhältnis zum ehemaligen Kronprinzen, seinem Schwager, macht Carl August nun zur Schlüsselfigur im Werben für den Koadjutor-Kandidaten Dalberg. Mit Knebel unternimmt er im Januar 1787 eine Geheimreise nach Mainz. Sie bringt nicht den gewünschten Erfolg. Die geheime Reise nach Berlin, die sich im selben Winter anschließt, gestaltet sich abenteuerlich: Carl August muß sich verkleiden und zwischen Wittenberg und Treuenbrietzen auf eine schäbige Kalesche warten, die ihn nächtens wie einen Gefangenen nach Berlin bringt, wo er incognito abwarten muß, was die katholische Seite in dieser überkonfessionellen Bewegung noch mit sich selber aushandelt. Denn Kurmainz hat nicht nur Händel mit Wien, sondern auch mit Rom, und die sind einer Wahl Dalbergs zum Koadjutor hinderlich.

Am 1. April 1787 ergibt eine provisorische Stimmenauszählung, daß man sich einig ist, am 5. Juni wird Dalberg formell gewählt. Carl August ist mit dem Erfolg seiner politischen Missionen zufrieden, wie seine Briefe spüren lassen, drängt aber weiter zu einem Unionskongreß. Die militärische Einmischung Preußens in einen holländischen Bürgerkrieg im Herbst 1787 verzögert sein Zustandekommen und stellt zugleich alles in Frage, was er politisch stiften könnte: Eine friedliche Interessengemeinschaft ist angestrebt worden, kein Militärpakt.

Herder veröffentlicht im Dezember 1787, angeregt durch Markgraf Carl Friedrich von Baden und vom Herzog von Weimar wohlwollend geduldet, eine Schrift, die eine „Idee zum ersten patriotischen Institut für den Allgemeingeist Deutschlands" zu haben glaubt. Aber Carl August, inzwischen Generalmajor der preußischen Armee, will nun, da dem Fürstenbund zusehends die Reichsidee abhanden kommt, die Vorteile, die ihm selbst noch winken, nicht aus den Händen lassen. Der Generalssold bekommt seiner Schatulle gut. Daß man es in Weimar nicht gern sieht, wenn sich der Landesherr, das Haupt eines Musenhofes, zum preußischen Söldner macht, kümmert ihn wenig. Kaiser Maximilian I. diente schließlich auch Heinrich VIII. von England als Söldner.

Die Enttäuschung über die Mitglieder des Fürstenbundes, vor allem über die Haltung Kursachsens, die im Herbst 1788 zu einer ernsten Krise führt, bestätigt Carl August nur in dem Plan, aus dem verfehlten politischen Projekt für sich etwas zu retten. Das allerdings ist ihm nur noch möglich, wenn er die eigensüchtige Politik Preußens, die den Fürstenbund zu sprengen droht, mitmacht. Er muß sein eigenes Werk beschädigen, um nicht völlig leer auszugehen, wenn es scheitert, und dieses Scheitern ist zum Greifen nahe. Ein Schwächeanfall Österreichs, ein Tiefpunkt in der Politik dieser Großmacht beim Tod Josephs II. am 20. Februar 1790, läßt den Fürstenbund schon als gegenstandslos erscheinen. Sehr weit hergeholte Ansprüche Sachsen-Weimars auf die Lausitz und deren uralte lehensrechtliche Bindung an Ungarn lassen ein paar Köpfe, die Ungarn von Österreich trennen wollen, auf den verwegenen Gedanken verfallen, Herzog Carl August die ungarische Königskrone anzutragen. In vorsichtigen Verhandlungen spielt der spätere weimarische Minister Christian Gottlob Voigt, noch nicht geadelt, eine erste diplomatische Rolle. Unter den Ratgebern, die auf den unseligen Präzendenzfall des Kurfürsten Friedrich V. von der Pfalz verweisen, dem die böhmische Königskrone am Beginn des Dreißigjährigen Kriegs schlecht bekam, ist Goethe der beharrlichste. Leopold II., der neue habsburgische Kaiser, verhält sich Preußen gegenüber klug und versöhnlich. Man reist preußisch säbelrasselnd zu Verhandlungen nach Schlesien; Goethe ist wieder dabei. Der Vertrag von Reichenbach, den Friedrich Wilhelm II. und Leopold II. am 27. Juli 1790 schließen, bringt einen einstweiligen Ausgleich zwischen den beiden Randgroßmächten Preußen und Österreich. Nun hätte nur noch ein Fürstenbund ohne Preußen den Sinn, den seine Urheber unter den kleinen deutschen Fürsten gemeint haben.

Ein „drittes Deutschland" ist der Fürstenbund nicht geworden. Das frühzeitige Eindringen Preußens machte ihn eher einem Vorläufer der von Bismarck vorangetriebenen „kleindeutschen" Reichseinigung von 1871 ähnlich, einer Einigung ohne Österreich und unter Preußens Führung. Im wilhelminischen Deutschland verstiegen sich Gelehrte dazu, Friedrich II. und Carl August gemeinsam als „Bahnbrecher der deutschen Einheit" zu feiern. Die Revolution in Frankreich, die Interventionskriege der deutschen Fürsten gegen die französische Republik verwandelten alles, was in Geheimbündelei, Geheimdiplomatie und wechselseitiger vertraglicher Absicherung zustandegekommen war, in ein Instrument der Solidarität feudaler Mächte, denen Österreich wieder willkommen war. Napoleon

148

knüpfte an den Gedanken des Fürstenbundes mit seinem „Rheinbund", im Grunde dem zweiten von Frankreichs Gnaden, an. Nach
dem Wiener Kongreß baute auf Teilen dieser Fundamente der
„Deutsche Bund" auf. Aber das, was die Stifter wollten, kam nie
zustande. Stattdessen hatte Herzog Carl August sein Land allmählich entgegen allen früheren Bestrebungen ins Schlepptau Preußens
nehmen lassen.

GENERAL HERZOG VON WEIMAR IN ASCHERSLEBEN

Befremden darüber, daß Herzog Carl August einen großen Teil seines vierten Lebensjahrzehnts als Generalmajor auf preußischen Exerzierplätzen in Aschersleben verbringt und auch später immer wieder preußische Militärdienste annimmt, ist wenig angebracht. Er setzt zwar die musenhöfische Tradition der Mutter in einer Weise fort, die Weimar zu der Stadt der Klassik macht, als die wir es heute kennen. Aber sein Temperament kommt allem Martialischen entgegen. Darin ähnelt er seinem Oheim Carl Wilhelm Ferdinand von Braunschweig und seinem Großoheim Friedrich II. nicht weniger als dem eigenen Großvater, einem „Kaiserlichen Kommandierenden General der Kavallerie", und dem Schwiegervater. Die Kriegstaten Bernhards von Weimar im Dreißigjährigen Krieg gehören, wenn vom Ruhm des Hauses Wettin gesprochen wird, in die Tradition seiner Familie. Pferde und Bewaffnung, die Grundausstattung der Jagd, ist auch die des Krieges. Parforce-Jagd und Kavallerie-Attacke haben für den fürstlichen Draufgänger vieles gemein. Biwak im Freien, Nächte in Erdlöchern – das gehörte schon zu den Jagdausflügen des ersten Regierungsjahres. Die Uniform ist zu seiner Zeit das Staatskleid eines Fürsten wie im Mittelalter die Ritterrüstung. Ein Kinderbildnis in der Landesbibliothek Weimar zeigt den vier- oder fünfjährigen Erbprinzen mit einer Lanze in der Hand in römischer Soldatenkleidung. Anna Amalia mag darauf geachtet haben, daß nicht der Kriegsgott Mars im Hintergrund erscheint, sondern Minerva, die zwar gleichfalls in Helm und Harnisch dargestellt wird, sich aber als Hüterin des Handwerks, der Künste und der Gelehrsamkeit mit Büchern, einem Globus und einem Fernrohr schmückt. Mit einer Spielzeug-Artillerie, die Carl I. von Braunschweig seinem weimarischen Enkel schenkte, hat der Erbprinz die Allee nach Belvedere, in der die Phantasie ihm Schlachtreihen sehen läßt, beinahe zugrundegerichtet.

Der Heeresdienst gehört eigentlich, wie gewöhnlich für zweitgeborene Fürstensöhne, die nicht regieren werden, zu den Aufgaben

150

des Prinzen Constantin. Carl Ludwig von Knebel, sein Erzieher, ist zwar preußischer Leutnant gewesen, in seinem Wesen aber eher ein völlig unkriegerischer Kunstliebhaber und Literaturfreund, und der Prinz selber, weichlich und ungelenk, paßt denkbar schlecht in ein Manöver. Das fällt zunächst in der allgemeinen Kriegsmüdigkeit nach dem Siebenjährigen Krieg nicht weiter auf. Allerdings läßt es sich der junge Herzog schon 1776 und 1777 nicht nehmen, an Manövern der weimarischen Husaren teilzunehmen. Zimmermann kommt im November 1777 zu Ohren, in Carl August sei der „Soldatenteufel" gefahren. „Er mustert und prügelt seine Armee den ganzen Tag." Die Besuche in Potsdam und Berlin, meist in Begleitung Goethes, heizen zum Verdruß des Dichters in dem quirligen jungen Souverän das Martialische immer wieder an.

Aber das Herzogtum kann sich den Kriegsgott Mars als Kostgänger nicht leisten. Goethe trifft noch auf wenig Widerstand, wenn er zur Konsolidierung der weimarischen Finanzen 1777 die Garde du Corps auflöst und ein Jahr später das „Landregiment", eine Art Ordnungsmiliz, abschafft. 1783, inzwischen selbst Chef der Staatskasse, läßt er von den 500 Mann Artillerie mit ihren 19 Offizieren nur 142 übrig. Die 39 Husaren läßt er unangetastet. Er kann und will dann aber nichts dagegen tun, wenn der Fürstenbund und Preußens Dominanz darin den Herzog aufs neue mit dem glitzernden Kriegshandwerk blendet und ihn allmählich in einen politischen Agenten der ungeliebten innerdeutschen Großmacht verwandelt.

Es ist allerdings gar nicht Preußens politische Rolle, für die sich Herzog Carl August engagieren möchte. Gegen sie kommt seine Skepsis nie zur Ruhe. Aber das finanzielle Unvermögen des eigenen Ländchens, die Nachbarschaft des friderizianischen Militärstaates und der unbezwingliche Hang zum Soldatentum beherrschen seine Entscheidungen. Gerade seiner Mutter gegenüber bekennt er im Februar 1790, mitten in einem neuen preußisch-österreichischen Zwist, der dann in Reichenbach beigelegt wird, entgegen Goethes Mahnung, der Friede sei der Zweck des Krieges, und ein Frieden ohne Krieg wäre noch besser, eine geradezu blinde Kriegslüsternheit: „Wenn es kein Krieg wird, wie es fast ganz gewiß entschieden ist, so wird eine der edelsten Künste auch eitel, denn ewig den Exerzierplatz bereiten, andere vor nichts nahes zu plagen und seine Existenz der Sache halben im Zwange zu halten, ist eine unnatürliche Beschäftigung." Im Interventionskrieg gegen Frankreich, vor einem Gefecht am 17. August 1792, beobachtet Carl Augusts Kämmerier Wagner: „Ich habe ihn nicht leicht mit einem so freundlichen und heitern Gesicht gesehen als an diesem Morgen." Und Goethe, der seinen Souverän begleiten muß, bemerkt am 14. Juni 1793: „Der Herzog ist wohl und in seinem Elemente glücklich. Es ist wahr, der Fisch kann sich im Wasser nicht besser finden noch benehmen als in diesen Verhältnissen." Während seiner zweiten Militärzeit bekennt Carl August in einem Brief vom 21. April 1800: „Ohne Krieg und ohne Exerzierzeit wird mein Blut zu dick." Wenige Wochen bevor er zu den Verlierern von Jena gehört, am 20. September 1806 schärft er seinem Sohn, dem Prinzen Bernhard, ein: „Das Kriegshandwerk ist edel, insofern der Mensch dabei alle Leibes- und Seelenkräfte zu einem hohen Zweck anstrengt." Sein letztes Gespräch am 14. Juni 1828 hat er auf Schloß Graditz im Kreis von Offizieren der Garnison, und es bewegt sich um die Schlacht und den Sieg Friedrichs II. von 1760, die den Namen das nahen Torgau tragen.

1785, im Jahr vor Goethes Ausbruch nach Italien, hat der preußische General Friedrich Wilhelm Carl Graf von Schmettau zum erstenmal behutsam bei Carl August angefragt, ob ihm nicht ein preußischer Militärdienst im Generalsrang behagen könne. Da ist dem Herzog ein ziviles Bemühen um die Ziele des Fürstenbundes noch wichtiger gewesen. Im Herbst 1787 sieht das bereits anders aus. Am 25. September läßt er sich zum preußischen Generalmajor ernennen. Den damit verbundenen Sold darf er im Interesse seiner Schatulle einfach nicht verachten. Er zieht auch gleich ins Feld und nimmt an der „glänzenden militärischen Promenade" – so nennen es glorifizierende Militärhistoriker – teil, mit der Preußen sich von seinem Besitz Kleve aus in einen von den Geschichtsbüchern nicht beachteten niederländischen Bürgerkrieg ohne bedeutende Kampfhandlungen einmischt. Eine Art Dreibund Preußens mit Großbritannien und den Niederlanden ist das den Fürstenbund empfindlich störende Ergebnis. Am 16. Dezember übernimmt „General Herzog Carl August von Weimar" dann als Chef das 6. Kürassierregiment, nach seinem Vorgänger „von Rohr" benannt. Es ist 1688 gebildet worden, hat sich im Zweiten Schlesischen Krieg bei Kesselsdorf und im Siebenjährigen Krieg bei Prag, Kolin, Breslau, Leuthen und Hochkirch hervorgetan, wurde bei Maxen gefangen, aber neu formiert. Schon 1718 war es von Kleve nach Aschersleben verlegt worden.

Die Stadt Aschersleben am Flüßchen Eine kurz vor seiner Mündung in die Wipper, die ähnlich der Ilm zwischen Hügeln der Saale zufließt, ist – wie die Mark Brandenburg vor dem Beginn der Hohenzollernherrschaft – alter askanischer Besitz gewesen und gehörte bis 1315 als Teilfürstentum zu Anhalt. Die kinderlose Witwe des letzten Regenten gab das Ländchen dem Bistum Halberstadt, das 1648 an Brandenburg fiel, so daß Aschersleben eine preußische Provinzstadt mit starker Garnison wurde. Garnisonsteile waren auch im nahen Ermsleben, dem Geburtsort Gleims, in Oschersleben, Osterwieck, Dardesheim, Schwanebeck und anderen kleineren Ortschaften stationiert. Das ganze nördliche Harzvorland diente als Manövergelände, die Dörfer bis weit in die Magdeburger Börde hatten Quartiere zu stellen. Die Uniformen leuchteten weiß und hellrot. Carl August trug als Befehlshaber eine Dienst- und Paradeuniform – ein Kollet aus weißem Tuch, das man oben zuhakte. Aus hellrotem Samt waren der Uniformkragen und die spitzen Aufschläge gefertigt. Unter dem Rock trug er als Weste ein rotes Chemisett mit Schößen. Goldtressen und eine silberne Schärpe schmückten ihn. Die weißledernen Beinkleider steckten in schwarzen Stiefeln. Den Generalshut schmückten Agraffe, Kordon und Federbusch und ein feiner weißer Federbesatz.

Zweimal im Jahr bewegte sich ein Teil der weimarischen Hofhaltung zwischen der Residenz und Aschersleben hin und her, im Februar 1788 zum erstenmal. Das „Ascherslebische Haustagebuch für 1789 bis 1792" gibt darüber noch keine genaue Auskunft. Als Beispiel mag das Frühjahr 1789 gelten: Am 29. März fuhr die herzogliche Equipage um fünf Uhr morgens mit der Dienerschaft in Weimar ab. Ein Kämmerier, ein Kammerdiener, fünf Hofbediente, ein Schreiber, eine Küchenmagd, eine Bettmagd, zwei Jagdkutscher, ein Vorreiter, ein Reitknecht und zwei Husaren kamen auf den schlechten Wegen nur langsam voran. Manchmal reisten auch Musiker mit. Dieser Troß übernachtete schon in Wiehe und am nächsten Tag nochmals in Eisleben und traf am 31. März nachmittags in Aschersleben ein. In dem durch den preußischen König Friedrich Wilhelm II. angekauften Kämmereihaus (1857–58 völlig umgebaut, heute die ehemalige „Kommandantur", Tie Nr. 29, links hinter dem Rathaus) wurde ein fürstlicher Haushalt für mehrere Wochen eingerichtet. Der Herzog kam am 1. April zu Pferde nach. In Begleitung seines General-Adjutanten von Chaseault, des Oberforstmeisters von der Tann, des Oberstallmeisters von Stein und des Kammerherrn von Schardt, in späteren Jahren auch des Stallmeisters von Seebach, behagte ihm ein schneller Ritt mehr als das Fahren in der schaukelnden Chaise. Man blieb bis Ende Mai oder Anfang Juni. Der Aufenthalt zu den Herbstmanövern 1789 vom 13. September bis zum 8. Oktober wurde durch einen Abstecher zur militärischen „Revue" nach Potsdam unterbrochen. 1790 ging es von Aschersleben aus direkt nach Schlesien ins Ungewisse zwischen Krieg und Frieden. Auch 1791 gehörte der Abstecher zur Potsdamer Parade im Herbst dazu. Im Frühjahr 1789 ritt Carl August am 13. April auf die Nachricht hin, Herzogin Louise sei niedergekommen, nachts vier Uhr ab nach Weimar. Am 17. April war er wieder bei seiner Truppe, die ihn, da das Prinzchen totgeboren war, mit Trauerbeflaggung erwartete.

Im Herbst desselben Jahres stattete Louise in Begleitung Goethes und ihrer Hofdame Louise Adelaide Waldner von Freudenstein dem uniformierten Gatten einen Besuch ab. Solche Tage gestaltete man sich vergnüglich. Nach Manöverritten „auf Stoppelfeldern", wie Goethe der Herzoginmutter mitteilt, „wo man den Brocken im Hintergrunde sieht", begab man sich am 3. Oktober ins Bodetal bei Thale und auf die Roßtrappe. Herzog Carl August hatte als der Ranghöhere auch das Recht, sich bei dem Regenten des benachbarten Fürstentums, Friedrich Albrecht von Anhalt-Bernburg, für den 5. Oktober selbst einzuladen. In einem Brief an seine Schwester berichtete der Fürst unter dem 12. Oktober über diesen unverhofften Besuch auf Schloß Ballenstedt, wohin er 1765 seine Residenz verlegt hatte: „Ich hatte bisher diese Bekanntschaft vermieden und deshalb immer die Anwesenheit des Herzogs wie auch anjetzt der Herzogin in Aschersleben ignoriert; nun aber nahm ich nicht allein diesen Besuch an, sondern ich ließ auch noch an demselben Nachmittag meine Tochter nach Aschersleben fahrn, die aber die Herrschaften nicht zu Haus gefunden hatte: am folgenden Morgen ... kam der Herzog, die Herzogin, einige Offiziere von Aschersleben und der Geheimerat Göthe, der als Schriftsteller sehr berühmt ist, vormittags hier an." Andere Gäste, teils geringeren Ranges, kamen hinzu. Das Ballensteder Hofjournal weiß, daß die Herren beritten eine Stunde vor den Damen eintrafen und „einige Tassen Thée einnahmen". Man speiste und trennte sich am Nachmittag, und der Bernburg-Ballenstedter Hof folgte der Gegeneinladung nach Aschersleben am nächsten Tag. Auch Leopold Friedrich Franz von Anhalt-Dessau erschien, der Prinz von Oranien, den Herzog von Braunschweig traf man in Halberstadt, und zusammen mit dem Fürsten von Anhalt-Köthen besuchte man auch wieder Ballenstedt. Die amourösen Abenteuer, ohne die Carl August in Aschersleben schwerlich ausgekommen ist, bleiben im Dunkeln; aus seinem Briefwechsel mit Goethe sind Beschwerden mit einer wohl nicht allzu ernsten venerischen Infektion herauszulesen.

Der Truppenalltag hingegen war hart. Als Inspekteur der Magdeburger Kavallerie-Inspektion übernahm Carl August am 15. August 1790 weitere Verpflichtungen. Die Besichtigung der Truppenteile, des Leibkarabinierregiments, des Leibkürassierregiments, des Kürassierregiments Ihlow, führte ihn nach Schönebeck, Calbe, Frose, Wanzleben, Seehausen, Egeln, Rathenow, Havelberg, Genthin, Salzwedel, Tangermünde. Zu den Manövern gehörten Übungsritte mit taktischen Aufträgen, das Erkunden von Stellungen, Kolonnenwegen, Flußübergängen und Lagerplätzen, simulierte Besetzungen und Überfälle auf Dörfer und Wagenkolonnen, das Aufstellen von Vorposten. Besonders hart verfuhr der Herzog mit Rekruten aus den eigenen Landesteilen. Die dickfelligen Eisenacher machten ihm zu schaffen: „An prügeln fehlt es nicht, aber sie führen dort zu lande Schulterleder wie Rindshaut", klagt er in einem Brief. Sein militärischer Ehrgeiz blieb jedoch vergleichsweise gemäßigt, und er versuchte, von der preußischen Rekrutenschinderei einiges zurückzunehmen. „Man muß die preußische Armee", schrieb er am 6. Juli 1791 an Knebel, „nicht nach der Potsdamer Garnison beurteilen, weil in dieser alles übertrieben ist." Die „Drahtpuppen" solcher Exerzierplätze waren nicht nach seinem Geschmack. Ein Brief an Herder vom 21. April 1788 bezeugt schon gleich am Anfang der Ascherslebener Jahre, wie sehr ihm sein Generalsdasein zwischen Sattel und Repräsentation behagte: „Das centaurische Leben die eine Hälfte des Tages, das menschliche die andere Hälfte hindurch amalgamieren sich so artig bei mir, daß ich wirklich Wohlsein empfinde."

VALMY UND MAINZ

Die Kriegsgefahr von 1790, die den General Herzog von Weimar martialisch frohlocken ließ, schwelte in einer Konfrontation zwischen dem Bündnis Preußens mit Großbritannien, den Niederlanden und Schweden gegen Österreich, Rußland und Polen. Preußen zog noch, als gelte es, die Kampfhandlungen des Siebenjährigen Krieges wiederaufzunehmen, mit militärischer Macht nach Schlesien, um Stärke zu demonstrieren und einen Verhandlungsfrieden zu erreichen. Daß der Vertrag von Reichenbach die Waffen bannen konnte, lag an der völlig veränderten politischen Lage. Frankreich war durch die Revolution als Bündnispartner Österreichs weggefallen. Carl August fand Zeit, mit Goethe schlesische Bergwerke zu besichtigen und die Hoffnungen auf Ilmenau zu nähren, die sich leider nicht erfüllen sollten; dabei bekamen sie die erste Dampfmaschine auf dem europäischen Kontinent zu Gesicht.

Goethe hatte noch Mitte Februar an Carl August geschrieben: „Jetzt wird das Eisen geschmiedet und wenn es keinen Krieg gibt, so wird eine neue Gestalt von Europa in kurzer Zeit auf eine Weile sich konsolidieren." Bezog er in diese allgemein gehaltene Vorausschau schon ein, was seit dem 14. Juli 1789, dem Sturm der Pariser Bürger auf die Bastille, die Gemüter bewegte? Er stand den revolutionären Ereignissen skeptischer gegenüber als Schiller und Herder, Klopstock und Bürger oder Wieland, der im Oktober schon in seinem „Teutschen Merkur" weitschauend erkannt hatte: „Die Bewegungen eines zur Verzweiflung gebrachten Volkes sind ihrer Natur nach stürmisch, und niemand kann für die Folgen verantwortlich gemacht werden, als der- oder diejenigen, die das Volk durch unverständige und tyrannische Maßregeln zu dieser Verzweiflung getrieben haben."

Die Französische Revolution polarisiert mit dem Beginn der neunziger Jahre die europäischen Mächte völlig neu. Der Sturz des Ancien régime lenkt den Blick des übrigen Europa auf die gemeinsamen Interessen. Der gescheiterte Fluchtversuch der königlichen Familie im Juni 1791 und ihre Inhaftierung nehmen einer konstitutionellen Monarchie nach englischem Muster jede Chance. Auf einmal ist klar, daß diese Revolution nicht ihresgleichen hatte und die gesamte auf Privilegien des Adels ruhende Ordnung ins Wanken geraten ist. Am 27. August 1791 fordern Österreich und Preußen in der Deklaration von Pillnitz von dem noch girondistischen Frankreich die Wiederherstellung der Monarchie und laden die anderen Feudalmächte Europas ein, notfalls mit Waffengewalt in Frankreich eine „den Rechten des Souveräns und den Interessen der Nation gleichmäßig angemessene monarchische Regierung" wiederherzustellen.

Frankreich schaut einen Winter lang den europäischen Kriegsvorbereitungen zu. Am 20. April 1792 überrascht es Österreich mit einer Kriegserklärung und schickt sich an, die linksrheinischen Gebiete zu besetzen. Mit militärischem Aktionismus versucht die Revolutionsregierung von ihren Problemen im Inneren abzulenken. Sie übernimmt vom Ancien régime nur eins: den Expansionismus und die Doktrin, wie zu Zeiten Julius Caesars und der römischen Provinz Gallien bilde der Rhein eine „natürliche Grenze". Die Revolutionäre verknüpfen beides mit dem Selbstgefühl einer Mission, halten sich für die Befreier ganz Europas und hegen keinen Zweifel daran, daß man die Revolution exportieren könne.

Als habe niemand recht an ihn geglaubt, kommt der „Koalitionskrieg" nur langsam in Gang. Carl August erreicht die Nachricht in Magdeburg. Nicht mehr so kriegslüstern wie zwei Jahre zuvor, schreibt er noch am 29. April aus Aschersleben an seine Mutter, er hoffe, daß der Himmel den Frieden erhalte. Er trifft sich mit dem Fürsten von Anhalt-Dessau und seinem Oheim, dem Herzog von Braunschweig. Erst am 6. Mai antwortet Preußen mit der Mobilmachung. Carl August wird zum Manöver nach Halle gerufen. Von dort reist er zu einem Besuch seiner Familie nach Weimar. Am 23. Mai ist er wieder in Aschersleben. Den Marschbefehl des preußischen Königs hat er schon. Mit seinem Adjutanten Chaseault, der aus einer französischen Familie kommt, und einem Marquis de Bouillée, der, früher im Generalsrang Kommandant von Metz, die mißglückte Flucht Ludwigs XVI. begleitet hat und in Pillnitz als Repräsentant der französischen Emigranten aufgetreten ist, eilt er nach Magdeburg, wo König Friedrich Wilhelm II. eine Militärparade abnimmt. Doch die Geburt des Prinzen Carl Bernhard am 30. Mai ruft ihn nochmals in seine Residenz. Herder bezieht in seiner Taufrede den Namen Bernhard auf den weimarischen Helden des Dreißigjährigen Krieges und auf die historische Stunde. Prinz Constantin, Generalmajor in kursächsischen Diensten, wird nun auch ernstlich Soldat. Doch ob es wirklich zu einem Krieg mit blutigen Schlachten kommt, scheint noch vom Willen Kaiser Leopolds II. abzuhängen.

Carl Augusts Regiment zieht Anfang Juni in der zweiten Kolonne über Goslar, Northeim und Göttingen nach Hessen. Von Gotha aus stößt er selbst bei Oberkaufungen am 23. Juni dazu. Die Truppe ist vollzählig und mitsamt den Pferden in gutem Zustand. Über Marburg erreicht sie Koblenz, das Zentrum der emigrierten französischen Aristokraten, die, wie Goethe in seiner „Campagne in Frankreich" feststellt, „die schnellste Rückkehr ins Vaterland wünschen mußten, um von den Assignaten, der Erfindung ihrer Feinde, Vorteil zu ziehen, wohlfeiler und bequemer leben zu können." Es ist der Ort, an dem am 25. Juli 1792 Herzog Carl Wilhelm Ferdinand im Namen der Verbündeten das Manifest bekanntgibt, das einem Ultimatum gleicht. Es soll mit seinen Drohungen das Volk von Paris einschüchtern. Stattdessen gerät am 10. August mit dem Sturm auf die Tuilerien die königliche Familie in noch härtere Bedrängnis. Die Drohgebärden scharen die Franzosen noch dichter hinter die Revolutionsregierung.

Am 18. Juli schon hat Carl August mit seiner Streitmacht den Rhein überschritten und bei Rübenach ein Lager bezogen. Nun heißt es wieder warten. Der Aufmarsch Europas gegen das revolutionäre Frankreich vollzieht sich schleppend. Mit Besucherinnen und Besuchern aus Koblenz wird getafelt und getanzt. Konzerte und Feuerwerk sorgen für Zerstreuung. Ein großes Frühstück führt Carl August mit dem preußischen Prinzen Louis Ferdinand und mit Fürsten zusammen, mit denen er zum Teil verschwägert ist. Am 24. Juli besichtigt Friedrich Wilhelm II. die Kavallerie. Eine einzige große Adelsfamilie scheint unter kostspieligen Lustbarkeiten ihre Schultern gegen den demokratischen „Mob" zusammenzuschließen.

Der Feldzug ist auch als Warnung an die eigenen Untertanen gedacht: In Hamburg dauern die Sympathiekundgebungen für die Revolution, an denen sich Klopstock beteiligt, bis 1795 an. Bremen wird 1791 unruhig, Nürnberg 1793, in Stuttgart und Dresden gärt es 1794. Kursachsen ist 1790 von einem Bauernaufstand erschüttert worden. In Schlesien folgen 1793 die ersten Weberaufstände. Selbst in Österreich entwickelt sich eine geheime Jakobinerbewegung. Carl August erteilt aus seinem Feldlager an den Geheimen Regierungsrat Voigt, der seit dem 12. November 1791 Sitz und Stimme im Geheimen Consilium hat, genaue Anweisungen, wie gegen die unruhigen Jenaer Studenten, ihre „Anarchie" und ihren „Schwindelgeist" vorzugehen sei. Es sei „keineswegs eine Chimäre", schreibt er an Voigt, „daß die Verpflanzung neufranzösischer Grundsätze auf deutschen Boden gefürchtet" werde. Die „großen Mächte" werden, hofft der Herzog, der „Anarchie, welche die ganze Menschheit" bedrohe, „den Kopf abbeißen".

Die Regengüsse, die den Weitermarsch am 30. Juli begleiten, werden die Überlebenden als böses Omen, als Menetekel in Erinnerung behalten: Sie verursachen „die Hindernisse grundloser Wege", an die Goethe sich erinnert. Aus einer „militärischen Promenade" wie vor Jahren in die Niederlande wird diesmal nichts. Die ersten Ernährungsprobleme treten auf; es gibt zuwenig Bäcker, also zuwenig Brot. Unreife Kartoffeln machen den Soldaten Darmbeschwerden. Plünderer müssen mit Stockschlägen und Spießrutenlauf gezügelt werden.

Aber die Franzosen zeigen sich schwach, weichen noch immer zurück. „Wir werden Champagner trinken, ohne einen Schuß zu tun", frohlockt Carl August an Schnauß, Mitglied seines Conseils. Am 5. August ist die Gegend von Trier erreicht, am 12. August die Saar überquert und Luxemburg besetzt. In ein erstes Geplänkel werden Carl Augusts Kürassiere am 17. August mit Abteilungen des französischen Generals von Luckner verwickelt.

Das Scharmützel zwei Tage später bei Fontoy bringt den Herzog unverhofft in Lebensgefahr. Ein französischer Chasseur legt auf

Abb. 23: Carl August im grünen polnischen Rock. Ölgemälde von F. Jagemann (1805)

Abb. 24: Corona Schröter.
Ölgemälde von A. Graff
(um 1785)

Abb. 25: Caroline
Jagemann. Pastell von
L. Seidler (um 1810)

Abb. 26: Carl August auf dem Balkon des Residenzschlosses in Weimar. Ölgemälde von H. Kolbe (1822)

Abb. 27: Schloß Ettersburg. Stich von G. Brinckmann nach einer Zeichnung von R. Bauer

Abb. 28: Das Wittumspalais. Stich von E. Lobe

Abb. 29: Tafelrunde der Herzogin Anna Amalia im Wittumspalais. Gemälde von H. W. Schmidt

Abb. 30: Die Kanonade von Valmy am 20. September 1792. Radierung (um 1840)

Abb. 31: Johann Wolfgang v. Goethe zu Pferde. Silhouette von unbekannter Hand (etwa 1810)

Abb. 32: Carl August zu Pferde. Silhouette von unbekannter Hand

Abb. 33: Kreidezeichnung von H. Kolbe

ihn an, wird aber im letzten Augenblick von dem Husaren Böhme niedergesäbelt, so daß die Kugel nur Carl Augusts Handschuh streift. Mit sehr geringen eigenen Verlusten schlagen die Aschersleber die halb zerlumpten, schlecht ausgerüsteten Franzosen in eine panische Flucht, bei der Verletzte liegenbleiben. Der weimarische Kommandeur erbarmt sich dieser Leute, läßt sie verbinden und ärztlich versorgen – das heißt zu der Zeit vor allem: Wein und Öl in die Wunden gießen – und rettet einigen von ihnen, wie wohlwollend berichtet wird, das Leben.

Nach der Beschießung und der Kapitulation der Stadt Longwy erreicht Goethe einen Tag vor seinem dreiundvierzigsten Geburtstag die Truppe seines Souveräns. Widerwillig und doch angezogen vom Atem der Weltgeschichte, ist er, kutschiert von seinem Diener Paul Götze, in der Chaise, die ihm sein Landesherr geschenkt hat und in der er auch zu ihm nach Schlesien reiste, Carl Augusts Ruf gefolgt. Sein Haus am Frauenplan befindet sich im Umbau. Alle großen und kleinen Dinge, die sicheren Geschmack und Kunstsinn erfordern, mußte er in die Hände des Malers und Kunstgelehrten Johann Heinrich Meyer legen, des Zürchers mit dem Spitznamen „Kunscht-Meyer", den er in Rom kennenlernte. In Frankfurt hat er die Mutter besucht, in Mainz mit dem Anatomieprofessor Samuel Thomas Sömmering, dem kurmainzischen Universitätsbibliothekar Georg Forster und deren Frauen geplaudert. Auch Schillers Freund Ferdinand Huber, der mit Forsters Frau ein Verhältnis hat und bald mit ihr durchbrennt, ist zugegen gewesen und Caroline Michaelis-Böhmer, besser bekannt durch ihre späteren Ehen als Schlegel-Schelling. „Von politischen Dingen war die Rede nicht", berichtet er in seiner dreißig Jahre später geschriebenen „Campagne in Frankreich", „man fühlte, daß man sich wechselseitig zu schonen habe: denn wenn sie republikanische Gesinnungen nicht ganz verleugneten, so eilte ich offenbar, mit einer Armee zu ziehen, die ebendiesen Gesinnungen und ihrer Wirkung ein entschiedenes Ende machen sollten." Mit heute vergessenen Stücken wie dem „Groß-Cophta" und dem „Bürgergeneral" zieht er sich in dieser Zeit den Unwillen deutscher Geister zu, die seine zurückhaltend beobachtende Skepsis gegenüber der Französischen Revolution nicht teilen. Daß ihm

161

„weder am Tode der aristokratischen noch der demokratischen Sünder im mindesten etwas gelegen" sein kann, gilt ihnen als Pilatus-Haltung. Daß er mit der Armee reist, wird – wie es der Göttinger Professor Heyne an Sömmering ausdrückt – als „Profanation" empfunden.

Aus Longwy schreibt der Herzog an Einsiedel: „Wir sind nun Meister der letzten Festung, welche unsern Lauf nach Paris aufhalten konnte." Auch Goethe hofft am 2. September in einem Brief an Christiane: „Aus Paris bringe ich Dir ein Krämchen mit." Noch immer scheint „sich dem großen Vorhaben nichts als die Witterung entgegenzusetzen", wie er in der „Campagne" berichtet. Am selben Tag ist nach Artilleriebeschuß Verdun gefallen, das in der Geschichte deutsch-französischer Waffengänge noch zu trauriger Berühmtheit kommen wird. Allerdings beobachtet er nun, wie er seinem Kollegen Voigt schreibt, „daß sich die Unternehmung in die Länge zieht." Nach einem Gefecht bei Montchentin am 15. September gibt der Revolutionsgeneral Dumoriez die Pässe der Argonnen auf. Carl August erbeutet eine Menge Schlachtvieh und Lebensmittel.

Aber daß die Franzosen weiter zurückweichen, erweist sich als Fehlmeldung. Carl August sieht bei einem Erkundungsritt mit eigenen Augen, daß sie Stellungen beziehen. Der Befehl König Friedrich Wilhelms II., sie zu verfolgen, verliert seinen Sinn. Während der Herzog am 19. September bei ihm deshalb vorstellig wird, treffen Meldungen ein, die ihn bestätigen. Aber der König hält sie für Täuschungen. Oder er meint, ein geschwächter Feind sei leicht zu überrennen. Kopfschüttelnd hält er fest an seinem Marschbefehl. Der 20. September 1792 beginnt dunstig. Den Alliierten bleibt stundenlang verborgen, daß sie bei Valmy in verkehrten Fronten einem unter Dumouriez und Kellermann vereinten Feind gegenüberstehen. Carl August befindet sich mit seinen Aschersleber Kürassieren und zwei zusätzlichen Bataillonen im Vortrab des Hauptheeres. Er überquert eine Pappelallee und schwenkt in Richtung Châlons nach Süden ab. Goethe erinnert sich: „Die Unsrigen brannten vor Begierde, auf die Franzosen loszugehen."

Da erreicht die Truppe der Befehl, sich zurückzuziehen. Aus einer Stellung auf der Höhe von La Lune hat das Artilleriefeuer der Franzosen begonnen, das als Kanonade von Valmy in die Geschichte eingeht. Die Einschläge erreichen die Kürassiere kaum, Carl August verliert lediglich zwei Pferde. Aber Regen und Schlamm erschweren den Stellungswechsel der alliierten Artillerie. Mehrere Stunden dauert das Duell der Kanonen, das alle Truppenbewegungen in nie dagewesener Weise dominiert. Beim Verstummen des Kanonendonners sieht Carl August eine Chance, zum Gegenschlag auszuholen. Doch der Herzog von Braunschweig, Befehlshaber der Verbündeten, hat aufgegeben. Ein so geballter Artillerieschlag gegen Kavallerie und Infanterie ist in der Kriegsgeschichte neu und ungewohnt. Angst, Ermüdung und Regen verwandeln den Rückzug der Verbündeten bereits in eine heillose, nur durch Morast gebremste Flucht. Der Feldzug hat allen Schwung verloren, er ist entschieden. Goethe muß das gespürt haben. Zu umstehenden Offizieren will er am Abend die vielzitierten Worte gesagt haben: „Von hier und heute geht eine neue Epoche der Weltgeschichte aus, und ihr könnt sagen, ihr seid dabei gewesen."

Die Nacht wird unter freiem Himmel zugebracht. In der Erdgrube, die gegen den kalten Nordwind, nicht aber gegen den strömenden Regen schützt, ist der kleine Feldofen, den Carl August in der Bagage mitgeführt hat, ohne Nutzen. Die Atempause bleibt kurz. Anderentags feuern die Franzosen weiter; die Verbündeten haben kein Gegenkonzept. „Wir haben den Feind", berichtet Carl August seinem Minister Voigt am 24. September, „zu gut postiert gefunden, um ihn zu einem entscheidenden Treffen anzugreifen." Nun entscheiden die Jahreszeit, der Hunger, die Seuchen. Düstere Nachrichten aus Paris über die Einkerkerung der königlichen Familie und die „Septembermorde" an Aristokraten in den Gefängnissen lähmen die Stimmung. Auch der Rückzug vollzieht sich schleppend. Goethe, die neue Epoche ahnend, liest französische Schriftsteller, die er, wie er Knebel mitteilt, „sonst nie würde gesehen habe." An Voigt faßt er zusammen: „Dieser Feldzug wird als eine der unglücklichsten Unternehmungen in den Jahrbüchern der Welt eine traurige Gestalt machen." Er könnte jetzt sein Leben völlig ändern. Durch den Tod seines Oheims Textor ist eine Ratsherrenstelle freigeworden, die ihm zustünde, wollte er sich bewerben. Aber er verzichtet. Er ist in Weimar seßhaft geworden und möchte gerade jetzt den Herzog nicht verlassen.

Carl August, der beim Anmarsch die Avantgarde geführt hat, deckt nun die Bagage. Väterlich bemüht er sich um Verwundete und Kranke – die Ruhr geht um. Er darbt mit seiner Truppe, verzehrt die karge Mahlzeit auf der Trommel und spendiert Tabak. Nur etwa zwanzig Leute desertieren. Die Hoffnung auf gute Winterquartiere hält Soldaten und Kommandeure beisammen. Auf demselben Weg, über Verdun, Luxemburg, Trier, geht es an den Rhein zurück. Für Sieche und Fußkranke mietet der Herzog in Trier ein Schiff, das die Geschlagenen die Mosel abwärts nach Koblenz verfrachtet. Das Hauptquartier bietet gedämpfte Geselligkeit. Der General Herzog von Weimar verfolgt erbittert die Nachrichten über den Fortgang der Dinge in Paris, wo die Jakobiner an Macht gewinnen, und glaubt noch an die Überlegenheit der verbündeten Armeen. Für ihn ist der Krieg keineswegs zu Ende.

Die Franzosen sorgen dafür, daß er Recht behält. Sie rücken unaufhaltsam nach, besetzen eine linksrheinische Stadt nach der andern, Worms und Speyer, am 22. Oktober unter General Custine das kurfürstliche Mainz. Der Kurfürstbischof von Erthal ist geflohen. Die „neufranzösischen Grundsätze" fassen in Gestalt eines Jakobinerklubs nun doch Fuß unter Deutschen. Sogar bis Frankfurt stoßen die Franzosen vor. Die Preußen vertreiben sie am 14. Dezember wieder und wählen Goethes Geburtsstadt für den Winter als Hauptquartier. Carl August verwahrt sich in allen Besprechungen am entschiedensten dagegen, die linksrheinischen Gebiete preiszugeben, und wagt unzufriedene Worte über Friedrich Wilhelm II., den seinem Oheim Friedrich II. so unähnlichen obersten Kriegsherrn. „Ich bin recht wohl, aber nicht im besten Geruche am Hofe", schreibt er seiner Mutter. „Der General von Kalckreuth erlebt vielen bitteren Verdruß. Falschheit regiert die Welt."

Mitte Januar reisen Herzogin Louise und der Erbprinz an. Auf Bälle und Gastereien möchte man nicht gern verzichten. Die Kosten summieren sich mit denen des verlorenen Feldzuges und machen sich durch empfindliche Finanzlücken in Weimar bemerkbar. Geheimrat Johann Christoph Schmidt, Goethes Nachfolger im Finanzressort, hofft, daß sich der Landesherr endlich „von seinen fatalen Militärverbindungen losmache." Aber die Furcht vor den revolutionären Franzosen, die ihren König am 21. Januar 1793 guillotinieren, hält die meisten Untertanen still.

In Mainz hat sich unter dem Schutz der Besatzer die „Gesellschaft der Freunde der Freiheit und Gleichheit" mit etwa vierhundertfünfzig Mitgliedern gebildet, die eine Art provisorischer Jakobinerregierung etabliert; Georg Forster gibt darin den Ton an. Aber nicht alle „Klubisten" verhalten sich so klug und mäßigend wie er. Mit einem von Paris gebilligten revolutionären Terror schüchtert man die Mainzer ein, die nicht geflohen sind. Im Rathaus ausliegend fordern zwei Bücher, in die man seinen Namen eintragen kann, ein rotes Buch der Freiheit und ein schwarzes Buch der Schande, zu „freier Meinungsäußerung" auf. Bei Wahlen für eine republikanische Regierung, einen „Rheinisch Deutschen Nationalkonvent", den ersten Wahlen immerhin auf deutschem Boden, macht am 24. Februar 1793 nicht einmal ein Fünftel der Bürger von seinem Stimmrecht Gebrauch.

Zwei Wochen lebt die sogenannte Mainzer Republik mit diesem schwachen Votum, dann reist Forster nach Paris, um die Annektion durch Frankreich zu beantragen. Dem Antrag wird stattgegeben, doch Forster kann nicht zurück und stirbt, enttäuscht über den zunehmenden Jakobinerterror, nur ein Jahr später genau an dem Tag, an dem sich der Belagerungsring um Mainz geschlossen hat.

Im Februar 1793 ist der Operationsplan der Verbündeten für einen Frühjahrsfeldzug fertig. Preußen erhält darin die Aufgabe, Mainz einzukreisen. Das südliche Vorland zwischen Speyer und Landau ist bald besetzt. Carl August, dem Kalckreuthschen Korps unterstellt, schlägt mit seinen Kürassieren und zwei kursächsischen Kavallerieregimentern den nördlichen Bogen und ist am 7. März bei der Eroberung der Festung Königstein im Taunus dabei. Danach wird auf Kreuznach marschiert und auf einer Schiffbrücke bei Bacharach über den Rhein gesetzt, fast ohne Widerstand. Nur bei Bingen, im Winkel von Rhein und Nahe, kommt es zu Scharmützeln. General Dumouriez hat durch seinen Wechsel zu den Alliierten die nördliche Flanke freigegeben. Bei Alzey schwenken die Kalckreuthschen. Dann schlagen sie das Lager bei Marienborn, südwestlich von Mainz, auf. Der Ring ist am 10. April geschlossen.

Die Generäle Custine und Beauharnais versuchen vergeblich, ihn durch Kanonaden und Ausfälle zu sprengen. Im August werden sie ihren Mißerfolg auf der Guillotine bezahlen.

Carl August bezieht mit seinem Gefolge Quartier im Forst- und Jägerhaus. Ein alter Bekannter aus der Fürstenbundzeit besucht ihn, der ältere Freiherr vom und zum Stein, Bruder des Reformers und der Gräfin von Werthern, die der Herzog einmal schmachtend geliebt hat. Mit Prinz Louis Ferdinand von Preußen und österreichischen Offizieren wird getafelt. Die Gegend liefert viel Wein; im Frühsommer hat sie viel Spargel. Die beiden Prinzessinen von Mecklenburg-Strelitz, Friederike und Louise, letztere mit Kronprinz Friedrich Wilhelm verlobt, die spätere Königin Luise, gesellen sich zu den Fürsten und Landgrafen, die sich die Belagerungszeit mit Champagner und gutem Appetit vertreiben. Auch Goethe, der in Weimar versucht hat, mit den Stück „Der Bürgergeneral" die Mainzer Klubisten unmöglich zu machen, folgt der Einladung seines Souveräns. Er kommt am 12. Mai und bleibt bis 22. August in Carl Augusts Gesellschaft. Als unparteiischer Beobachter schildert er die Schanzarbeiten, die Rufe der Wachen, das Hundegebell, das Schnauben der Pferde, die nächtlichen Feuergarben der Beschießung, die sich in ein wahres Bombardement steigert und immer mehr Schaulustige herbeilockt, das Elend der Zivilisten, die Mainz verlassen wollen, aber von den Belagerern zurückgeschickt werden.

In der Nacht vom 30. zum 31. Mai versuchen die Belagerten mit starkem Feuer einen Ausfall, werden aber mit Hilfe des Prinzen Louis Ferdinand zurückgeworfen. Anfang Juni wird der Belagerungsring enger geschnürt. Für Carl August und seine Kürassiere ist es eine harte Geduldsprobe. Nur immer Posten überwachen und rekognoszieren ist kaum spannender als der Exerzierplatz. Der Stellungskrieg einer Belagerung hat wenig Aufgaben für die Reiterei. Die Plänkeleien im Vorgelände, die Vorpostengefechte bringen Berittene oft in gefährliche Bedrängnis. Französische Chasseurs nehmen den Herzog bei einem Erkundungsritt vor Mainz beinahe gefangen. Abwechslung bietet am 24. Juni eine Besichtigung der niederländischen Bombardierflotte unter Vizeadmiral von Kinkel auf dem Rhein. In Paradeaufstellung an der Reling begrüßen die Matrosen den Fürsten aus dem waldreichen Herzen des Reiches.

Die Niederländer haben auch besonderes Belagerungsgeschütz herbeigeschafft. Aus immer kürzeren Entfernungen erweist sich die Bombardierung als vernichtend. Mainz wird verwüstet wie nachmals erst wieder im Zweiten Weltkrieg. Die Stadt kapituliert am 23. Juli 1793. Der Besatzung ist freier Abzug zugesichert unter der Bedingung, ein Jahr lang nicht gegen die Verbündeten zu kämpfen. Die Wirklichkeit sieht anders aus. Der Exodus zieht sich mehrere Tage hin. Zuschauer bilden Gassen, um die Franzosen und die deutschen Klubisten zu beschimpfen und zu mißhandeln. Es kommt zu Plünderungen. Schon in der vorangegangenen Zeit ist jeder Verdächtige, der in den preußischen Vorposten auftauchte, festgenommen worden. Die Kasematten der Festung Königstein sind voll mit Aufgegriffenen, die ohne Gerichtsurteil in Haft kamen. Caroline, die an August Wilhelm Schlegels Seite bald am Löbdergraben das Zentrum der Jenaer Frühromantik bilden wird, hat zwei Monate so zugebracht. In der deutschen Öffentlichkeit weicht die Angst vor den „neufranzösischen Grundsätzen" einer Empörung über die Art, mit ihren Vertretern abzurechnen.

Carl August nimmt noch an den Gefechten bei Pirmasens und Kaiserslautern teil. Unterdessen stirbt am 6. September in Wiebelskirchen Prinz Constantin an einer der in Lagern und Lazaretten grassierenden Darminfektionen. Die Medizin hält die verschiedenen Formen von Ruhr und Typhus noch nicht auseinander, die Ärzte behandeln fatalerweise eine typhöse Infektion als Ruhr.

Weimarer Angelegenheiten rufen den Herzog aus seiner Trauer. Zu Weihnachten ist er, abgemagert, wieder in seiner Residenz. Der Weihnachtsurlaub ist ein Vorspiel des Abschieds von der preußischen Armee. Carl August ist kriegsmüde. Den Besprechungen über eine Weiterführung des Koalitionskrieges hält er sich fern. Am 1. Januar 1794 wird Herzog Carl August zum preußischen Generallieutenant befördert, am 5. Februar erhält er auf eigenen Wunsch die Entlassung. Der Abschied ist aber, die Zeitläufte wollen es nicht anders, ein vorläufiger.

WEIMAR IST NICHT PARIS

Die Pariserin Madame de Staël, die sich 1804 fast drei Monate lang in Weimar umsah, bevor sie nach Berlin weiterreiste, meinte: „Weimar war nicht eine kleine Stadt, sondern ein großes Schloß." Über das Ländchen, dessen Residenz sie besichtigt hatte, kam sie zu dem Schluß: „Von allen deutschen Fürstentümern macht keines besser als Weimar die Vorzüge eines kleinen Landes fühlbar, dessen Oberhaupt ein Mann von Geist ist und der, ohne daß dadurch der Gehorsam litte, seinen Untertan auch zu gefallen suchen kann."

Das Ziel des Ersten Koalitionskrieges, Paris, war nicht erreicht worden. Auch nach dem Sturz der Jakobiner, in der Zeit des Direktoriums, das eine bürgerliche Republik zu etablieren suchte, blieb es in weiter Ferne. Wer in Weimar lebte, bekam es nun doppelt zu spüren, daß Weimar nicht Paris war. Vom Prunk des Ancien régime hatte der thüringische Adel immer nur einen matten Abglanz entfalten können. Das Bürgertum aber nahm nur auf Umwegen und durch Brechungen teil an den Neuerungen, mit denen die französische Bourgeoisie experimentierte.

1792 allerdings litt unter den Studenten in Jena der Gehorsam nicht wenig. Nahe der französischen Grenze spürte der Landesherr in seinem Rücken, wohin das Einsickern „neufranzösischer Grundsätze" in Deutschland führen konnte. Schon seit längerem erholte Goethe sich in fast regelmäßigen Abständen in den akademischen Freiheiten der sich weitgehend selbst verwaltenden Alma mater Salana vom Weimarer Hofzeremoniell. 1789 hatte Friedrich Schiller, der Dichter der „Räuber", der Kenner württembergischer Despotenwillkür, Urheber des Mottos „In tyrannos", mit seiner Antrittsvorlesung dem routinierten, obrigkeitshörigen „Brotgelehrten" den innovativen „genialen Kopf" gegenübergestellt. Die politischen Freiheiten der Revolution betrachtete der französische Ehrenbürger, der das Diplom erst erhielt, als seine Unterzeichner längst guillotiniert waren, bald so skeptisch wie Goethe von Anfang an.

Aber der Jurist Hufeland zeigte sich ihnen laut und öffentlich zugetan. Die Stimmung unter den Studenten und Professoren war gespannt, da die Mittel der „Nutritoren", wie man die gemeinsam die Universität finanzierenden ernestinischen Fürstenhäuser nannte, zögerlich flossen, und als angesichts leerer Kassen die Freiheit von Lehre und Forschung von der politischen nicht mehr zu trennen war und der Theologieprofessor Paulus mit einigem Recht darauf hinwies, der Wiederaufbau des Schlosses in Weimar verschlinge die Mittel der Universität, wußte auch Goethe nicht weiter.

Im Juli 1792 wurden studentische Verbindungen aufgelöst und die Vorlautesten relegiert. Carl August hatte am 15. des Monats aus dem Feldlager seinen Minister Voigt strengstens angewiesen: „Die Unruhen in Jena erfordern zuverlässig eine sehr ernstliche Beendigung, und die Orden müssen auf alle mögliche Weise ausgerottet werden. Ihre Bemerkung ist sehr richtig, daß die Studenten aus denselben Anlagen schöpfen zu demokratischer Schwärmerei und auch nach geendigten Universitätsjahren im Vaterlande auf Gelegenheit warten, damit hervorzutreten. Ich kann Ihnen hiebey versichern, daß es keineswegs eine Schimäre war, wenn die Überpflanzung neufranzösischer Grundsätze auf deutschem Boden gefürchtet wurde. Ich habe hier Beweise erhalten, und man macht gar keine Heimlichkeit daraus, daß, wenn Österreich, Preussen und Rußland nicht so kräftig dem Strom entgegenarbeiteten, die Unruhen schon in mehrern Teilen von Deutschland würden ausgebrochen sein."

Der Prorektor, gegen den die Studenten aufbegehren, wird aus dem Fenster geworfen. Am 17. Juli rückt auf seinen Ruf Weimarisches Militär an, Jäger und Husaren, um die Stadtsoldaten zu unterstützen. Aber die Studenten stellen sich auf dem Markt mit Knüppeln, Degen und Pistolen auf, zum Widerstand bereit. Ein großer Teil, etwa fünfhundert, ist am 19. Juli demonstrativ wie einst die Plebejer von Rom zum Heiligen Berg nach Nohra ausgezogen, das auf kurmainzischem Gebiet liegt, und droht, sich in Erfurt einschreiben zu lassen. Statthalter von Dalberg, dessen Sympathien für Weimar sich abgekühlt haben, zeigt sich nicht abgeneigt, sie aufzunehmen. Nicht zuletzt deshalb sieht Weimar sich genötigt, einzulenken und die Soldaten abzuziehen. Die Professoren leben von den mageren Kolleggeldern. Der Lehrbetrieb wäre durch den Boykott schnell lahmgelegt worden.

Im selben Jahr ist eine Schrift erschienen, die sich für die Jenaische Freiheit bald als Kuckucksei erweisen wird: „Versuch einer Kritik aller Offenbarung". Zunächst wird sie für ein Werk Kants gehalten. Johann Gottlieb Fichte, der 1794 Professor für Philosophie in Jena wird, erntet, kaum daß er als Verfasser erkannt worden ist, nicht nur Bewunderung. Theologische und kirchliche Kreise bezichtigen ihn des Atheismus. 1798 scheint sich der schwerwiegende Verdacht durch Fichtes Schrift „Über den Grund unseres Glaubens an eine göttliche Weltregierung" zu bestätigen. Goethe, der selbst über den strittigen Gegenstand höchst aufgeklärt zu denken gewohnt ist und sich darin mit seinem Freund, dem Souverän, auch einig meint, versucht Fichte in Schutz zu nehmen.

Carl August weiß jedoch privates und öffentliches Denken staatsmännisch zu trennen: „Menschen, die nicht wissen, was sie der allgemeinen Schicklichkeit zuliebe verschweigen oder wenigstens nicht öffentlich sagen sollen, sind höchst unbrauchbar." Er ist sich der staatserhaltenden Funktion der Glaubensgrundlagen durchaus bewußt. 1798 wird aus der Sache ein regelrechter „Atheismusstreit". Indem der Landesherr am 26. Dezember Voigt beauftragt, seine Ansicht Goethe mitzuteilen, stellt er bis auf weiteres jeden persönlichen Umgang mit dem Dichter ein. Absolutistisch selbstherrlich wie das Jahrhundert, das zu Ende geht, donnert er gegen Fichte: „Was ist das nicht für ein miserables Volk! Wenn immer und an jedem Orte dieser Art Menschen der Daume vorsichtig aber anhaltend wäre aufs Auge gehalten worden, so stünden die Sachen jetzt anderst. Die Sache behält wohl ihren Lauf, und Adieu Fichte!"

Goethe fügt sich „Serenissimi Strafrede". Fichte muß gehen. Weimar ist nicht Paris, es hat keinen Voltaire und baut auch keine Barrikaden. Fichte geht nach Berlin. Aber Jena liefert sich keiner geistigen Verarmung aus. 1798 kommt der junge Philosoph Schelling, der in einer seiner Schriften „die absolute Freiheit aller Geister" gefordert hat, 1801 kommt Hegel. Mit den beiden Hufelands, dem Mediziner und dem Juristen, dem Mediziner Loder und dem Philologen Schütz zieht es weiter die akademische Jugend in seine Mauern. Nach den Befreiungskriegen gehen aus ihnen die Burschenschaften hervor, ziehen auf die Wartburg und nach Hambach. Die deutsche Enge läßt manches glimpflicher verlaufen als in Frankreich. Aber die rätselhaften und unverhofften Selbstmorde dieser Zeit sprechen über den Preis eine intime Sprache: Carl Ludwig von Knebels Bruder Max erschießt sich 1790 bei einem gemeinsamen Spaziergang im Park der Dichter-Hochburg Weimar, und 1791 jagt sich im empfindsamen Darmstadt Merck eine Kugel in den Kopf.

Weimar ist auch nicht der Ort für große Politik. Preußen schließt am 5. April 1795 mit der französischen Republik in Basel einen Sonderfrieden und verhält sich neutral. Es legt dazu, daß die Truppen Frankreichs wieder Frankfurt erobern, Südwestdeutschland und Hessen überfluten und bis ins Fränkische vordringen, die Hände in den Schoß. Französische Emigranten kommen nach Eisenach, und wo Flüchtlinge auftauchen, sind feindliche Truppen nicht weit. Für die Abtretung seiner linksrheinischen Gebiete, eine Hauptforderung Frankreichs, hält Preußen sich bei der dritten polnischen Teilung schadlos sowie an geistlichem Besitz. Über Nacht residiert in Erfurt kein kurmainzischer Statthalter mehr, sondern ein preußischer, und Carl August hat große Mühe, die altverbürgten weimarischen „Geleitsrechte" in Stadt und Umland zu behaupten. Österreich, das den Koalitionskrieg weiterführen und die mitteldeutschen Kleinstaaten zur Reichstreue verpflichten will, ist weit. Carl August erinnert sich der Fürstenbundidee und hält es für das beste, zumindest alle sächsischen Staaten für einen Beitritt zum Baseler Sonderfrieden zu gewinnen. Sein Land wäre, auch wenn das Deutschland wieder spaltet, durch eine Schneise der Neutralität vor dem Elan der Franzosen geschützt. Die kleinen Vettern sind dem sogleich zugeneigt, nur Kurfürst Friedrich August III., als Chef des Hauses immer noch von einiger Autorität, möchte bei aller Friedensliebe Österreich nicht brüskieren.

Anfang Mai schickt der Herzog, alte Ressentiments wegen der Kurwürde, die seiner eigenen Linie nach dem Schmalkaldischen Krieg verlorenging, niederrringend, Johann Christoph Schmidt nach Dresden. In gewundener Verhandlungssprache läßt er fragen, ob die tatenlose Führungsrolle Österreichs wirklich für Deutschland segensreich sei. Voigt erreicht in Wien unterdessen, daß Weimar wegen der Unruhen in Jena seine Truppen bis auf weiteres im Land behalten darf. Kursachsen setzt auf eine „Reichsobservationsarmee". Jedoch Carl August, im Feld erfahren mit dem offensiven Druck der Franzosen und der Feuerkraft ihrer Artillerie, gibt ihr keine Chance. Mit seiner Denkschrift vom 15. Mai 1795 wirbt er weiter für den Baseler Frieden, vergeblich.

Am 22. Februar 1796 beschwört er den sächsischen Kurfürsten nochmals: Österreich führe längst keinen Reichskrieg mehr, ein neuer Feldzug werde mit einer Katastrophe enden. Die französische Großoffensive von 1796 gibt ihm recht. Carl August begibt sich nach Eisenach; die eigenen Landesgrenzen sind bedroht. Aber sich allein der preußischen Neutralität anzuschließen, bedeutet einen Bruch mit Dresden. Also wartet Carl August ab. Er hat Ideen für eine bessere, größere Politik, doch er muß sich wie schon als Werber für den Fürstenbund mit einer subalternen Rolle begnügen. Endlich, am 1. August, signalisiert der Kurfürst Einsicht. Unter preußischer Vermittlung wird am 13. August ein Waffenstillstand ausgehandelt. Zum Jahresende, am 29. Dezember, tritt Kursachsen dem Baseler Frieden bei. Der Weg zum Frieden von Campoformio, der am 17. Oktober 1797 den Ersten Koalitionskrieg beendet, ist frei.

Der Erfolg ist verschwindend geringfügig, der Frieden dauert kurz. Der Rastatter Kongreß vom November 1798 bis zum April 1799 scheitert an der Ermordung der französischen Gesandten. Die Fronten reißen wieder auf. Österreich erklärt am 1. März 1799 Frankreich den Krieg. Diesen Zweiten Koalitionskrieg wird ein General Bonaparte 1801 als Konsul in Lunéville beenden. Als Kaiser Napoleon wird er 1805 in einen Dritten Koalitionskrieg treten, 1806 das Heilige Römische Reich Deutscher Nation auflösen, aus unterworfenen deutschen Fürstentümern am 12. Juli den Rheinbund gründen, dem sich nach der Niederlage Preußens bei Jena und Auerstedt auch Sachsen-Weimar-Eisenach nicht mehr entziehen kann.

Über diese bewegten Zeiten debattierte man in Weimarer Abendgesellschaften bei weitem nicht so heftig wie etwa in Pariser Salons. Dennoch fand Madame de Staël, die Dame aus dem Land, das die Kultur des 18. Jahrhunderts geprägt hatte, in der kleinen

Residenz die Ausnahme, die Goethe recht zu geben scheint: „Der Aufenthalt in kleinen Städten hat mich immer sehr gelangweilt. Der Geist der Männer wird eingeengt und das Herz der Frauen erstarrt. Man lebt so nahe beieinander, daß man sich durch seinesgleichen bedrängt fühlt. Dort vermißt man jene distanzierte öffentliche Meinung, die anregt und aus der Ferne wie der Klang des Ruhms herüberschallt; statt dessen macht die minutiöse Untersuchung jeder Geste, die Beobachtung der geringsten Einzelheiten unfähig, die Gesamtheit des Charakters zu erfassen. Und je unabhängiger und anspruchsvoller man ist, desto weniger kann man innerhalb dieses Käfigs atmen. Dieser peinliche Zwang existierte aber in Weimar nicht."

Nicht jeder Abend, nicht jeder Zirkel wird immer diesen großzügigen Freispruch verdient haben. Die Leseabende bei Anna Amalia, die mit Goethes Ankunft 1775 begannen und sich bis zum Tod der Herzoginmutter 1807 hielten, mögen die anspruchsvollsten gewesen sein. Hier war Carl August wie auch in der von Goethe angeregten Freitagsgesellschaft, die 1791 bis 1797 zusammentraf, des öfteren zugegen. Die Samstagsvormittage, die Louise von Göchhausen 1790 bis 1800 „Freundschaftsloge" nannte, standen nicht nur Musik und anspruchvollem Plaudern offen, sondern auch dem Klatsch. Die Weimarischen Kunstfreunde, die 1799 bis 1805 zusammenkamen, waren sich in konservativen, dem klassizistischen Geschmack huldigenden Ansichten ziemlich einig. Sie vermochten das Niveau der bildenden Künste, das der kunstverständige Übersetzer und prominente Freimaurer Johann Joachim Christoph Bode beklagte, nicht zu heben. Der Naturforschenden Gesellschaft, die 1793 bis 1805 in Jena regelmäßig tagte, ist der schicksalhafte Juniabend des Jahres 1794 zu verdanken, an dem ein tieferes Gespräch Goethe und Schiller, die bis dahin bei aller Hochschätzung einander aus dem Weg gegangen waren, zu Freunden machte. Goethes „Cour d'amour", ein „Mittwochskränzchen", das seine gebildeten Teilnehmerinnen und Teilnehmer spielerisch zu Pärchen ordnete, verwelkte schon nach einem Winter (1801/02) kläglich in einer gewissen Künstlichkeit. Die Mittwochsgesellschaft der Herzogin Louise hingegen brachte es ab 1805 auf etwa fünfzehn Lebensjahre.

Serenissimus zeigte sich, wenn er nicht reiste oder jagte oder im Feld stand, sooft er mochte.

Beliebt waren auch die Teeabende, die Johanna Schopenhauer, die verwitwete Mutter Arthur Schopenhauers, in ihrer Wohnung an der Esplanade von 1806 bis in das Schicksalsjahr 1813 gab, in dem die napoleonische Fremdherrschaft endete und der Philosoph seine Dissertation „Über die vierfache Wurzel des Satzes vom zureichenden Grunde" abfaßte. Hier blieb die Hofetikette auf der Schwelle. Goethe war mit Christiane Vulpius, die er erst 1806 heiratete, willkommen. Wenn Goethe dieser Frau seinen Namen gebe, sagte die Gastgeberin, werde sie ihr eine Tasse Tee nicht verweigern.

Verwinkelte Vorbehalte, Standesvorurteile und Kränkungen aus vergleichsweise nichtigen Anlässen verbreiteten in Weimar jenen kleinstädtischen Mief, der Madame de Staël sicher nicht entgangen wäre, hätte sie sich in der Residenz länger aufgehalten. Verdüsterungen zwischen dem Ehepaar Herder und dem Herzog, die Mißhelligkeiten mit Goethe begleiteten, belasteten das Einvernehmen in dem „großen Schloß". Herder, gesundheitlich schwer angeschlagen, hatte in seinem kirchlichen Dissenz mit dem lutherisch-orthodoxen Eisenacher Generalsuperintendenten Schneider zwar den Hof auf seiner Seite, da Herzogin Louise einen allzu „rationalistischen" Gottesdienst nicht mochte. Er rügte es aber von der Kanzel herab fast unverhüllt, daß Carl August so selten zum Gottesdienst erschien. Er fühlte sich überbürdet und ausgenutzt, und als seine Gattin Mittel für die Bildung ihrer Söhne ertrotzte, vergriff man sich auf beiden Seiten so im Ton, daß die Verstimmung nicht mehr zu beheben schien.

Bälle, Redouten und Maskenzüge waren die Vergnügungen des Winterhalbjahrs; in der milderen Jahreszeit traf man sich zu den „Vauxhalls" genannten Gartenkonzerten. Aber die geistigen Vergnügungen herrschten doch immer vor. Herzogin Louises Bruder, Landgraf Christian von Hessen-Darmstadt, scheute sich, wie er ihr schrieb, nach Weimar zu kommen, weil man so viele gelehrte Köpfe treffe und es ihm schwerfalle, da mitzuhalten. Madame de Staël ließ sich vor allem vom literarischen Leben beeindrucken. „Deutschland", schreibt sie, „hatte hier zum ersten Male eine literarische Hauptstadt, da aber diese Hauptstadt nur ein kleines Städtchen war, so hatte sie nur durch die geistige Kraft Einfluß, denn die Mode, die allem Gleichförmigkeit verleiht, konnte nicht von einem so kleinen Kreise ausgehen." Ihr imponierte an dieser Geselligkeit vor allem auch dies: „Frauen, liebenswürdige Schülerinnen einiger hochbegabter Männer, beschäftigten sich unablässig mit literarischen Werken, als wären es politische Ereignisse von allerhöchster Wichtigkeit. Durch Lektüre und Studium zog man die Welt zu sich und entkam durch Gedankenflug den engen Grenzen der Verhältnisse."

Der unbestrittene Mittelpunkt war, von den Dichtern selbst einmal abgesehen, Herzogin Louise, deren Privatleben, nachdem sie ihre Pflicht, dem Herzog Erben zu gebären, erfüllt hatte, sonst verödet wäre. Zu ihrem Geburtstag am 30. Januar 1799 wurden Schillers „Piccolomini" zum erstenmal aufgeführt, am 20. April folgte „Wallensteins Tod".

Der Hof mißtraute dem Meister aufrührerischer Worte immer, und Schiller selbst empfand wegen des Schlusses Skrupel, seine Ballade „Der Handschuh" in Gegenwart Louises vorzutragen. Den „Wilhelm Tell" nahm 1804 das herzogliche Paar mit einiger Reserve auf. Doch die Herzogin, mit Schillers Frau Charlotte, der standesgemäßen geborenen von Lengefeld, befreundet, machte sich zur Gönnerin des Dichters, der nach einem ruhelosen Leben als hoch verschuldeter württembergischer Flüchtling und Gast Körners in Dresden und Göschens in Leipzig endlich in Jena Fuß gefaßt hatte und ab 1799 in Weimar wohnte. Im Juli 1787, als Schiller zum erstenmal nach Weimar kam, hörte er über Goethe, der noch in Italien lebte, manches Urteil, das geeignet war, ihn reserviert zu stimmen. Der Dichter und Dramatiker, der sich auch mit „Brotschreiberei" behelfen mußte und geschichtliche Abhandlungen von Rang abfaßte, war auch ein unermüdlicher Herausgeber literarischer Journale. Ab 1785 war bei Göschen die „Thalia" erschienen, in der auch Hölderlin veröffentlichen konnte. Sie wurde ab 1793 als „Neue Thalia" fortgeführt. „Die Horen", die er bei Cotta erscheinen ließ (1794–1798) und der „Musenalmanach" (1796–1800) hatten ein kürzeres Leben. Carl August setzte dem unbesoldeten Jenaer Geschichtsprofessor jährlich 200 Taler aus. Nach einem Jahrzehnt erhöhte er die Summe auf – immer noch dürftige – 400. Als er auch diese verdoppelte, hatte Schiller das Haus an der Esplanade, in dem der Herzog gern zu Gast war, schon gekauft, aber nur ein Jahr noch zu leben. Sein Tod am 9. Mai 1805 traf Goethe schwer und riß, nachdem am 18. Dezember 1803 auch Herder, durch Herzogin Louise nur oberflächlich mit Carl August ausgesöhnt, nach langem Kränkeln gestorben war, in die Phalanx weimarischer Geister eine große Lücke.

Die Weimarer Köpfe konnten auch schrullig werden und zogen sich zurück, so gut sie konnten. Goethe sehnte sich nach Italien, mochte sich aber zu keiner erneuten Reise entschließen. „Wenn es nicht möglich wird, Euch mitzunehmen", schrieb er 1797 an Frau und Sohn, „so werd' ich es wohl nicht wiedersehen." Er kaufte sich 1798 ein kleines Gut in Oberroßla. In einer fast abergläubischen Anwandlung brach er 1816, kurz nach Christianes Tod, eine Reise nach Südwestdeutschland vor Erfurt ab, weil eine Achse seiner Kutsche brach. Wieland glaubte sich auf seinem Gut in Oßmannstadt, seinem „Osmantinum", das er 1797 für 22 000 Reichstaler erworben hatte, am ruhigen Ende seines langen, wechselvollen Weges, mußte das Gut aber, verwitwet, 1803 bereits wieder aufgeben.

Neue Geister machen von sich Reden, die Frühromantiker in Jena – August Wilhelm und Friedrich Schlegel, Novalis, Tieck. Die Brüder Alexander und Wilhelm von Humboldt bestärken den Hof und die Adelsgesellschaft in der beruhigenden Annahme, daß aus Berlin und Potsdam nicht nur der Staub der Exerzierplätze über Deutschland weht. Jean Paul, der neue Erfolgsautor, vor allem von Leserinnen bewundert, versetzt 1799 und 1800 als Herders und Charlotte von Kalbs Gast Weimar teils in Entzücken, teils in Erstaunen, verunsichert die Koryphäen Goethe, Schiller und Wieland mit ungewohnt offenen Urteilen, beachtet kauzig unbefangen weder den Herzog noch seine Gemahlin, fühlt sich in seinem Zimmer am Markt, von einer guten Wirtin verwöhnt, „stubenglücklich" und steht, zum dritten Mal, aber auf Grund von Standesvorurteilen erfolglos, auf Freiersfüßen.

Standesschranken, Standesdünkel und eine konservative Standesmoral engen in Weimar noch immer nicht nur die erotische

Gefühlswelt der Untertanen ein; der Souverän höchstselbst steht unter unnachsichtiger Beobachtung und sieht sich, wie die Affären um Corona Schröter, die Gräfin von Werthern, die Gore-Töchter und das „schöne Rudelchen" gezeigt haben, in seinen Amouren weitab von jener lasziven Galanterie der französischen Metropole unter dem Ancien régime, die unter dem Direktorium in griechischen Gewändern wiederauflebt. Eine Mätresse zu haben, wie sie Carl August sich seit längerem wünscht, ist in Weimar weitaus schwieriger als in Paris. Und nun kommt er schon in die Jahre, wird kurzatmig, leidet an Schwindelanfällen – Vorboten des „Schlagflusses".

In seinem fünfzigsten Jahr, am 5. Februar 1797, singt die gerade zwanzigjährige Caroline Jagemann erstmalig bei Hofe, am 18. spielt der rote Lockenkopf in Paul Wranitzkys Oper „Oberon" die Titelrolle. Wieland, dessen gleichnamiges Märchen in Versen die Vorlage zum Libretto lieferte, ruft aus: „Das ist mein Oberon! So habe ich ihn mir gedacht!" Kapellmeister Eberwein glaubt „einen Engel zu sehen", der vom Himmel niedersteige, „um Friede und Freude zu verkünden." Wenig später ist die Jagemann die Constanze in Mozarts „Die Entführung aus dem Serail". Auch die Elisabeth in Schillers „Maria Stuart" und die Eleonore in Goethes „Tasso" werden ihre Glanzrollen. Bewunderer sehen in ihr sofort ein Talent, das geeignet ist, die Leistungen der Christiane Louise Amalie Naumann fortzusetzen, die das Weimarer Publikum im selben Jahr verliert. Ihre Gönnerin Anna Amalia erinnert sich: „Ihr Spiel, ihre Zierlichkeit entzückten und rissen hin. Über Nacht war Caroline Weimars angebetete Göttin." Schiller begrüßt sie bei der Erstaufführung seines „Wallensteins Tod" mit dem Ausruf: „Das ist meine Thekla!"

Goethe hat 1791 die Theaterdirektion von Josepho Bellomo übernommen. Über die zunehmend gespannten Beziehungen zwischen dem monologisierenden Dichter und Bühnentheoretiker und der vergleichsweise naiven Begabung, dem Naturtalent, ist spekuliert worden. Die anekdotisch überlieferte Entstellung des Namens in „die jage man" mag, wenn sie je gesprochen wurde, einem Augenblick der Verärgerung geschuldet sein. Zu Eckermann sagt

Goethe am 2. Mai 1824, er habe vielleicht „auf sie gewirkt", seine „eigentliche Schülerin" sei sie aber nicht gewesen. „Sie war auf den Brettern wie geboren und gleich in allem sicher und entschieden, gewandt und fertig, wie die Ente auf dem Wasser. Sie bedurfte meiner Lehre nicht, sie tat instinktmäßig das Rechte, vielleicht ohne es selber zu wissen."

Über die Schönheit der Jagemann sagen die zeitgenössischen Porträts recht wenig. Engliegende, etwas vorstehende Augen, die flächsernen Wimpern der Rothaarigen lassen eher vermuten, daß ihre erotische Ausstrahlung in Gestik, Mimik und Stimme gelegen habe. Carl August hat sie während des Koalitionskrieges kennengelernt: Die Tochter eines entlaufenen Mönchs, der Hofbibliothekar Anna Amalias geworden war, wurde ihm als Weimarerin in Mannheim vorgestellt, wo sie seit 1790 mit einem Stipendium der Herzoginmutter, der aufgefallen war, daß sie in der Kirche schön singe, am Nationaltheater bei Heinrich Beck und August Wilhelm Iffland Schauspielunterricht nahm. Mit fünfzehn Jahren hatte sie dort am 6. Oktober 1792 ein Debüt, das ihr ein Engagement mit 300 Gulden Jahresgage einbrachte.

Nachdem der Krieg in Mannheim schwere Verwüstungen angerichtet hatte, schrieb sie ihrem besorgten Vater nach Weimar, der Herzog habe ihr gesagt: „Wenden Sie sich in jeder Verlegenheit geradewegs an mich." Es scheint, daß sie Carl August auf Anhieb gefiel, daß sie aber zunächst die praktische Seite so hoher Sympathie wahrnahm. Denn sie verlobte sich mit neunzehn Jahren mit einem Grafen Veterani. Um für die Hochzeit vorfristig die Volljährigkeit zu erlangen, reiste man nach Weimar, der Graf voraus. Doch der Zweck der Reise hatte sich schnell erübrigt. Sei es, daß der Widerstand zu groß war, den die Eltern des Bräutigams der Verbindung entgegensetzten, sei es, daß Caroline bei ihren Theaterbesuchen auf andere Gedanken kam – die Verbindung, mit der man es erst so eilig hatte, wurde gelöst.

Die Lust auf ein Engagement in Weimar kann nicht sehr groß gewesen sein. Sie bemängelt die Qualität der Stücke, die Kostüme, die zum Teil auf dem Trödelmarkt gekauft wurden, die schäbigen Kulissen, die Leistungen der zehn Schauspielerinnen und elf Schauspieler.

Sie kann auch mit keinem sonderlich großen Publikum rechnen; mit acht Aufführungen und ein paar Gastspielen in Bad Lauchstädt ist der Bedarf an jedem der gut sechshundert Stücke, die unter Goethes Direktion einstudiert werden, gewöhnlich gedeckt. Was die Jagemann in dem Entschluß bestärkt hat, sich in ihrer Vaterstadt niederzulassen, ist schwer zu sagen. Goethe ersucht den Herzog, sie als „Hofsängerin mit dem Versprechen einer Pension von 200 Talern" auf Lebenszeit für Weimar zu gewinnen. In dem Vertrag handelt ihr Vater das für Weimarer Verhältnisse zu der Zeit ungewöhnlich hohe Jahresgehalt von 600 Talern aus. Sie präsentiert dem Weimarer Publikum wie ein Bonbon gleich 1798 ihren Lehrer, den berühmten Iffland, der nach Berlin weiterreist und seiner Schülerin dort ein Gastspiel vermittelt. Carl August braucht auf ihren Anblick nicht zu verzichten, holt ihn doch das Herbstmanöver in dieselbe Richtung.

Wegen eines Umbaus im väterlichen Haus wohnt Caroline Jagemann bei der aus Livland stammenden Frau von Löwenstern. Dort trifft Carl August sie zum Tee. Erst 1801 beginnt er offener um sie zu werben. „Ihre hinreißende Schönheit, die Frische und Schnelligkeit ihres Geistes entzückten den Herzog", schreibt der Hofmann Adolf Stahr in seinem Tagebuch. „Seine Bewerbungen wurden anfangs nicht begünstigt." Auch die Gastgeberin, die sich nach ihrer unglücklichen Ehe wohl selbst Hoffnungen gemacht hat, ist dem hohen Gast schon bald nicht mehr gewogen; die Eifersucht treibt sie ins Lager derer, die sich über die Liaison entrüsten werden. Charlotte von Stein, verbittert über Goethes Italienreise und sein Verhältnis mit Christiane Vulpius, tut es am giftigsten. 1812 schreibt sie ihrem Sohn Carl nach Wien: „Demoiselle Jagemann hat die fürstliche Familie wieder mit einem Töchterchen vermehrt ... Man hatte Stroh in die Straße gestreut, wo sie in Wochen lag, um den Lärm der Fuhren zu dämpfen. Darauf fand man ein Pasquill an ihrem Hause: ‚Huren müssen auf Stroh sterben!' Die Polizei nahm es geschwind ab. Dieser kleine Hof soll mehr kosten wie der große; es macht im allgemeinen einen bösen Eindruck."

Diesen „bösen Eindruck" vor allem hätte die Schauspielerin, die inzwischen aus Berlin und Wien ein verlockendes Angebot nach dem andern erhält, gern vermieden, so daß der Herzog fürchtet:

„Als Künstlerin ist die Jagemann einzig in ihrer Art in Deutschland; vor die paar Taler, die sie hier bekömmt, bleibt sie schwerlich hier, unser Publikum zu amüsieren." Caroline macht es ihrem Souverän so schwer wie wohl kaum eine andere Mätresse. In ihren Memoiren schildert sie, die auf der Bühne ihre Rollen meistert, die vergeblichen Versuche, einer Rolle im wirklichen Leben zu entfliehen, der sie sich nicht gewachsen fühlt. Alle, die ihr nahestehen, warnen sie. Sie fühlt sich als Stadtgespräch Nummer eins, bangt um ihren Ruf, hört, daß „der Herzog in puncto Weiber kein Gewissen habe" und sie „wie eine ausgepreßte Zitrone beiseite werfen" werde. Aber das zweite Verlöbnis mit einem Schweizer Arzt namens Zwingli, in das sie flüchtet, wird noch schneller gelöst als das erste.

Denn Männer, die wissen, was sie sagen, teilen ihr mit, daß sie „den Herzog still und verstimmt gefunden" haben. Sie meinen, sie mache sich um das Vaterland verdient, wenn sie den Souverän erhöre. Sie fühlt sich auch „von dem Benehmen des Herzogs nach zwei Seiten hin stark erregt." Es ist die anerzogene „Verehrung für den Fürsten", aber auch „Dankbarkeit für die Fürsorge", die er ihrem jüngeren Bruder, dem Maler Ferdinand Jagemann, hat angedeihen lassen. Mit herzoglicher Unterstützung ist der begabte Schüler des Weimarer Zeicheninstituts nach Wien, Paris und Rom gereist. Seiner Hand verdanken später das klassische Weimar und sein Souverän hervorragende Porträts. Aber auch „Besorgnis um seinen Gesundheitszustand" leitet Caroline, wenn sie den Herzog nicht schroff und ein für allemal zurückweist, der „Wunsch, ihn aus der Gefahr zu retten." Ihr Leben wäre sie bereit zu opfern, „aber von Koketterie und Eitelkeit auf persönliche Vorzüge war keine Rede."

Carl August meint es auch nicht so. Sein Werben ist ernst, ernsthafter, als es einem verheirateten Mann ansteht. Doch seine Ehe, von Anfang an ohne Liebe, ist verödet, nachdem ihm Louise die erforderlichen Erben geboren hat. Sein Herz ist also frei. „Daß mein Wesen sehr aus seinen Fugen ist, das weiß ich", schreibt er, wie sich die Adressatin erinnert, aus Aschersleben, wo er seit 1798 wieder als preußischer General Dienst tut. Die Reise habe ihn sehr bedrückt, bis ihm eingefallen sei, daß er bei seinem „Antrag", bei dem Versuch, ihr sein „Innerstes auszuschütten", das Wichtigste unterlassen hat: Ihr etwas zur „Veränderung ihrer Lage gegen die Welt" zu sagen. Und er bekennt: „Jeder Mann, der fleißig den harten Acker der menschlichen Pflichten baut, sucht Erholung bei einer Gattin oder Geliebten, selten in wilden Genüssen, und tut er das, so findet er nicht, was er sucht, und kommt zur stillen, reinen Zuneigung zurück." Das sind nicht die Wünsche eines absoluten Herrschers, der sich eine Mätresse halten möchte, sondern die eines Bürgers, der sich ein Leben mit einer Frau wünscht, die er liebt.

Das spröde, auf Anstand und Sitte bedachte Betragen der Angebeteten hat seine Liebe vertieft, und er bietet ihr das Äußerste, was er ihr in seiner Lage, die eine Scheidung ausschließt, bieten kann: Eine Ehe „zur linken Hand". Dem schlechten Geruch der Bigamie und des Ehebruchs, der solch einer Verbindung anhaftet, steht aber gegenüber, daß sie ein Treuegelübde bedeutet und auch die Pflicht, für die Kinder fürstlich zu sorgen. Zudem kann ihr Carl August versichern, „daß seine Gemahlin aufrichtig wünsche", ihre „Neigung möchte" sie „ihm zuführen". Sie darf also mit Herzogin Louises Duldung rechnen. Im „Römischen Haus", einer Villa im italienischen Stil, Zierde des Weimarer Parks, hat sich Carl August längst den eigenen Hausstand eines Junggesellen zugelegt. Nach Plänen von August Arens 1791 begonnen, steht es dem Herzog seit 1797, wenn er ungestört sich selbst leben möchte, als Wohnhaus zur Verfügung.

Der theatralisch-sentimentale Ton in den Erinnerungen der Jagemann nimmt mit den Ereignissen zu. Sie lesen sich wie das Drehbuch zu einem Melodram. Gewiß läßt die Schauspielerin ihr Talent für ihre unausweichliche Lebensrolle nicht ungenutzt. Sie bittet, er möge sie „ziehen lassen", erklärt die Trauung zur Linken „für eine Form, die das Unerlaubte nur schlecht bedecke", und weist sie zurück. Sie hört den Herzog resignieren: „Nun, ich habe versuchen wollen, ob der Himmel mir noch ein Glück gönnt, das mir meine Existenz wert machen könnte; ohne eine solche Aussicht halte ich es in dem beschränkten Wirkungskreise und den erkaltenden häuslichen Verhältnissen nicht mehr aus; ich werde in russische Dienste gehen und meiner Frau die Regentschaft übertragen, das Land wird sich wohl dabei fühlen, und ich finde eine angemessene Tätigkeit oder das Ende eines reizlosen Lebens."

Auch diese Worte stimmen sie noch nicht um. Sie entschwindet zu Gastspielen. In Wien lernt sie die Gräfin Lichtenau kennen, die einstige Mätresse Friedrich Wilhelms II. von Preußen, und fühlt sich darin bestärkt, hart zu bleiben. Ihre Rückkehr aus Mannheim versucht sie geheimzuhalten, jedoch der Torschreiber meldet sie im Fürstenhaus. Sie hält Carl August vor, daß sie „mit Angst einer traurigen Zukunft entgegensähe." Da fühlt er sich gekränkt: „So müßte ich einer der schlechtesten Menschen auf Erden sein, wenn ich ein solches Opfer annehmen wollte." Indem er sich seine Briefe geben läßt, um sie zu verbrennen, fühlt sie sich freigegeben. Aber hat sie noch eine Wahl? In Berlin, wo sie Kammersängerin auf Lebenszeit werden könnte, stellt Prinz August ihr nach. Am liebsten würde sie „aus der Welt verschwinden" oder „in der Schweiz oder in den Alpen eine Bäuerin werden".

Wieder in Weimar, findet sie ihren fürstlichen Verehrer in einer gefährlichen Krise. „Sein Gesundheitszustand konnte heftige Gemütsbewegungen nicht ertragen, steigerte sie vielmehr zu bedenklicher Höhe, und so sehr ich entschlossen war, diesen Sturm auszuhalten, drohte doch jeden Moment meine Festigkeit mich zu verlassen. Der nächste Augenblick entschied über alle Bedenken: das dunkle Rot, das sich durch die Erregung über Stirn und Wangen verbreitet hatte, wechselte mit der Todesblässe, mitten im Satz sank sein Haupt in die Kissen des Sofas zurück." Nun küßt Caroline weinend seine Hände und verspricht zu bleiben.

„Das ist doch ein Wort nach so vielen trüben Stunden!" soll der Herzog darauf erwidert haben. Von den 40 000 Talern, die ihr Carl August bietet, da sie Weimar nochmals zu einem Gastspiel verläßt, einer Summe, die sie in einem Brief mit dem Versprechen, bald wiederzukommen, viel zu hoch findet, wissen diese „Erinnerungen" nichts. Die Vermittlerin ist Caroline von Wolzogen, Schillers Schwägerin, die als geschiedene Frau und für zu lasziv befundene Schriftstellerin mit Weimars bösen Zungen ihre Erfahrungen gemacht hat. Bei ihrer Rückkehr Ende 1801 will Caroline Jagemann ihr Geschick nicht mehr von Carl August trennen. Die „Fürbitte für Arme und Hilfsbedürftige" wird ihr gewährt; am 20. Dezember sind sich die beiden einig: „Nun sah ich den Herzog alle Tage." Mit dem

Silvesterabend wird die Verbindung so öffentlich, wie es die Schicklichkeit erlaubt.

Carl August schenkt seiner „Gemahlin zur Linken" das Komturhaus des Deutschen Ordens, das „Deutschritterhaus" am Töpfermarkt, dem heutigen Herderplatz, das mit seiner Renaissancefassade einem Palais gleicht. Die Geselligkeiten, die er hier gibt, besucht gleich vom Silvesterabend an, damit der weimarische Adel sie nicht boykottiert, demonstrativ auch Herzogin Louise, die Goethe noch der Form halber um Stellungnahme hat bitten müssen. Die Jahresgage der Schauspielerin, die weiter ihrem Beruf nachgeht, beträgt inzwischen 2 000 Taler, das Zwanzigfache eines Honorars, das Schiller unter Sonderkonditionen für ein Stück erhält. Aber in Wien oder Berlin könnte sie bis zu 7 000 Talern verdienen. Der Herzog, an die Kosten erinnert, die manche Mätresse die Untertanen schon gekostet hat, kann nachweisen, daß sie seine Privatschatulle nur zu zwanzig bis fünfundzwanzig Prozent belastet, und versichert, daß sie durch ihn „das Mark des Landes nicht aussauget."

Dennoch wird in Weimar überall gemurrt. Bertuch und Seckendorff bekräftigen die Klagen der Frau von Stein. Um Caroline vor Schimpf zu schützen und die drei Kinder, zwei Söhne und eine Tochter, die sie ihm nach einem Sohn, der 1804 als Säugling stirbt, noch schenkt, standesgemäß zu versorgen, erhebt der Herzog sie als Frau von Heygendorf am 25. Januar 1809 in den Adelsstand: Das Gut dieses Namens nahe Allstedt ist beim Aussterben der Besitzerfamilie von Geusau an ihn zurückgefallen; er kann es neu vergeben. Am 25. Dezember 1806 ist Carl Wolfgang geboren worden. Er macht Karriere als Offizier in königlich sächsischen Diensten. Zweimal verwitwet, führt er drei Ehen, bis er, hochbetagt, 1895 stirbt. Nachkommen leben noch in den USA. August Gottlob Theodor, am 10. August 1810 geboren, stirbt 1874 als königlich preußischer Offizier ehe- und kinderlos. Carolina Augusta Mariana, am 8. April 1812 geboren, heiratet 1835 den königlich niederländischen Offizier Daniel von Tindal und stirbt im Jahr darauf in Den Haag. Der Herzog und die Schauspielerin leben wie Eheleute. Sie begleitet ihren „zur Linken" angetrauten Gemahl auf seinen Kuren in Karlsbad, Teplitz und Marienbad.

Arthur Schopenhauer, als junger Mann selbst hoffnungslos in die Jagemann verliebt, bezieht sich unverkennbar auf das Verhältnis des Herzogs mit der Schauspielerin, wenn er in den „Aphorismen zur Lebensweisheit" recht modern urteilt: „Ferner ist zu erwägen, daß jeder im Lande das Weib seiner Wahl ehelichen kann bis auf einen, dem dieses natürliche Recht benommen ist: dieser arme Mann ist der Fürst. Seine Hand gehört dem Lande und wird nach der Staatsräson, d.h. dem Wohl des Landes gemäß, vergeben. Nun aber ist er doch ein Mensch und will auch einmal dem Hange seines Herzens folgen. Daher ist es so ungerecht und undankbar, wie es spießbürgerlich ist, dem Fürsten das Halten einer Mätresse verwehren oder vorwerfen zu wollen – versteht sich, solange ihr kein Einfluß auf die Regierung gestattet wird. Auch ihrerseits ist eine solche Mätresse hinsichtlich der Sexualehre gewissermaßen eine Ausnahmeperson, eine Eximierte von der allgemeinen Regel: denn sie hat sich bloß einem Manne ergeben, der sie und den sie lieben aber nimmermehr heiraten konnte."

Daß die Jagemann ihren Einfluß auf den Souverän für ihre Stellung beim Theater mißbraucht hätte, ist schwer nachzuweisen. Immerhin löst sie die Theaterkrise vom November 1808 aus: Der Tenor Otto Morhard meldet sich am 5.11. heiser. Aber die Jagemann hinterbringt Carl August, dies sei eine Ausrede. Aufbrausend verfügt der Herzog die sofortige Entlassung. Ein solches Machtwort wirkt antiquiert und erregt unwillige Verwunderung in der Weimarer Gesellschaft, so daß der Monarch sich auf die mildere Sanktion eines Hausarrests besinnt. Goethe mildert die Maßnahme weiter, indem er Morhard zum Jahresende den Wechsel nach Kassel in ein anderes Engagement ermöglicht.

Goethes verärgerter Rücktritt von der Schauspieldirektion ist Caroline Jagemann nur indirekt anzulasten. Der Wiener Schauspieler Karsten möchte 1817 in Ignaz Seyfrieds „Der Hund des Aubri de Mont-Didier" mit seinem abgerichteten Pudel Dragon auftreten. In der Hoffnung, Goethe werde das Werk des mit Beethoven bekannten Ersten Kapellmeisters im Theater an der Wien nicht zu beanstanden wagen, sieht er sich getäuscht. Ihren Einfluß richtig bewertend, schreibt Karsten an die Jagemann, die sein Gesuch nur an Carl

August weiterleitet. Der Herzog will den Pudel auf der Bühne sehen und hat die Mehrheit des amüsierten Publikums auf seiner Seite. Dragon darf auftreten, und die Aufführung am 12. April wird ein Riesenerfolg. Goethe wünscht ärgerlich, von der Theaterintendanz entbunden zu werden. „Ich komme hierin Deinen Wünschen entgegen", antwortet ihm der Souverän nach Jena. Am 18. April ist Goethes Rolle als Theatermann beendet.

Die besten Jahre der Jagemann sind aber schon dahin. Mit Johann Nepomuk Hummel, der 1819 als Kapellmeister nach Weimar kommt, verträgt sie sich so wenig wie mit Carl Augusts Schwiegertochter Maria Pawlowna, deren Liebling Hummel seit langem ist. Der Brand des Weimarer Theaters 1825 vergällt ihr endgültig das Bühnendasein. Die Fünfzigjährige tritt am 17. März 1827 vor einer Bäderreise mit dem Herzog zum letztenmal auf. Beim Tod Carl Augusts weiß sie: In Weimar hat sie endgültig ausgespielt. Johanna Schopenhauer, die Mutter des Philosophen, schreibt am 26. September an Karl von Holtei: „Frau von Heygendorf hat allen Einfluß aufs Theater verloren; sie wird nie wieder auf demselben erscheinen und wahrscheinlich Weimar verlassen."

Sie verläßt die Residenz nicht überstürzt, geht aber sehr bald auf Reisen, von denen sie nicht wiederkehrt, nach Wiesbaden, Mannheim und Berlin. Die 2 400 Taler Jahrespension werden ihr anstandslos gezahlt. Ihr Gut Heygendorf wirft weitere 12 000 Taler ab. In Weimar gehören ihr mehrere Häuser. Am 10. Juli 1848, zwanzig Jahre nach dem Herzog, stirbt sie in Dresden.

DER DONNER VON JENA

Mit dem Donner von Jena, der über die Hochebene schon am Morgen des 14. Oktober 1806 bis nach Weimar hallt, meldet sich in Carl Augusts Herzogtum die Weltgeschichte an. In Gestalt Kaiser Napoleons steht sie am Tag darauf im neuerbauten, von Johann Heinrich Gentz auch innen geschmackvoll klassizistisch ausgestalteten, am 1. August des Vorjahres bezogenen Weimarer Schloß vor Herzogin Louise und fragt: „Wo ist Ihr Mann?" Auch er sei seiner Pflicht gefolgt, antwortet die Landesherrin und imponiert damit dem Sieger der Doppelschlacht von Jena und Auerstedt.

Während eines reichlichen Jahrzehnts des Friedens haben sich Landwirtschaft, Handel und Gewerbe in Sachsen-Weimar-Eisenach günstig entwickelt. Die Überschüsse guter Getreideernten sind verkauft worden, die Schafzucht bringt neue Gewinne. Die Schuldentilgung hat nur noch der Wiederaufbau des Schlosses verzögert. Um das Ländchen steht es gut, freilich nicht bestens. Immer noch wandern brotlose Apoldaer Textilarbeiter aus. Die Jenaer Universität ist wieder ruhig. Das Weimarer Wilhelm-Ernst-Gymnasium hat sich unter der Direktion des trockenen Schulmannes Carl August Böttiger, dem Goethe und Schiller freilich ihre Sympathie versagen, allmählich – um nicht zu sagen schleppend – in dem Vermächtnis Herders reformiert.

Noch am Schlachttag glaubt man in Weimar an einen Sieg Preußens. Die Niederlage bei Saalfeld am 10. Oktober, die bei einem Reitergefecht den Tod des preußischen Prinzen Louis Ferdinand gefordert hat, bewerten die Nachrichten falsch. Allgemein wird angenommen, die Franzosen zögen in Richtung Leipzig weiter. Doch nachmittags drei Uhr ziehen Artilleriegeschosse pfeifend über die Dächer. Das Theater wird getroffen. Die preußischen Soldaten, die in den Straßen von Weimar auftauchen, sind sichtlich auf der Flucht. Unter der Feuerkraft der französischen Artillerie, die bei Nacht aus dem Saaletal an die Ränder der Kalkstufen gekarrt worden ist, und dem Ansturm der „Tirailleurs" ist die veraltete preußische Lineartaktik in wenigen Stunden zusammengebrochen, die gefürchtete Armee Friedrichs des Großen vernichtet.

Nicht lange, und die Farben der Uniformen sind andere. Französische Truppen des Marschalls Ney, später auch die der Marschälle Augereau und Lannes, fallen in die Residenz ein, nicht von Eisenach her, wie während der Koalitionskriege befürchtet, sondern aus der entgegengesetzten Richtung. Die beiden Feuersbrünste des Vorjahres wirken wie ein Vorspiel dessen, was sie anrichten. Johanna Schopenhauer berichtet ihrem Sohn Arthur, dem späteren Philosophen, am 19. Oktober über die Spuren: „Tote, Verwundete auf der Straße; gefangene Preußen im Park vor dem Schloßplatze, wo sie noch vorgestern stolzierten; wilde, blutige Menschen, die ich nicht Soldaten nennen kann, in weißen, zerrissenen Kitteln, Mord und Tod im Gesicht." Die Eroberer plündern und brandschatzen und vergewaltigen, fordern überall Quartier, auch in Goethes Haus am Frauenplan. Mit Wein und Essen bringt man sie zur Ruhe, aber der Wein macht auch übermütig. Christiane Vulpius bewahrt den seit Schillers Todeskampf im Vorjahr kränkelnden Dichter beherzt vor einer Gewalttat, die ihn hätte das Leben kosten können, und wird am 19. Oktober in der Jakobskirche Frau von Goethe.

Die Herzoginmutter ist mit Prinzessin Caroline nach Braunschweig geflüchtet. Maria Pawlowna glaubt sich mit dem Erbprinzen in Berlin sicherer. Prinz Bernhard hat sich mit seinen vierzehn Jahren freiwillig gemeldet und direkt aus dem Stab des Fürsten von Hohenlohe die Nachricht von der Niederlage nach Weimar gebracht. Louise residiert im Schloß allein. Der Kaiser, der sich darin breit macht, kümmert sich nicht um sie. „Ich werde Ihren Mann vernichten!" hat er ihr bei seiner Ankunft auf der Treppe zugerufen. Die Herzogin muß einen Tag lang hungern, da der Sieger auch die Köche für sich und seine Suite requiriert hat. Am 16. Oktober gewährt er ihr und auch den Mitgliedern des Consiliums Wolzogen und Voigt – Goethe ist durch die chaotischen Umstände in seinem Haus noch verhindert – eine Unterredung. Napoleon faßt sich kurz: Herzog Carl August habe sich binnen vierundzwanzig Stunden mit seiner Truppe in Weimar einzufinden und sich dem französischen

Kommando zu unterstellen. Mit der Erwiderung, niemand in Weimar wisse, so sich der Landesherr aufhalte, stößt Louise auf Ungeduld. Da Sachsen-Weimar-Eisenach sich ihm an der Seite Preußens widersetzt habe, werde er das Herzogtum auslöschen. Aber Napoleon ist zu klug, das Unmögliche zu fordern. Er verlängert die Frist um drei Tage und kündigt der Herzogin milde an, er werde das Land um ihretwillen schonen.

Carl August, seit dem 21. August 1798 wieder in preußischen Diensten und am 25. Mai 1802 zum Generalinspekteur der magdeburgischen Kavallerie befördert, nun mit dem 20. September Kommandeur der Avantgarde, hat sich befehlsgemäß am 13. Oktober nach Ilmenau zurückgezogen und ist am 14. nach Arnstadt weitermarschiert. Hier erreicht ihn die Nachricht von der verlorenen Doppelschlacht. Vergeblich haben seine Weimarer Räte ihn gebeten, in der Residenz zu bleiben. Die Umgehungstaktik Napoleons und die konfuse Strategie des Oberkommandierenden von Hohenlohe wollten es, daß sich auf seinem Territorium auch die Entscheidungsschlacht ohne ihn abspielte.

Er ist als preußischer General und durch den Vertrag von Erfurt vom 4. Oktober 1806 mit einem weimarischen Kontingent doppelt in die Niederlage involviert. Das weimarische Schützenbataillon, am 10. Oktober von Stadtilm abmarschiert, bei Auerstedt ins Treffen geraten, hat an Toten und Verwundeten 41 Mann und viele Gefangene verloren und sich über Sulza wie die ganze preußische Armee nach Norden abgesetzt. Auch für Carl August bleibt Erfurt, Ziel seines Marschbefehls, nur noch die Station einer Flucht. „Herzog von Sachsen und Eisenach wären wir wohl einstweilen gewesen", hören ihn seine Leute beim Verschnaufen auf einer Trommel sagen.

In Weimar und Berlin hält man ihn für unrettbar von Truppen des Marschalls Soult umstellt. Aber von Wolfenbüttel kommt er weiter über Gardelegen, Stendal und Arneburg bis zur Elbe durch, die er am 26. Oktober unbehelligt überquert. Aus Berlin hat ihm König Friedrich Wilhelm III., bevor er mit Königin Louise nach Memel flieht, am 24. Oktober die Aufforderung geschickt, sein Kommando niederzulegen, jede weitere militärische Aktion bedeute Gefahr für sein Land.

188

Carl August ist damit formell entlassen. Sein Kürassierregiment Nr. 6 ist aufgelöst. Sein erster Brief nach Weimar geht am 27. Oktober von Havelberg ab und trifft am 2. November ein. Um jedoch eine französische Gefangenschaft zu vermeiden, entweicht der Herzog weiter nach Schleswig, dann nach Hamburg. Erst am 23. November erscheint er in Berlin. Aber Napoleon, der nach der Einnahme der Festungen Erfurt, Magdeburg und Spandau am 29. Oktober durchs Brandenburger Tor gezogen ist, verfolgt die Preußen längst weiter ostwärts. Was Louise bei der Audienz und Carl August, auf der Trommel sitzend, befürchtete, scheint unvermeidlich. Die Drohung des Kaisers, er werde mit diesem Herzog dasselbe tun wie mit Braunschweig, steht im Raum. Die Heimat Anna Amalias wird dem „Königreich Westfalen" eingegliedert, das Napoleons Bruder Jérôme regiert.

Der Mann, der nun mit wendigem Eifer und unermüdlicher Beweglichkeit das Ärgste verhütet, heißt Friedrich Theodor Adam Heinrich Müller. Als findiger Jurist mit Zeugnissen aus Erlangen und Göttingen hat der spätere „Kanzler von Müller" – Kanzler wird er aber erst 1815 –, der auch Goethes Freundschaft genießt, in seiner fränkischen Heimat Querelen der Familie des Weimarer Hofmarschalls Gottlob von Egloffstein gelöst, so daß Carl August ihm 1801 in Weimar eine Karriere öffnete. Nun macht die Abwesenheit des Fürsten den Regierungsrat zum Spitzendiplomaten. Louise und das Geheime Consilium schicken ihn dem Kaiser nach, damit er die Bedingungen der Unterwerfung aushandele.

Auch Müller trifft ihn nur kurz am 4. November in Potsdam und erreicht nichts Neues. Er reist ihm nach bis Küstrin und Posen. Carl August erteilt der ohne ihn in Gang gesetzten Reisediplomatie seinen Segen, ernennt ihn am 2. Dezember zum Geheimen Regierungsrat und versetzt ihn am 30. Januar 1807 in den Adelsstand. Auch in den nächsten Jahren liegt viel Wichtiges in seinen Händen. Daß er Napoleon verehrt, ist nun kein Hindernis mehr, sondern eher eine Empfehlung.

Wie schwierig die Lage des Herzogtums geworden ist, läßt sich ermessen, wenn man die letzten Atemzüge des Heiligen Römischen Reiches Deutscher Nation verfolgt. Wien hatte das beste Ohr für das bedrohliche Knarren vor dem endgültigen Zusammenbruch: Kaiser Franz, als römisch-deutscher Kaiser der Zweite, nahm nach der Kaiserkrönung Napoleon Bonapartes 1804 vorsorglich als Franz I. den Titel eines österreichischen Kaisers an. Die Krone Karls des Großen, ursprünglich einzige Kaiserkrone des Abendlandes, Zankapfel zwischen Frankreich und Deutschland seit der Abspaltung des Ostfränkischen Reiches, hatte durch Napoleons Anspruch ihren legitimistischen Wert endgültig verloren. Aber das Haus Habsburg wollte wenigstens den Titel nicht verlieren. Seine Reichsautorität ging damit allerdings verloren.

Die Niederlagen gegen Napoleon bei Ulm und Austerlitz und das Ende des Dritten Koalitionskrieges mit dem Frieden von Preßburg am 26. Dezember 1805 kamen nur noch hinzu. In dem beginnenden Schacher um neue Grenzen huldigten die süddeutschen Kleinstaaten Napoleon um kleiner Vorteile willen – selbst der kurmainzische Statthalter von Dalberg, einst Koadjutor des Fürstenbundes, folgte, nun „Fürstprimas", dem neuen Herrn –, bis sie, insgesamt sechzehn, am 16. Juli 1806 in Paris den „Rheinbundvertrag" unterzeichneten. Sie traten damit aus dem Reich aus und unterstellten sich Frankreich als einer „Schutzmacht". Alle linksrheinischen Gebiete waren inzwischen dem anderen Reich, dem Kaiserreich Frankreich einverleibt worden. Das Reich hatte sich im Grunde selbst aufgelöst, und es bedurfte nur noch der Aufforderung Kaiser Napoleons an Kaiser Franz, der Krone des Heiligen Römischen Reiches Deutscher Nation zu entsagen. Der Kaiser von Österreich tat dies am 6. August 1806. Wer nun noch nicht zu Frankreich hielt, war ein natürlicher Verbündeter Preußens und büßte mit Preußen für die Niederlage von Jena und Auerstedt.

Carl August ist, anders als seine früheren Partner im Fürstenbund, Preußen treu geblieben. Zwei seiner Briefe aus dem Frühjahr 1799, der eine an den preußischen Minister Graf von Haugwitz, einst Reisegefährte Goethes und der Grafen Stolberg im Wertherkostüm, der andere an den Herzog von Braunschweig, haben zu einem Eintritt in die Koalition gegen Frankreich aufgerufen, und auch Kursachsen galt ein ähnliches diplomatisches Bemühen. Er teilte bis in den Herbst 1806 die Auffassungen des Prinzen Louis Ferdinand und des ständischkonservativ denkenden Rittmeisters Friedrich August Ludwig von der Marwitz, der sich auch in den folgenden Jahren den preußischen Reformen unter Stein und Hardenberg widersetzte, dafür in Festungshaft kam und erst 1813 seinen Aufstieg zum Generalleutnant und konservativen Politiker als Landtagsmarschall von Brandenburg fortsetzen konnte. Er lieferte in Theodor Fontanes Roman „Vor dem Sturm" das Muster des Berndt von Vitzewitz.

Daß der Donner von Jena nicht sofort das Herzogtum Sachsen-Weimar-Eisenach vernichtet und der Landesherr mit Goethe, wie der Dichter noch am 9. Mai 1809 gegenüber dem Schulmann Johann Daniel Falk mit bitterer Ironie befürchtet, etwa bettelnd und bänkelsingend durch die Lande ziehen muß, verdankt Carl August zunächst seiner Verwandtschaft mit dem Zarenhof. Die osteuropäische Großmacht Rußland, für Preußen wie für Sachsen-Weimar-Eisenach gleichermaßen als Bündnispartner interessant, hat mit dem Mord am Zaren Paul am 24. März 1801, der Alexander I. zur Macht verhalf, eine Krise überstanden. Graf Panin, vom diplomatischen Parkett her ein guter Bekannter Carl Augusts, erleichtert es dem kleinen Herzogtum, neue Beziehungen anzuknüpfen. Im Sommer 1803 hat Wilhelm von Wolzogen in Sankt Petersburg die Heirat des Erbprinzen Carl Friedrich mit der Tochter des Zaren Paul, Maria Pawlowna, ausgehandelt. Maria Pawlowna, Enkelin Katharinas II., ist die Schwester des neuen Zaren. Am 9. November 1804 ist das neuvermählte Paar festlich in Weimar eingezogen. Auch durch seine Schwägerin Amalie von Baden ist Carl Augusts Haus mit der Zarenfamilie verwandt. Napoleon zieht es noch vor, Rücksicht darauf zu nehmen. Er braucht den Frieden mit Rußland, der unberechenbaren, geheimnisvollen und weit ausgedehnten Macht in Osteuropa.

Am 24. Dezember erklärt Herzog Carl August von Berlin aus, bevor er endlich in seine Residenz zurückkehrt, er wünsche den Beitritt seines Landes zum Rheinbund. Das Schreiben an den Kaiser der Franzosen verzichtet nicht auf Schmeicheleien. Sie sind so formelhaft wie alles, was sich Napoleon von seinen neuen deutschen Vasallen anhört. Seine Majestät antwortet am 29. Januar 1807. Der Monarch von eigenen Gnaden redet Carl August mit „Mon cousin" an und empfiehlt sich mit „Votre bon cousin Napoléon". Die Aufforderung, persönlich vor ihm zu erscheinen, wiederholt er nicht. Er hat längst Wichtigeres zu tun. Dem neuen Mitglied des Rheinbundes ist aber die Zukunft noch schleierhaft. Der über Preußisch-Eylau und Friedland von Sieg zu Sieg eilende Schlachtenlenker ist unberechenbar wie der Kriegsgott Mars.

So ist der Herzog auch am 10. April 1807 beim Tod der von der Flucht gesundheitlich gebrochenen Mutter Anna Amalia in Weimar seiner Zukunft nicht gewiß. Die Trauerfeierlichkeiten passen auf eine düstere Weise in den Ablauf der Ereignisse: Die Frau, durch deren ungewöhnlichen Ehrgeiz Weimar binnen kurzem andere Fürstenhöfe überragte, wird begraben. Ein Zeitalter geht für die Residenz und ihren Musenhof endgültig zu Ende.

Erst die Friedensverhandlungen von Tilsit, in denen sich Napoleon vom 7. bis zum 9. Juli 1807 gegen Preußen und Rußland endgültig abzusichern hofft, schafften auch für Weimar klare Verhältnisse. Nun findet sogar die Fürsprache Carl Augusts vom 7. März über das Schicksal von Sachsen-Coburg-Saalfeld wohlwollendes Gehör. Die Kontributionen, mit denen sich der Sieger seine Gnade abkaufen läßt, sind allerdings bedrückend. Das Herzogtum hat 2,2 Millionen Francs aufzubringen. Französische Durchmärsche müssen geduldet, Quartiere und Verpflegung bereitgestellt werden. Seit dem Siebenjährigen Krieg hat das Land nicht so leiden müssen. Mit 800 Mann muß es die Frankreich hörige „Rheinbundarmee" verstärken. Weimarische Rekruten marschieren nach Tirol und Spanien, um die Macht des Korsen zu schützen. Versuche Friedrich von Müllers, Milderungen auszuhandeln, scheitern an Marschall Darus beharrlichem Nein. Da hilft Müller die rheinbündische Gesinnung nichts. So weist Carl August auch entrüstet seinen Vorschlag, in Sachsen-Weimar-Eisenach den Code Napoléon einzuführen, wie es andere Rheinbundfürsten taten, zurück. Die Hoffnungen, wie diese anderen beim großen Rheinbund-Schacher Landfetzen zu gewinnen, die Stadt Erfurt etwa, Arnstadt, die Grafschaft Blankenhain, erfüllen sich hingegen nicht. Müller wirbt in Paris vergeblich. Der Grund ist denkbar einfach: Die Kontributionen werden zu zögerlich bezahlt. Napoleon behält sich ein ihm unterstelltes „Fürstentum Erfurt" auch

Abb. 34: Carl August und Johann Wolfgang v. Goethe. Stich von C. A.
Schwerdgeburth (1860)

Abb. 35: Carl August von der Jagd zurückkehrend. Tuschezeichnung von C. A. Schwerdgeburth (1830)

Abb. 36: Weimar. Ansicht von Osten (um 1805). Stich von C. Müller nach G. M. Kraus

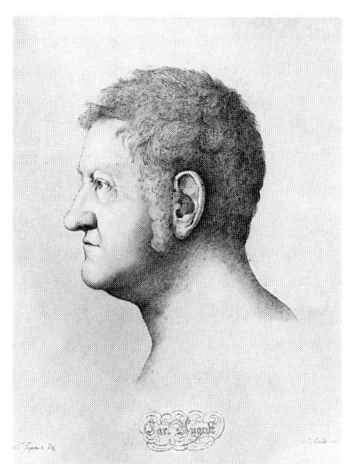

Abb. 37: Kupferstich von J. Ch. E.
Müller nach F. Jagemann

Abb. 38: Bücherverbrennung beim Wartburgfest. Stich von W. Pobuda

Abb. 39: Carl August. Gemälde von F. A. Tischbein (1795)

aus strategischem Interesse vor. Sachsen-Gotha, von Anfang an dem Kaiser ergeben, kommt in allem besser weg.

Am 18. Juli 1807 schließlich möchte der Kaiser in Dresden gern Carl August sehen. Der Herzog ist aus Karlsbad angereist, wo er die Kur gebraucht hat, was für ihn inzwischen heißt: abnehmen. Zunächst findet man ihn nicht, und er kann der spontanen Einladung, die einer Vorladung gleichkommt, nicht pünktlich nachkommen. Im Botanischen Garten endlich aufgespürt, tritt er trotz der Verspätung unerschrocken vor den Imperator. In einem Brief vom 9. Juli hat er seine Loyalität bekundet. Napoleons Spitzeln aber sind seine freimütigen Äußerungen nicht entgangen. Für einen Herzog von Gottes Gnaden ist Napoleon in all seinem Glanz nichts weiter als der kleine korsische Edelmann, ein Emporkömmling, der sich aus den Wirren der Revolution durch Schlachtenglück über ihn hinaufgeschwungen hat. Ein Vergleich mit dem anderen Schlachtengott, Friedrich II., fällt zuungunsten des Kaisers aus.

Unfreiwillig gelingt es Carl August, den Kaiser wenig später noch einmal zu verstimmen, indem er es versäumt, ihn bei der Durchreise nach Paris an seiner Landesgrenze zu empfangen. Da er es vermeidet, sich wie ein Höfling in die kaiserliche Gnade zu drängen, fällt für ihn in der Kampagne, in der Napoleon aus Duodezfürsten Großherzöge und Könige macht, keine Erhöhung ab. Bayern, Württemberg und Sachsen werden Königreiche, Baden wird ein Großherzogtum, die Fürstentümer Anhalt-Dessau und Anhalt-Köthen werden Herzogtümer. Nur Alexius von Anhalt-Bernburg ist 1806 noch von Kaiser Franz als letzter deutscher Fürst des alten Reiches zum Herzog erhoben worden. Es zahlt sich aber für Carl August aus, daß er sich zurückhält. Nach dem Untergang des Usurpators wird ihn der Wiener Kongreß zum Großherzog erheben.

Goethe hat allen Grund, Friedrich von Müller, mit dem er sich als Bewunderer Napoleons einig weiß, 1809 über Carl August zu beruhigen: „Seien Sie unbesorgt, der Herzog gehört zu den Urdämonen, deren granitartiger Charakter sich niemals beugt, und die gleichwohl nicht untergehen können. Er wird stets aus allen Gefahren unversehrt hervorgehen, das weiß er recht gut selbst, und darum kann er so vieles wagen und versuchen, was jeden andern längst zu Grunde gerichtet hätte."

GASTGEBER VON KAISERN
UND KÖNIGEN

Napoleon ist Protektor des Rheinbundes. Da das Reich unwiederbringlich verloren ist, richtet man sich ein im französischen Protektorat. Man zahlt, so gut man kann, wechselt sich mit Gotha regelmäßig ab in der Führung des französischen Regiments „Herzöge von Sachsen", mutet der Staatskasse Geschenke an napoleonische Würdenträger zu. Friedrich von Müller, voller Hintergrundwissen, spricht die Empfehlungen aus. Napoleons Außenminister, der Herzog von Talleyrand, steckt 80 000 Francs ein und erhält dazu eine von Brillanten gezierte „Dose mit dem Porträt Serenissimi". Christian Gottlob Voigt, nach und nach in die staatsmännische Rolle Goethes gerückt und dann zum Rang Fritschs aufgestiegen, sieht auch Vorteile: Man ist die leidige Bevormundung durch Preußen los. Wilhelm von Wolzogen, der Jugendfreund Schillers, inzwischen schwer lungenkrank, versieht bis zu seinem Tod 1809 widerwillig die Aufgaben eines bevollmächtigten Ministers in den Verhandlungen mit Frankreich.

Der Kaiser macht sich zum Gevatter der Enkelin Carl Augusts, Marie Louise Alexandrine, die 1808 geboren wird und später den Prinzen Karl von Preußen heiratet. Der 1805 geborene erste Sohn Carl Friedrichs und Maria Pawlownas, Prinz Paul Alexander Carl Friedrich August, zu dessen Taufe am 6. November Zar Alexander I. nach Weimar kam, ist im Säuglingsalter gestorben. 1811 wird dem Herzog wieder eine Enkelin geboren. Auf den Erbprinzen muß Weimar bis 1818 warten.

Das kleine Land scheint wenig Zukunft zu haben. Seine Finanzen leiden unter den ständig erneuerten französischen Forderungen, seine Wirtschaft stagniert wegen der Kontinentalsperre, die jeden Handel mit England, der fortgeschrittensten Wirtschaftsmacht Europas, unterbindet. Carl August versucht, wie ein unabhängiger Monarch zu regieren. Aber es bleibt bei Plänen und Entwürfen, sei es die Einrichtung eines Oberappellationsgerichtes für Thüringen in

Jena, die sich nach dem Wegfall des Wetzlarer Reichskammergerichts empfiehlt, sei es eine Union der ernestinischen Herzogtümer in Thüringen, zu der auch die Splitterstaaten Anhalts eingeladen sind. Vom Chef des Hauses Askanien, Leopold Friedrich Franz, kommt aus Dessau ein freundlicher Verzicht.

Das benachbarte Erfurt, das Weimar immer begehrt hat und nie bekommt, macht auf einmal wieder von sich reden. Mitte September 1808 erreicht Carl August in Wilhelmsthal bei Eisenach, wo er mit dem Hof weilt, die Nachricht, Kaiser Napoleon wolle sich mit dem russischen Zaren und allen Rheinbundfürsten, mit Königen, Großherzögen und Herzögen von Frankreichs Gnaden, treffen. Vorübergehend ist Weimar als Schauplatz des „Fürstentages" erwogen worden, der dann vom 27. September bis zum 14. Oktober 1808 in Erfurt stattfindet. Das neue Schloß böte einen gewichtigeren Rahmen, und auch die Unterbringung der erlauchten Gäste wäre in dem „großen Schloß" Weimar günstiger als in der noch recht mittelalterlichen Stadt, die bislang nur Exklave eines geistlichen Fürstentums gewesen ist. Aber Napoleon möchte auf eigenem Territorium Hof halten.

Für Carl August beginnt dieser Kongreß sogleich mit einem Mißgeschick. Er eilt dem Kaiser, der am 26. September anreist, nach Eisenach entgegen, um die Begrüßung an der Landesgrenze nicht noch einmal zu verfehlen. Jedoch sein Wagen bleibt mit Achsenbruch auf der Strecke, so daß die Begrüßung fern aller Etikette auf freiem Feld stattfinden muß und auch der Empfang für den Zaren Alexander nicht pünktlich vonstatten geht. Carl Augusts Quartier im hoheitsrechtlich weimarischen Geleitshaus ist dem kaiserlichen in der Erfurter Statthalterei so nahe benachbart, daß es den französischen Sicherheitsbeamten ratsam erschien, die entsprechenden Fenster des ersteren zuzumauern.

Das Mißtrauen gegen Carl August schwelt weiter. Er hat entlassene preußische Offiziere in Dienst genommen und Blücher, dem Verlierer von Auerstedt, 4 000 Taler geliehen. Der Herzog kommt am 27. September, Goethe folgt ihm zwei Tage später. Er hat sich rufen lassen. Carl August möchte mit dem Mann des Geistes renommieren und hofft, daß ihm die Sympathien Goethes für Napoleon bei den Verhandlungen helfen. Es ist ihm nicht unerwünscht, daß der Dichter beim „Kaiser der Nacht", wie er in einem Brief am 16. Dezember 1812 schreiben wird, wohlangesehen ist und „von Himmel und Hölle beliebäugelt" wird. Am 2. Oktober empfängt Napoleon den Dichter. Goethes Gespräch mit dem Kaiser der Franzosen ist durch die Aufzeichnung, zu der Kanzler von Müller nach Jahren, 1824, drängte, berühmt geworden.

Dem Landesherrn hat Napoleon, nach dem Bericht von Müllers, der zugegen ist, am Ankunftstag Viertel nach elf Uhr, außer glatten Friedensbekundungen und Artigkeiten nicht viel zu sagen. Den braven Soldaten lobt er, der Herzogin Louise macht er Komplimente. Er hat auch nicht viel zu fragen; er braucht seine Vasallen eigentlich nur, um vor dem Zaren mit ihnen als einem Machtfaktor zu glänzen. Immerhin läßt er sich zu einem Bedauern der Schäden herbei, die Jena zwei Jahre zuvor als Ausgangspunkt der Schlacht erlitten hat, und sagt mit dem 12. Oktober 300 000 Francs Entschädigung zu. Anderentags darf Carl August ihm den Erbprinzen Carl Friedrich vorstellen. Der Kaiser möchte auch nach Weimar eingeladen werden, natürlich mit dem Zaren und allen Rheinbundfürsten. So wird Herzog Carl August mit seiner kleinen Residenz doch noch für zwei Tage Gastgeber von Königen und Kaisern.

Am 6. Oktober werden am Ettersberg dem Kaiser und seinen Gästen Hirsche vor die Flinten getrieben. Die „Hirschjagd" ist – man nimmt sich nicht viel Zeit – mehr ein Hirscheschießen. Danach ziehen die Monarchen, an ihrer Spitze zwei Kaiser, denn seit Peter dem Großen mißt sich der Zar aller Reußen eine kaiserliche Majestät zu, unter Glockengeläut in Weimar ein. Am Abend wird im Hoftheater vor einem „Parkett von Königen", wie man sich lange erinnert, Voltaires „La mort de César" („Tod Caesars") gegeben. Der Kaiser hat seine eigene Truppe mitgebracht, und Weimar genießt das meisterhafte Spiel des Mimen Francois-Joseph Talma in der Rolle des Brutus. Ein Ball schließt sich an, der bis Mitternacht dauert.

Am 7. Oktober wird auf dem Windknollen über Jena mit der Enthüllung eines Holztempelchens, von dessen Fundament noch heute einer der vielen deutschen Napoleonssteine steht, des Schlachtensieges von 1806 gedacht. Carl August ist zugegen, Goethe hält sich fern.

Er bewundert Napoleon wie einen lebenden Mythos, den ihm das Politische und Repräsentative nur zerstören würde. Das „Dämonische", das er 1809 seinem Herzog zuschreibt und ihm am 2. März 1831 in einem Gespräch mit Eckermann wiederholt bescheinigt, bezieht er durchaus auch auf den Kaiser. Die sich anschließende Hasenjagd auf dem Gelände des Schlachtfeldes ist denn auch ein ausgemachter Skandal, den sich die Gäste des Kaisers bieten lassen. „Die Gemeinheit hat", äußert später Talleyrand, der zu dieser Zeit Frankreich noch als Außenminister dient, aber mit Napoleon heimlich schon gebrochen hat, „nie so viel Genie gezeigt als bei dem Plan, eine Jagd abzuhalten auf eben dem Terrain, wo der Kaiser die bekannte Schlacht bei Jena gewonnen hatte!" Daß sich das Weidvergnügen auf das herzogliche „Leibgehege" zwischen Klein- und Großromstedt konzentriert, mildert den Vorwurf nicht; die Windmühle von Krippendorf ist dort noch in Sicht, und auch dieses Rückzugsgelände ist blutgetränkt. Die Schande geht so tief, daß man erfindet, Carl August habe sich als krank entschuldigen lassen.

Talleyrand nutzt den Kongreß zu einer geheimen Unterredung mit dem Zaren, die einem Hochverrat gleichkommt. „Majestät", fragt er Alexander I., „warum sind Sie hierhergekommen? Sie müssen Europa retten, und das wird Ihnen nur gelingen, wenn Sie sich Napoleon widersetzen." Die rätselhafte russische Reserve, die Napoleon um den erwarteten Ertrag des „Fürstentages" bringt, rührt aus diesen Worten. Alexander weigert sich, in einem neuen Krieg gegen Österreich an die Seite Frankreichs zu treten. Der Kaiser läßt wütend seinen Hut fallen und trampelt darauf herum. Der Zar schaut ruhig zu und sagt nur: „Sie sind heftig, und ich bin starrköpfig. Wir werden miteinander reden, wir werden überlegen, oder ich gehe fort." In seinen Memoiren behauptet Talleyrand, er habe auch Carl August seine Besorgnis über die hybriden Pläne Napoleons in Europa zu verstehen gegeben. Er weiß aber als Zeuge auch von Stirnrunzeln und Rügen Napoleons gegen den Herzog in seinem Gespräch mit Goethe, die Goethe entweder verschweigt oder nicht wahrgenommen hat. Es liegt im Wesen der Geheimdiplomatie, daß manches für immer in dem Zwielicht oder dem Dunkel bleibt, das sie darüber breitet.

Napoleon reist am 14. Oktober, dem Jahrestag der Schlacht, zurück nach Paris. Er hinterläßt dem Herzogtum Sachsen-Weimar-Eisenach vier Ehrenlegionäre. Das Kreuz verlieh er außer Goethe und Wieland auch dem Mediziner Johann Christian Stark aus Jena, seit 1786 Carl Augusts Leibarzt, und dem Jenaer Bürgermeister Georg Wilhelm Vogel. „Die Politik ist das Schicksal!" hat Napoleon in der Audienz Goethe an den Kopf geworfen, nicht ahnend, daß dies sein eigenes Urteil ist.

Napoleon hinterläßt auch seine Beamten und mit ihnen ein tiefsitzendes Mißtrauen gegen Carl August. Marschall Davoust, der in Erfurt residiert, umgibt die Familie des Herzogs mit Spitzeln und läßt den Briefverkehr des herzoglichen Paares überwachen. Erbprinz Carl Friedrich hält sich mit Maria Pawlowna über ein Jahr in Sankt Petersburg auf und kommt 1808 nur zu den Kongreßtagen nach Hause. Es wirkt wie ein Exil. Prinz Bernhard verdient sich zwar als Siebzehnjähriger an der Seite der Franzosen in der Schlacht bei Wagram am 5./6. Juli 1809 das Kreuz der Ehrenlegion. Aber daß ein gewisser Staps, dessen Attentat auf Napoleon in Schönbrunn scheitert, aus Naumburg stammt, lenkt sofort neuen Verdacht auf Weimar. Daß der Landesherr den Gymnasiallehrer Johannes Schulze deckt, der mit der Offenheit eines Freimaurers patriotische Reden führt, ist nicht geeignet, solch einen Verdacht zu entkräften. In den Sommern 1810, 1812 und 1813 hält sich der Herzog lange in den böhmischen Bädern auf, vor allem in Teplitz, um die Auswirkungen seines Übergewichts und seines erhöhten Blutdrucks zu kurieren. Er lädt Goethe und Christiane zu sich und hält mit der Jagemann ausgesprochen unpolitisch Hof, aber er befindet sich auf österreichischem Gebiet. Es ist, von Spitzeln abgesehen, sicher, macht ihn aber auch freimütiger. Im Juli 1812 bedarf es in Gesprächen mit der dreiundzwanzigjährigen, südlich schönen Maria Ludovica, von der auch Goethe bezaubert ist, über Napoleon kaum einer Erklärung, und auch im Juni 1813 lehnt der Herzog ein kompromittierendes Treffen mit Kaiser Franz auf Schloß Brandeis nicht ab. Man beschließt in diesem Klima keine Vereinbarungen und ist sich dennoch, beinahe ohne Worte, einig.

Vor allem Friedrich Carl Ferdinand Freiherr von Müffling, den Carl August vom Ersten Koalitionskrieg her kennt und als Hauptmann in seine Dienste genommen hat und zum Vizepräsidenten des Landschaftskollegiums (1808–1813) aufsteigen läßt, schürt die Widersetzlichkeit des Herzogs. Er wird nicht müde, hinter vorgehaltener Hand an der Unbesiegbarkeit Napoleons zu zweifeln. Der spätere preußische Generalfeldmarschall und Chef des Staatsrates würde Weimar am liebsten zum Zentrum einer deutschen Befreiungsbewegung machen und weckt überall geheime Hoffnungen, Sachsen-Weimar-Eisenach werde die Rolle übernehmen, in die dann, nach dem Vertrag von Tauroggen, Preußen schlüpfen wird. Dabei bedenkt er nicht, daß das Ländchen zu klein und der Einfluß seines Herrn zu gering ist. In seinen Erinnerungen macht er Carl August zu einem konspirativen Mitwisser der eigenen Umtriebe. Das Schutz- und Sicherheitserfordernis solcher Aktionen bringt es mit sich, daß andere schriftliche Belege nicht mehr existieren. Auch der preußische Diplomat und Schriftsteller Carl August Varnhagen von Ense bezeugt: „Ein entscheidender Anhalt aber und starker Träger solcher Hoffnungen war vor allem der Herzog von Weimar, der hier im sicheren Böhmen manchen Zwang abwarf und unter Freunden seine politische Gesinnung gar nicht verleugnete."

Die russische Verwandtschaft, die Carl August zunächst zugute kam, erweist sich nach Napoleons Zerwürfnis mir dem Zaren als weitere Belastung. Anfang des Jahres 1812 bekommt Weimar einen französischen Gesandten. Der hochgebildete Baron de Saint Aignan, der auch sofort Beziehungen zu Goethe aufnimmt, kommt vorgewarnt. Der französische Militärintendant in Erfurt, Jacques-Francois-Laurent Devismes, kennt die Rolle Mufflings und traut auch Voigt nicht mehr. Er kann in seinen Berichten die Unzuverlässigkeit des Weimarer Hofes nur bestätigen. Aber er sieht in Carl Augusts Klugheit eine gewisse Garantie. In seinem Schreiben vom 19. März 1812 läßt er keinen Zweifel darüber, daß der Herzog, ohne wirkliche Sympathie für Frankreich, lediglich stillhalte und um der Ruhe in Thüringen willen die bestehenden Machtverhältnisse respektiere.

Vor seinem Rußlandfeldzug, im Mai 1812, versammelt Napoleon noch einmal alle Getreuen und alle, die er sich gefügig hält. Carl August ist im Besitz eines Briefes, den Zar Alexander I. an seine Schwester Maria Pawlowna gerichtet hat, und darf in einer Audienz am 19. Mai von seinem Inhalt Gebrauch machen. Die Beteuerungen des Zaren, er wünsche weder einen Krieg mit Frankreich noch ein Bündnis mit England, sind deutlich an den Kaiser der Franzosen gerichtet. Man sieht Napoleon heftig gestikulieren. In seinem selbstverfaßten Bericht sagt Carl August zu ihm: „Ich habe zwar keinen Auftrag, aber mein Gewissen drängt mich, Ew. Majestät dieses zu sagen, da ja die Frau Großfürstin nicht in die Lage kommen wird, es selbst zu tun." Napoleon antwortet: „Ich danke Ihnen, auch ich will den Krieg nicht, aber wie alles jetzt noch entwirren, wo es schon so verworren ist?" Carl August schlägt ein persönliches Treffen mit dem Zaren vor. „Das ist sehr schwierig", wendet der Kaiser ein. „Wir sind schon zu weit gegangen." Es werde, beharrt der Herzog, nur von Napoleon „abhängen, die Finsternis zu erhellen, die uns umgibt." „Ihr weitumfassendes Genie", schmeichelt er weiter, „findet Heilmittel gegen alles." – „Ich wünsche es", schließt Napoleon, „man muß zusehen."

Der Vermittlungsversuch hat keine Chance. Stünde er auch auf diplomatisch festerem Boden – er käme zu spät. Der Feldzug ist beschlossen. Der große Abenteurer macht sich zum Gefangenen seiner ehrgeizigen Pläne. Er will nicht mehr zurück, selbst wenn er könnte. Am 23. Juni marschiert Napoleon mit 600 000 Mann in Rußland ein. Carl August verbringt den Juli, der den Vormarsch der Franzosen heimtückisch begünstigt, in Teplitz. Man hört ihn Abfälliges über das russische Kommando sagen, besonders über den Großfürsten Konstantin. Aber das muß nicht franzosenfreundlich gemeint sein; es kann auch Enttäuschung verraten. Am 15. August überläßt er die Geburtstagsgrüße an den Kaiser seinem Minister Voigt, und der Protektor gratuliert dem Herzog am 3. September ebenfalls nur auf amtlich subalternem Umweg.

In den französischen Uniformen stecken viele Deutsche, auch weimarische Untertanen. Oberst August von Egloffstein führt mit dem Obersten von Germar das weimarische Kontingent der Rheinbundtruppen – ein Teil der Division Loison – von Hamburg über Stralsund und Danzig nach Königsberg. Er hat 1807 die Belagerung der preußischen Festung Colberg mitgemacht, 1809 an der Niederschlagung des Tiroler Aufstandes teilgenommen und 1810 den Besatzerterror in Spanien miterlebt. Nun bleibt er mit seinen Leuten zunächst am Rand des Kriegsgeschehens. Erst am 14. November führt ihn sein Marschbefehl auf russisches Gebiet, am 26. steht er in Wilna. Dort trifft am 5. Dezember der Kaiser ein, der das niedergebrannte Moskau nicht halten kann. Die thüringischen Truppen werden wie in einen Strudel in das Elend des fluchtartigen winterlichen Rückzugs gesogen. Am 15. Dezember jagt Napoleon incognito, als Sekretär verkleidet, in Talleyrands Kutsche, geschützt vom Dunkel des frühen Morgens, durch Weimar. Seinem Geschäftsträger Saint Aignan trägt er an „Monsieur Göt" Grüße auf.

Ehe das Desaster Napoleons 1813 richtig ins Rollen kommt, stirbt am 20. Januar in Weimar der alte Wieland. Für seinen menschenfreundlichen, die Harmonie suchenden Greisenblick hat schon das nächste Zeitalter begonnen. Es zeigt sich Anfang April mit ersten Kosakenabteilungen in Sachsen und Ostthüringen. Saint Aignan hat Mitte März Paris noch zu beruhigen versucht, das herzogliche Paar liebe die Russen nicht und erwarte von ihnen für Deutschland nichts Gutes. Damit kolportiert er eher, worüber Voigt und Goethe sich einig geblieben sind. Am 14. März gibt er die kaiserliche Forderung nach neuen Truppen bekannt. Das Kontingent, das am 30. März nach Gotha, wo gerade der Oberbefehl über das Regiment „Herzöge von Sachsen" liegt, in Marsch gesetzt worden ist, besteht aus zu alten, schlecht gedrillten Leuten. Botschafter Saint Aignan folgt ihnen; die Kosaken sind ihm schon auf den Fersen. Am 8. April erscheint Blücher mit seinen Husaren in Jena. Marschall Ney verjagt ihn zehn Tage später wieder. Auch Weimar wird vom 11. bis zum 18. April von einer preußischen Vorausabteilung besetzt. An der herzoglichen Tafel nehmen Blüchers Sohn in preußischer und Prinz Bernhard in französischer Uniform Platz. Müffling nutzt die Chance, endlich in preußische Dienste überzuwechseln. Goethe macht das Durcheinander krank. Er reist am 16. April vorzeitig in die böhmischen Bäder und sagt unterwegs in Körners Haus zu Dresden sein gewichtiges Wort über Napoleon: „Schüttelt nur an euren Ketten, der Mann ist euch zu groß, ihr werdet sie nicht brechen."

Unterdessen sammelt sich das letzte thüringische Rheinbund-Aufgebot, von Weimar, Gotha, Meiningen und Hildburghausen kommend, unter Major von Lyncker in Ruhla. Es wird am 13. April in einem Handstreich von schlesischen Husaren unter dem Rittmeister Graf Pinto gefangengenommen. Napoleon, der am 26. April nach Erfurt kommt, brüllt Carl Augusts Emissär von Müller an: „Ou est votre contingent!" Er glaubt nicht an eine Gefangennahme, hält Ruhla für eine abgekartete Sache des Widerstandes gegen ihn. Endlich macht der Kaiser seinem Herzen Luft: „Euer Herzog", herrscht er von Müller an, „ist der unruhigste Fürst in ganz Europa!" Eine peinliche Affäre schürt seinen Zorn. Bei der Vertreibung der Preußen aus Weimar haben die Franzosen einen Brief abgefangen, in dem der Kammerherr und spätere Oberhofmarschall und Intendant des Weimarar Theaters von Spiegel und der jüngere Christian Gottlob Voigt, Sohn des Ministers und weimarischer Regierungsrat, an Friedrich von Müller nach Jena einen schlecht getarnten Bericht über französische Truppenbewegungen übermitteln wollten. Sie sind auf den Petersberg über Erfurt in Festungshaft gebracht worden; Herzogin Louise bewirkt bald darauf ihre Freilassung, doch Voigt erliegt einer Typhusinfektion.

Dann lenkt Napoleon sein Donnerwetter auf die frechen Reden Jenaer Professoren und droht, er werde Jena niederbrennen lassen. Carl August, der am 27. April erscheint, kann seinen Protektor nur mit einem Militärgericht beruhigen, das den Fall in Gotha untersucht und Lyncker am 12. August in Abwesenheit degradiert und zu zwölf Jahren Festungshaft auf der Leuchtenburg verurteilt. Am 28. April läßt sich Napoleon zu einem Gegenbesuch im Weimarer Schloß herab. Man reitet am 30. April zum Essen ins Amtshaus von Eckartsberga. Napoleon hält Monologe über seine Erfolge als Soldat und seine These, die er als Verbannter auf Santa Helena nicht müde wird zu wiederholen: Er habe immer nur gegen England Krieg geführt. Nach dem Bericht Saint Aignans wagt es Carl August darauf, zu bedenken zu geben: „Dieses System gründet sich auf gigantische und unausführbare Gedanken, es zieht grenzenlose Kriege und den Verderb Europas nach sich." Der Glaube an seine Sendung in der Welt, an seinen Stern, der seine kalten Augen leuchten macht, beeindruckt den Herzog allerdings. Er kann sich, wie er danach erzählt, einem gewissen Reiz nicht ganz entziehen, der von dem

Welteroberer ausgeht. Er ist aber für seinen nüchterneren Blick „kein europäischer Geist", sondern „ein orientalisches Genie, er kam mir vor wie ein von Gott Erfüllter. Ich stelle mit vor, Mohammed müßte so gewesen sein."

Napoleons Stern hält sich tatsächlich noch eine gewisse Frist. Am 2. Mai siegt er bei Großgörschen; Scharnhorst wird so schwer verwundet, daß er nach Wochen des Siechtums stirbt. Am 28. Mai erreicht Weimar der unerbittliche Befehl, dem Kaiser neue Truppen zuzuführen. Die Schlacht bei Dresden am 26. und 27. August kann Napoleon noch für sich entscheiden. Der Eintritt Österreichs in den Krieg scheint ihm nichts anzuhaben. Aber auf den herbstlichen Feldern vor Leipzig besiegelt vom 16. bis zum 19. Oktober die „Völkerschlacht" sein Schicksal. Am letzten Schlachttag schon besetzen hundert Kosaken Weimar.

Die Zeit des Stillhaltens ist vorüber. Im benachbarten Erfurt, das sich als Festung gut verteidigen läßt, halten sich die Franzosen allerdings noch bis zum 6. Januar 1814. Am 24. Oktober trifft Zar Alexander I. in Carl Augusts Residenz ein. Der französische Gesandte Saint Aignan wird am 27. Oktober als Gefangener nach Prag geführt. Graf Nesselrode, der russische Außenminister, kündigt den preußischen Reformminister Freiherr vom Stein an, der am 11. November die Verhandlungen über einen Beitritt des Herzogtums zu den Verbündeten beginnt. Carl August, bis zuletzt noch unentschlossen, wer ihn nun vor wem zu schützen habe, entschließt sich, wieder Verbündeter der Befreiungstruppen zu werden. 800 Soldaten und 1 000 Taler monatlich bietet er als Unterstützung an. Aber damit ist die preußische Seite nicht zufrieden. Der Herzog bekommt eine erste Ahnung davon, wer ihm in der Folgezeit Sorgen machen wird. Man einigt sich darauf, daß Weimar 2 000 Soldaten stellt und einen großen Teil der Geldforderungen in Naturalien beisteuert.

Am 24. November überträgt der Kriegsrat der Verbündeten in Frankfurt Carl August den Oberbefehl über das dritte deutsche Armeecorps. Er unterstellt sich mit seinen Sachsen, Hessen und Russen dem russischen Kommando. Im Januar 1814 geht er als russischer General mit einem Heer von 44 Bataillonen, 28 Schwadronen, drei Kosakenhaufen und 85 Geschützen über den Rhein, um die seit der Zeit des Direktoriums bestehende „Batavische Republik" von Frankreichs Gnaden zu liquidieren. Die Festungen Antwerpen, Maizêres und Montmedy fallen. Als Gouverneur der Verbündeten verwaltet er mit seinem Generaladjutanten von Müffling die Gebiete der Niederlande, die später das Königreich Belgien bilden werden. Nach der Einsetzung einer provisorischen Regierung am 11. Februar 1814 macht er die erste Bekanntschaft mit der Uneinigkeit der Sieger, die ihm den Wiener Kongreß vergällen wird. Der Wunsch nach einer Rückkehr des Königshauses der Oranier und alte österreichische Ansprüche stehen einander im Weg.

Aber die Friedensverhandlungen nach der ersten Abdankung Napoleons rufen Carl August am 23. April nach Paris. Das Gebaren der Großen – Rußland, England und Frankreich – beim Zustandekommen des Friedens von Paris am 30. April läßt den Herzog eines kleinen thüringischen Landes von dem Kongreß in Wien, der sogleich mitvereinbart wird, wenig hoffen. Preußen und Österreich fühlen sich selbst groß genug, ohne ein neues „Reich" auszukommen, und machen Miene, den Flickenteppich des aufgelösten Rheinbundes sich selbst zu überlassen. In persönlichen Gesprächen mit Alexander I. und Friedrich Wilhelm III. beginnt er Verdrießliches zu ahnen. Sein Sinn für Ritterlichkeit verschmäht es nicht, Josephine, der Gattin des nach Elba verbannten Kaisers, in Malmaison einen Besuch abzustatten. Daß die Bourbonen wieder Frankreich regieren sollen, findet er – darin weiß er sich in Briefen auch mit Herzogin Louise einig – befremdlich. Die Herzogin drückt sich ungewohnt drastisch aus: Sie nennt das Herrschergeschlecht eine „degenerierte Rasse". In den Sommermonaten nimmt der Herzog Gelegenheit, über den Kanal zu setzen und sich London und England anzuschauen, dessen Wirtschaft nach der Aufhebung der Kontinentalsperre wieder kräftig prosperiert.

Am 1. September 1814 trifft der Herzog in Weimar ein, um seinen siebenundfünfzigsten Geburtstag zu feiern.

DER LIBERALE GROSSHERZOG

„Ich sehe ihn noch immer auf seiner alten Droschke", heißt es in Goethes Quasinachruf, zu dem Eckermanns Gespräch am 23. Oktober 1828 mit ihm gerät, „im abgetragenen grauen Mantel und Militärmütze und eine Zigarre rauchend, wie er auf die Jagd fuhr, seine Lieblingshunde nebenher. Ich habe ihn nie anders fahren sehen als auf dieser unansehnlichen alten Droschke, auch nie anders als zweispännig. Ein Gepränge mit sechs Pferden und Röcke mit Ordenssternen scheint nicht sehr nach seinem Geschmack gewesen zu sein ... Es kommt jetzt darauf an, was einer auf der Waage der Menschheit wiegt; alles übrige ist eitel. Ein Rock mit dem Stern und ein Wagen mit sechs Pferden imponiert nur noch allenfalls der rohesten Masse, und kaum dieser."

Dieses Bild eines liberalen, beinahe volksnahen, verbürgerlichten Monarchen hat viele Schichten und ist in mehreren Phasen entstanden. Die dramatischsten Ereignisse sind spät in sein Leben getreten. Unter denen, die sich Napoleon beugen mußten, hat er am deutlichsten einen gewissen Starrsinn bewiesen. Nun steht er unter den Siegern und muß achtgeben, daß sie ihn in ihrer Geschäftigkeit bei der Neuordnung Mitteleuropas und der Wiederherstellung alter Verhältnisse nicht ganz auf die Seite schieben. Die Teilnahme am Wiener Kongreß scheint ihm sofort notwendig. Aber da stößt er schon wieder auf die kleinen Verhältnisse, aus denen er immer groß denken und handeln wollte: Das Geheime Consilium findet sie zu teuer. Einen Hofstaat in Wien, und sei er noch so klein, kann sich das Land wirtschaftlich nicht leisten. Maria Pawlowna, seine Schwiegertochter, residiert als Schwester des Zaren ohne Frage während des Kongresses in der Wiener Hofburg. Doch Rußlands Pläne weichen von Weimarer Wünschen zu weit ab, als daß sie Interessen des Herzogtums wahrnehmen könnte. Der Landesherr ist bereit, sich im Aufwand sehr zu bescheiden. Politisch kann sich Weimar ein Fernbleiben seines Landesherrn auch nicht leisten.

Gern reiste er mit Goethe. Der Dichter, der die Ereignisse des Jahres 1814 mit seinem Schauspiel „Des Epimenides Erwachen" gewürdigt hat, freut sich über Napoleons Untergang allerdings nicht genug, um ihm diesen Gefallen zu tun. Mit seinem Privatsekretär, dem Kanzleischreiber Christian Georg Carl Vogel, als Reisemarschall, einem jungen Schreiber namens Ottokar Thon und dem in der Etikette versierten Oberhofmarschall Albert Cajetan Graf von Edling macht sich Carl August auf die Reise. Einen offiziellen Beginn hat der Kongreß nicht. Die ersten Vorbesprechungen beginnen schon am 16. September 1814. Am Tag darauf bezieht der Herzog ein Dutzend Zimmer im „Müllerschen Gebäude am Roten Turm". Um seinen Begleitern Tagegelder zahlen und die eigenen Kosten des an Bällen reichen Kongresses bestreiten zu können, hat er ein Darlehen aufgenommen. Daß er fast jeden Tag von einem Fürsten oder Diplomaten zum Essen eingeladen wird, hilft sparen. Ein Polizeibericht bestätigt, daß der Herzog jeden Abend ausgeht. Er kommt nicht viel zum Schlafen. Schon morgens halb acht Uhr beginnen die Besuche und Empfänge, Jagdausflüge, Besichtigungen und Audienzen. Auch Museen, Sammlungen und Bibliotheken ziehen Carl Augusts Neugier auf sich. Die Wiener Akademie der Künste macht ihn 1815 zu ihrem Ehrenmitglied.

Am 25. September 1814 begrüßt Kaiser Franz I. feierlich seine vornehmsten Gäste: Alexander I. und Friedrich Wilhelm III. Die Prüfungsprozeduren, denen die Vollmachten der Gesandten unterzogen werden, ziehen sich hin. Eine „Rangkommission" befindet pedantisch darüber, wie sie miteinander umzugehen haben. Es läßt sich absehen, daß Carl August nicht überall selbst verhandeln kann. Sein Vertrauensmann wird Ernst Christian August von Gersdorff, Kammerpräsident in Weimar und als Geheimer Assistenzrat das jüngste Mitglied des Geheimen Consiliums. Der gewissenhafte, in Wittenberg und Leipzig ausgebildete Jurist aus altem oberlausitzischem Adel, in der Herrenhuter Brüdergemeinde gebürtig, hat als Offizier in Dresden Dienst getan, Rußland und Italien gesehen und sich nach 1807 wie so viele Weimarer Würdenträger von Eisenach aus hochgearbeitet. Im Rang eines Staatsministers, der mit „Exzellenz" anzureden ist, wird er mit Carl Augusts Instruktion vom 22. September Verhandlungspartner hartgesottener Diplomaten.

Auf russischer Seite sitzt ihm Carl Robert Graf von Nesselrode gegenüber, auf preußischer Carl August Reichsfreiherr von Hardenberg, dem Wilhelm von Humboldt und Freiherr vom Stein assistieren. Frankreich wird durch den raffinierten Herzog von Talleyrand vertreten, der sein Schicksal als Außenminister schon 1808 durch geheimes Verhandeln von Napoleon getrennt hat und willens ist, aus dem Kongreß für das geschlagene Frankreich möglichst viel herauszuholen.

Fürs deutsche Vaterland gibt es in Wien nicht viel mehr zu tun als in Paris. Kein einziger Monarch zeigt sich bereit, seine höhere Würde von Napoleons Gnaden wieder abzugeben. Die egoistischen Ziele der Sieger, meist territoriale, prallen offen aufeinander. „Der wahre Zweck des Kongresses", urteilt im nachhinein der österreichische Staatsmann Friedrich von Gentz, ein gebürtiger Preuße, der sich vom Verehrer der französischen Revolution zum engsten Mitarbeiter Metternichs gewandelt hat, bemerkenswert offen, „bestand in der Verteilung der dem Besiegten abgenommenen Beute unter die Sieger." Der amerikanische Präsident Thomas Jefferson nennt ihn einen „Schacher wie mit Vieh". Seit mehr als zwei Jahrzehnten bieten politische Umwälzungen immer neue Gelegenheiten, an Grenzen, Enklaven und Exklaven herumzubasteln. Wer zu stolz ist, sich daran zu beteiligen, geht leer aus. Und Sachsen-Weimar-Eisenach erwartet für sich einiges.

Die „Abrundung" allzu bizarrer Grenzverläufe im thüringischen Flickenteppich wäre das mindeste. Das benachbarte Erfurt hat man sich eigentlich verdient und auch die Herrschaft Blankenhain. Solange die Auflösung des Königreichs Sachsen, das noch während der Völkerschlacht auf Napoleons Seite marschiert ist, im Gespräch bleibt, fliegen die Hoffnungen noch höher: Der ganze albertinische Besitz könnte ernestinisch, die unselige Leipziger Teilung aufgehoben, die Schmach des Schmalkaldischen Krieges getilgt werden, Carl August als Seniorchef an die Spitze Thüringens und Sachsens treten.

Aber die Großmächte verfolgen andere Pläne. Auch Preußen würde sich gern ganz Sachsen einverleiben und wäre wohl eher dran. Der Zar wäre damit einverstanden, bekäme er ganz Polen. Österreich jedoch will kein so starkes Preußen. Fürst Metternich weiß sich darin mit Talleyrand einig. So hält man es auch in Weimar für besser, daß die Dresdner Verwandtschaft nicht vertrieben wird. Herzogin Louise äußert brieflich Verständnis für den König, der doch nicht habe voraussehen können, „daß er das einzige Opfer eines Fehlers sein werde, den andere schon früher gemacht hätten." Mit den thüringischen Gebieten der Albertiner wäre Weimar schon zufrieden. Auch Maria Pawlowna wagt ganz im Sinn ihres russischen Bruders diplomatische Schritte zugunsten Sachsens, begünstigt kleinere Wünsche Weimars, aber nur, um für sich selber Fulda als eigenes Fürstentum herauszuschinden. Dies noch nicht ahnend, stößt Gerstorff bei dem Grafen Rasumowski in Sachen Fulda auf verstopfte Ohren. Doch auch die Zarenschwester bekommt es nicht. Preußen hat sich bereits mit Hessen und Bayern abgesprochen.

Was der Befreiungskrieg schon zeigte, bestätigt der Kongreß: Sachsen-Weimar-Eisenach muß sich wohl oder übel an Preußen anlehnen. Nur mit der Übernahme ganz Sachsens hätte es im Wiener Konzert eine eigene Stimme erlangt. Preußen hat aber kein Interesse daran, einen unruhigen, in seiner Anhänglichkeit so schwankenden Schützling stark zu machen. Wenn es ganz Sachsen nicht haben kann, dann soll es Carl August auch nicht haben. Die Verstümmelung des Königreiches, wie sie der Kongreß beschließt – die Zustimmung des Zaren wird mit „Kongreßpolen" unter russischer Herrschaft erkauft –, bringt Preußen fast die Hälfte des Delinquenten, auch das Saale-Unstrut-Gebiet, das Weimar endlich eine Verbindung zum entlegenen Amt Allstedt verschafft hätte, dem Ernestiner aber nichts. Nicht einmal die Ämter Eckartsberga und Wendelstein gibt Friedrich Wilhelm III. her. Auch das strategisch wichtige Erfurt sichert sich Preußen.

Der Zar macht einstweilen einen Vorschlag, den er für geeignet hält, Carl August damit auszusöhnen, daß sich der Schacher hinzieht und ein Stück nach dem andern Preußen zugeschlagen wird: Der Herzog hat nicht wie so viele andere deutsche Fürsten durch Napoleon eine Rangerhöhung erfahren. Mit seiner kritischen Haltung zu dem Korsen hat er sich das verscherzt. Warum ihm dafür nicht eine Anerkennung zollen, die niemanden etwas kostet? Am 11. Februar 1815 schließen sich die anderen Großen dem Vorschlag an: Carl August wird zum Großherzog erhoben. Fortan darf er sich mit „Königliche Hoheit" anreden lassen. Bis ihm die Rangerhöhung selbst zu Ohren kommt, vergeht im Getümmel des Kongresses allerdings noch der ganze März.

Der Kongreß tanzt! „Le Congrès danse et ne marche pas" – dieser Ausspruch des Fürsten de Ligne, dessen Tischgast Carl August häufig ist, gibt den Vorgängen in Wien für kommende Zeitalter den Stempel. Die Reihe der Bälle und Redouten reißt zwar nicht ab, doch der Kongreß tanzt nicht nur. Schlittenfahrten und Hofkonzerte, Theatervorstellungen und Ritterspiele entfalten den Prunk des Ancién régime auf eine exaltierte Weise, als wollte der Adel ein dumpfes Gefühl dafür, daß sich die Zeiten doch geändert haben, überspielen. Carl August macht die Erfahrung, daß Strapazen und Langeweile nicht immer Gegensätze sind. Er verkehrt mit anderen gekrönten Häuptern, von der Familie des Zaren bis zum gastgebenden österreichischen Kaiserhaus, vom bayerischen Königspaar bis zum verwitweten preußischen König. Er hört die Argumente wie die Schutzbehauptungen, die scharfen Interventionen wie die heuchlerischen Komplimente von buchstäblich mit allen Wassern gewaschenen Politikern wie Talleyrand und Metternich. Er macht Beobachtungen und Erfahrungen, die für sein Ländchen vielleicht wichtiger sind als mancher Gebietszuwachs. Die Reihe seiner Enttäuschungen über die Lauterkeit der Sieger und die politische Kreativität des eigenen Standes, die 1814 in Paris begann, setzt sich 1815 in Wien fort. Vieles bleibt unausgesprochen und nur an seinem späteren Regieren, an seinem Umgang mit Rüffeln aus Wien, Berlin oder Sankt Petersburg ablesbar.

Napoleons Flucht von seiner Verbannungsinsel Elba, sein erneuter Einzug in Paris am 20. März 1815, die hundert Tage seiner zweiten Herrschaft scheinen den Kongreß nicht sonderlich aus der Ruhe zu bringen. Der Herzog von Weimar ist nicht dazu aufgelegt, an einem neuen Feldzug teilzunehmen, und wird auch von niemandem darum gebeten. Den Sieg bei Waterloo erkämpfen an einem verregneten 18. Juni die Engländer unter Wellington und die Preußen unter Blücher. Der zweite Einzug in Paris spiegelt die Machtverhältnisse in Wien wider, die „Pentarchie" der fünf Großen: England, Rußland, Frankreich, Österreich und Preußen. Die „Heilige Allianz", die Rußland, Österreich und Preußen am 26. September schließen werden, sichert für Jahrzehnte auf dem Kontinent ein Machtdreieck, das mit Argusaugen die Restauration der alten Verhältnisse überwacht.

Der Vorteil Preußens auf dem Kongreß ist so unaufholbar groß, daß Carl August die Verhandlungspause für nützliche Reisen verwendet. Sie führen ihn über die Umgebung der Donaumetropole und Niederösterreich hinaus nach Graz und in die Steiermark, nach Ungarn und in das zu dieser Zeit noch bayerische Salzburg. Der österreichische Erzherzog Johann begleitet ihn auf einem Teil der Reise, nicht ahnend, wie abfällig sich der Großherzog in Briefen an seinen Minister Voigt in Weimar über den „Sumpf" der österreichischen Verwaltungsmaschinerie äußert.

Das Wichtigste hat der Kongreß schon vor der zweiten Abdankung Napoleons geleistet. Es trägt die Handschrift des Fürsten Clemens Wenzel von Metternich, mit vollem Titel „Seiner Majestät Staats-, Konferenz- und der auswärtigen Angelegenheiten dirigierender Minister". Auf dem diplomatischen Parkett von Dresden, ab 1801, und Berlin, ab 1803, ist er als österreichischer Gesandter noch vor der Gründung des Rheinbundes mit fast allen bedeutenden Kongreßteilnehmern bekanntgeworden. Die Aufgaben eines österreichischen Gesandten in Paris haben ihm ab 1806 die Hierarchie des napoleonischen Kaiserreiches auf den Höhepunkten der Macht erschlossen und ihn zum Außenminister der schwierigsten Zeit ab 1809 prädestiniert. Er hat nicht alle, aber die meisten Fäden im „legitimistischen" nachbonapartistischen Europa seit langem in der Hand. Schon die Völkerschlacht bei Leipzig, unter deren Kanonenrauch der aus Koblenz stammende Abkömmling eines weitverzweigten rheinischen Adelsgeschlechts in den Fürstenstand erhoben worden ist, war das Ergebnis seiner zähen Diplomatie, die sowohl verschiedene Interessen auszugleichen als auch willkommene Gegensätze bis zu skrupelloser Intriganz auszuspielen verstand.

Die „Bundesakte", die am 8. Juni 1815 unterzeichnet wird, der einige Kleinstaaten nur zögerlich beitreten, zerstört noch eine andere Hoffnung Carl Augusts und seines Unterhändlers von Gersdorff: Das 1806 zerbrochene Reich wird nicht wiedererstehen. An seine Stelle tritt ein „Deutscher Bund", ein föderatives Gebilde lockerster Art, dem Preußen und Österreich nicht mit allen ihren Gebieten angehören, so daß sie Sonderinteressen entwickeln, die Forderungen nach Sonderrechten nach sich ziehen werden. Mit der Unterzeichnung der Bundesakte legalisieren fünfunddreißig Monarchen – darunter der König von England als König von Hannover, der König von Dänemark als Herzog von Holstein und Lauenburg, der König der Niederlande als Großherzog von Luxemburg – und die verbliebenen Freien Reichsstädte Frankfurt, Lübeck, Hamburg und Bremen die Reichsauflösung von 1806. Sie erreichen endlich, was deutsche Territorialfürsten seit ihren Machtkämpfen mit den salischen und staufischen Kaisern angestrebt haben, die völlige Souveränität. Der Bundestag in Frankfurt kann nichts beschließen, was sie bindet. Das Bundesheer mit 300 000 Mann wird nur in einem Kriegsfall aufgestellt, der sich kaum vorstellen läßt, wo eine gemeinsame Außenpolitik völlig fehlt.

Carl August ist durchaus Nutznießer dieser Lösung. So souverän wie nach Wien war er noch nie. Großherzog ist er auch. Der Gebietszuwachs, den Gersdorff ausgehandelt hat, kann sich, wenn auch weitgehend aus der preußischen „Abtretungsmasse" erbettelt und in einem gesonderten Vertrag am 22. September festgeschrieben, schließlich doch sehen lassen. Aus fuldaischem Gebiet werden dem Großherzogtum Dermbach und Geisa einverleibt. Auch das fuldaische Gebiet der Rhön wird weimarisch, mit dem Vorbehalt allerdings, daß die Einkünfte des 27 000-Seelen-Besitzes Maria Pawlowna erhält. Von Kurhessen kommen Vacha und das Amt Frauenburg herüber. Einige Enklaven des Deutschen Ordens dürfen geschluckt werden. Ein Teil des Amtes Tautenburg, die östlich der nun preußischen Festungsstadt Erfurt gelegenen Ämter Azmannsdorf, Tonndorf, Schloßrippach, Stotternheim und Schwerborn und der Kreis Neustadt an der Orla kommen hinzu. Den letzteren, der mit seinem Textilgewerbe ertragreich werden könnte, inspiziert Carl

August gleich auf der Rückreise von Wien. Die Fläche des Landes hat sich nahezu verdoppelt, seine Bevölkerung wächst nicht im selben Maß. Zusammenhängend ist es auch noch nicht. Nach Eisenach, Allstedt und Neustadt/Orla ist fremdes Gebiet zu durchqueren.

Glückwünsche erreichen den Großherzog von allen Seiten. Goethe ist unter den ersten Gratulanten. Sogar der uralte Graf Görtz meldet sich aus dem Ruhestand als preußischer Reichtagsgesandter in Regensburg. Aber Carl August kommt nicht mit Triumphgefühlen, sondern mit Sorgen aus Wien. Die Wünsche des Bürgertums und die Hoffnungen der Freiheitskämpfer von 1813 sind nicht ganz ungehört geblieben: Artikel 13 der Bundesakte verfügt: „In allen Bundesstaaten wird eine landständische Verfassung stattfinden." Er schreibt zwar mit dem einschränkenden Attribut vor, daß am monarchischen Prinzip und den feudalen Grundregeln festzuhalten ist, erlaubt aber Reformen, die längst fällig sind. Carl August nimmt sich vor, dieses Versprechen ernster zu nehmen als andere Fürsten.

Schon die Monate in Paris und London 1814 haben seinen ohnehin liberalen Blick dafür geschärft, wie berechtigt die bürgerlichen Forderungen sind. Ludwig XVIII. und die Restauration der Bourbonenherrschaft sind ihm Warnung genug. Es ist mit Händen zu greifen, daß dieser Versuch, so zu regieren, als hätte es 1789 nie gegeben, Zündschnuren für neue Revolutionen legt. Noch größeren Eindruck hat England auf den liberalen Großherzog gemacht. In Portsmouth, Salisbury, Bristol, Cliffton, Bath und Birmingham konnte er sehen, was Serien dieser Dampfmaschinen, von denen er mit Goethe eine in Schlesien bewunderte, in der Industrie bewirken. Der Übergang von der Manufaktur zur Fabrikproduktion machte England als Exporteur allen Gebieten des europäischen Kontinents überlegen. Mit Erstaunen zählte einer seiner Briefe die Dinge auf, die schnell, in großen Mengen und guter Qualität die Werkhallen verlassen, seien es Messer und Säbel, Kurzwaren, Papierwaren, „Galanterie Waaren", Peitschen oder „gemahltes Glas". Am 6. August 1814 schrieb er an Goethe: Was Mechanik betreffe, sei „England das wahre Paradies." Mit James Watt junior, dem Sohn des Dampfbändigers, ist er in Kohlengruben und Erzbergwerke gestiegen. Er hat mehr als tausend „Feuerschlünde zu gleicher Zeit rauchen" sehen. „Die Sonne wird davon meilenweit verdunkelt, und die ganze Gegend wird mit einem schwarzen Staube, dem Niederschlage dieser Räuche, bedeckt. Dazu brennen an manchen Stellen Steinkohlenflöze und vermehren diese Gewölke."

Carl August ist weit davon entfernt, sein kleines Großherzogtum in solch ein industrielles Inferno zu verwandeln. Die Wiederbelebung des Ilmenauer Erzbergbaus, durch Wassereinbrüche schon 1796 höchst fragwürdig, ist 1812 endgültig gescheitert. 1813 mußte das Unternehmen liquidiert werden. Aber gerade mit dieser bitteren Erfahrung begreift Carl August, was für eine wirtschaftliche Kraft unter den liberalen Verhältnissen Englands freigesetzt worden ist. Wenn Napoleon wirklich, wie er auf dem Ritt nach Eckartsberga beteuerte, immer nur gegen England Krieg geführt hat, dann ist nun klar, warum er diesen Krieg verlieren mußte. In Oxford und London schließlich haben Gespräche mit Fachleuten Carl August darüber aufgeklärt, daß die gesellschaftliche Grundlage eines solchen Aufschwungs die konstitutionelle Monarchie gewesen ist, die Gewährung bürgerlicher Freiheiten durch eine Verfassung.

Während andere deutsche Fürsten eher einem Druck von unten nachgeben, wenn sie zögernd und widerwillig an die Verwirklichung des Artikels 13 der Bundesakte gehen, betreibt Carl August zügig und aus Überzeugung die Arbeit an einer Verfassung für sein Land. Er braucht nicht nur zufriedene Bürger, die eine unzensierte Zeitung lesen, sondern wirtschaftlichen Aufschwung. Daß wirtschaftliches Wachstum Geld in die Kassen bringt und anders für das Wohl der Untertanen nicht viel getan werden kann, ist ihm noch aus den Lehrmeinungen des Merkantilismus geläufig. Abzusehen ist allerdings schon, daß nicht Sachsen-Weimar-Eisenach, sondern Preußen mit seinen neuen mitteldeutschen und rheinischen Provinzen das Zeug zum Pionier einer deutschen Industrialisierung hat. Hinter dem kurzen Liebäugeln Carl Augusts mit der Übernahme ganz Sachsens und seinem bescheideneren Traum von einer Führung in Thüringen steht aber das Wissen um unumgängliche politische und wirtschaftliche Entwicklungen, die er in England gesehen hat, nicht etwa dynastischer Ehrgeiz und duodezfürstliche Eitelkeit.

Die Bundesakte läßt solcher Eitelkeit unerhört viel Spielraum. Kaiser und Reich gibt es nicht mehr. Der Deutsche Bund schränkt die Macht eines Duodezfürsten noch weniger ein als im absolutistischen achtzehnten Jahrhundert. Carl August ist willens, diesen Anachronismus zum Wohl des Landes und seiner Bürger nutzbar zu machen. Wer wird es wagen, ihm zu widersprechen, wenn er anordnet, eine Verfassung sei auszuarbeiten? Zunächst erneuert er einen Anreiz für Staatsdiener, die ihm helfen sollen. Seit dem 2. August 1732 verfügt das Fürstenhaus über den von Herzog Ernst August gestifteten Hausorden der Wachsamkeit oder vom weißen Falken. Unter der Devise „Vigilando ascendimus" (durch Wachsamkeit steigen wir empor) erneuert ihn Carl August am 18. Oktober 1815, dem Jahrestag der Völkerschlacht, in drei Klassen. Als Großkanzler des Ordens bedenkt er am 23. Dezember seinen Staatsminister Christian Gottlob Voigt mit der Auszeichnung. Dann aber wird der „Louisentag", der Geburtstag der Herzogin, zum Datum der Verleihung „an Staatsdiener und Untertanen zur Ermunterung und Belohung ihrer Treue, Taten und durch gesetzmäßige Amtstätigkeit geleisteten Dienste". Am 30. Januar 1816 erhalten Goethe, der auch die Dankrede hält, der jüngere von Fritsch, von Gersdorff und von Egloffstein den erneuerten Orden. Auch Landgraf Christian von Hessen und der preußische Politiker von Hardenberg werden ihn tragen.

Die Staatsreform, die der Großherzog nun zügig in die Wege leitet, ist allein schon durch die Vergrößerung seines Gebietes erforderlich. Die Steinschen Reformen in Preußen dienen als Vorbild. Carl August versucht aber auch, Erfahrungen mit dem englischen Parlamentarismus dem Rahmen des metternichschen Wien einzupassen. Zunächst wird mit einer Verordnung, deren Wortlaut von Gersdorff abfaßt, das überlebte Geheime Consilium am 1. Dezember 1815 durch ein Großherzogliches Staatsministerium ersetzt und der inzwischen einundsiebzigjährige Voigt entlastet. Er behält die staatlichen Korrespondenzen, die Bundesangelegenheiten, die Belange der Jenaer Universität. Carl Wilhelm Freiherr von Fritsch, Sohn des alten Staatsmannes, der schon Anna Amalia gedient hat, übernimmt Justiz und Steuern, die Landesverwaltung und das Militär. Die Kammer, das Schulwesen und die Kirchenangelegenheiten obliegen von Gersdorff. Graf Edling ist für die Hofhaltung und die Außenpolitik verantwortlich. Goethe, am 12. Dezember zum Staatsminister ernannt, bleibt ohne wirkliche ministerielle Pflichten. Seine „Oberaufsicht über die unmittelbaren Anstalten für Kunst und Wissenschaft in Weimar und Jena" gibt ihm in die Hand, worum er sich schon lange kümmert: Die Freie Kunstanstalt, die Museen und Kabinette der medizinischen und naturwissenschaftlichen Institute an der Universität Jena, die Sternwarte, den Botanischen Garten, die Bibliotheken in beiden Städten einschließlich der Universitätsbibliothek. Sein Sohn August steht ihm als Sekretär zur Seite.

Die Vorarbeiten zu einer Verfassung können an Regelungen aus napoleonischer Zeit anknüpfen. Schon 1809 sind die beiden ständischen Verfassungen von Weimar und Eisenach in Einklang gebracht worden. Die neu entstandene „Landschaftliche Konstitution" knüpfte bereits an die preußische Städtereform an, die Freiherr vom Stein 1808 durchgesetzt hatte, stand aber im übrigen auf demselben Boden wie andere unter bonapartistischem Druck entstandene Rheinbundverfassungen. Am 29. März liegen die Richtlinien für die neue Verfassung vor. Außer von Gerdorff und anderen haben auch Deputierte der Jenaer Universität ihr juristisches Wissen eingebracht. Carl August hat den Eifer von Gersdorffs, in diesem Papier schon bürgerliche Grundrechte zu verankern, die den dualistischen Charakter des Staates aufgehoben und nach amerikanischem Vorbild jedem „Untertanen" eine Mitwirkung am politischen Geschehen eröffnet hätten, mit Rücksicht auf den Deutschen Bund dämpfen müssen. In „weiser Beschränkung" wird nur an die allgemeinen „bürgerlichen Freiheiten" erinnert, nach denen die Stände lediglich beratend mitarbeiten dürfen. Die Vertreter der Stände und der Souverän stehen sich noch immer nicht gleichberechtigt gegenüber.

Dennoch richtet die deutsche Öffentlichkeit ihren Blick interessiert auf das frühliberale Weimar. Von einigen Versuchen süddeutscher Staaten abgesehen, scheint Carl August als erster und einziger Fürst des Deutschen Bundes sein Versprechen einzulösen und mit dem Artikel 13 der Bundesakte ernst zu machen. Am 7. April 1816 eröffnet der Großherzog, auf einem Thron die üblichen Huldigungen entgegennehmend, die Beratungen zum endgültigen Wortlaut der Verfassung. Vom 18. bis zum 23. April wird das Dokument formuliert. Am 5. Mai verkündet es der Landesherr und ordnet die Drucklegung an.

Mit dem 6. Mai 1816 tritt die Verfassung des Großherzogtums Sachsen-Weimar-Eisenach in Kraft. Ein wesentlicher Fortschritt besteht darin, daß sie die Vertreter der Städte und die der Bauern voneinander trennt und so statt der vorherigen zwei „Klassen" drei in den Landtag beruft. Diese Drittelparität repräsentiert die Bevölkerung bedeutend realistischer. Zehn Abgeordnete vertreten den Feudaladel, zehn weitere das Bürgertum, ebenfalls zehn die Bauern. Die Universität Jena entsendet einen Abgeordneten. Diese 31 frei gewählten Vertreter von knapp zweihunderttausend Einwohnern beraten mit dem noch immer „heiligen" und „unverletzlichen" Landesherrn, der die Versammlung jederzeit vertagen oder auflösen kann, die Geschicke des Großherzogtums. Der Staat, den diese Verfassung beschreibt, ist nur in Ansätzen eine konstitutionelle Monarchie und freilich auch nur im Kleinen. Er läßt die überkommenen Vorrechte des Adels unangetastet, stellt ihnen aber die bürgerlichen Rittergutsbesitzer gleich.

Sein wichtigster Grundsatz birgt unabsehbare Folgen in sich: Die Pressefreiheit. Von ihrer Idee hat sich Carl August weder in Wien noch in Weimar einen Deut abhandeln lassen. Seine unumstößliche Überzeugung ist allmählich gewachsen, anfangs vielleicht im Sinn seines Großoheims Friedrichs II., der es jedem gönnte, „nach seiner Fasson selig" zu werden, dann aber im Geist Wielands, Goethes, Herders und Schillers, der nun ein Geist von Weimar geworden ist: Ohne freie Meinungsäußerung ist wirtschaftlicher Aufschwung, Grundlage einer dem Gemeinwohl förderlichen gesellschaftlichen Entwicklung, nicht möglich.

Der preußische Reformminister vom Stein, der ein Exemplar erhalten hat, antwortet anerkennend. Jedoch die „Garantie" des Bundestages, eine Anerkennung, ohne die das Verfassungswerk nur bedingt gültig bleibt, läßt lange auf sich warten. Das Zaudern geht auf mißtrauisch prüfende Blicke und Bremsversuche Metternichs aus dem Hintergrund zurück. Erst am 13. März 1817 wird die erwartete Urkunde in Frankfurt ausgestellt. Weimar hat aber keine Zeit verloren. Nichts läßt sich mehr auf die lange Bank des Reiches schieben. Die neue Souveränität macht rasches Handeln möglich, aber auch notwendig. Am 30. Dezember 1816 ist auf Betreiben des Kanzlers von Müller in Jena ein Oberappellationsgericht für ganz Thüringen errichtet worden, eine Vorform heutiger Oberlandesgerichte. Da sich das Reichskammergericht in Wetzlar ebenso hat auflösen müssen wie das Reich, machte es sich als regionaler Ersatz erforderlich. Ein ebensolches „Symbol der Souveränität", wie Goethe sich ausdrückt, ist es gewesen, wenn am 30. Januar 1817 das fürstliche Haus von Thurn und Taxis mit dem „Postregal" im Großherzogtum belehnt wurde. Am 2. Februar ist schließlich in Dornburg, noch ohne die „Garantie" aus Frankfurt, erstmalig der Landtag auf der Grundlage der neuen Verfassung zusammengetreten. Er wird 1819 in einer von Gersdorff erarbeiteten Steuerreform die Selbstblockade des feudalistischen Finanzhaushaltes beenden und eine Einkommenssteuerpflicht für alle beschließen. 1821 tritt an die Stelle der etwa fünfzig einzelnen Verordnungen ein neues einheitliches Steuergesetz.

Schon zeichnet sich aber ab, daß es Carl August, der sich als Fürstenbundpolitiker mit dem Egoismus Österreichs und Preußens nicht abfinden wollte, der einem Napoleon nicht gefügig war, nun auch Wien und dem Deutschen Bund nicht recht macht. Das verbriefte Recht auf eine freie Presse bringt unter die schon immer unruhigen Studenten in Jena ein neues, anderes Leben. Die Schließung der schlecht besuchten Universität Erfurt am 24. September 1816, einer der ältesten deutschen Hochschulen, bringt der Alma mater Salana nicht viel mehr Studenten. Doch Jena macht nicht mehr durch Duelle und Studentenunfug von sich reden, sondern mit Turnübungen und vaterländisch-demokratischen Debatten, die sich in Zeitungen und Zeitschriften niederschlagen. Im Sommer 1816 reichert Lorenz Oken seine naturwissenschaftliche Zeitschrift „Isis" mit politischen Artikeln an. Die republikanische Tendenz geht so weit, daß Goethe sie in einem Gutachten vom 5. Oktober einigermaßen schief „catilinarisch" nennt. Unmut über die unberufene Konkurrenz zur Jenaischen Allgemeinen Literaturzeitung stimmt ihn vielleicht radikaler als Carl August, der nicht gegen Oken vorgeht.

Zu dem Naturwissenschaftler Oken gesellt sich der Historiker Heinrich Luden mit seiner „Nemesis". Bei allem Wohlwollen für die Verfassung Weimars, das nur laut wird, damit Preußens Zögerlichkeit desto verwerflicher erscheint, wünscht das Blatt kühn ein geeintes Deutschland und macht sich zum Sprachrohr burschenschaftlicher Bestrebungen. Der Reformkatholik Joseph Görres, der sich mit seinem „Rheinischen Merkur" Preußen mißliebig gemacht hat, verlegt die Redaktion seines „Neuen Rheinischen Merkur" ebenfalls nach Jena. Die „Weimarsche Zeitung", die Bertuch herausgibt und auch „Oppositionsblatt" nennt, die aber maßvoll in „Opposition" zu allem möglichen steht, zu Despotismus, Aristokratismus und Sanscoulottismus, also nur „vernünftig" bleiben will, wird Ludwig Wieland, dem Sohn des Dichters, zu flau, so daß er die Redaktion verläßt und in Jena nach französischem Vorbild einen „Volksfreund" gründet.

Carl August hat diese Art Selbstlauf nicht erwartet. Die Sache wird bedenklich. Daß man sein Land als das freiste des Deutschen Bundes feiert, mag ihm gefallen. Doch wenn er die Presse nicht zügelt, droht er sich im Deutschen Bund zu kompromittieren. Er macht mit der heiklen Frage Bekanntschaft, wie die Pressefreiheit gewahrt, ihr Mißbrauch aber unterbunden werden könne, und beauftragt den Jenaer Professor Christoph Reinhard Dietrich Martin damit, ein Pressegesetz zu entwerfen. Der Jurist versucht sich mit dem Tatbestand der Verleumdung zu behelfen, der „alles Injurante" unter Strafe stellt. Aber der Kreis derer, die das Gesetz schonen soll, vom eigenen Regenten und anderen Fürsten bis zum einfachen Mitbürger, von Vertretern der Religion bis zu denen der Landesbehörden, ist so groß, daß der Begriff der Pressefreiheit ausgehöhlt würde und der liberale Großherzog kopfschüttelnd verzichtet.

Der Wiener Kongreß und alles, was er noch aus Wien, Berlin, Sankt Petersburg und Frankfurt hört, haben Carl August so verärgert, daß er sich zu den Nachrichten, die er über die Burschenschaftsbewegung hört, heimlich die Hände reibt. So hoffnungslos borniert wie Metternich hat sich ein Mann des Augenmaßes und des gesunden Menschenverstandes die Wiederherstellung seiner Privilegien nicht vorgestellt. Die nationalen Töne erinnern ihn an uneingelöste Hoffnungen des Fürstenbundes und seinen Widerwillen gegen Napoleon. Die Selbstdisziplinierung der Studenten, mit der die Burschenschaftsbewegung seit dem 12. Juli 1815 für sich wirbt, gefällt ihm. Fast glaubt er, eigene Reformbestrebungen aus zwei Jahrzehnten wiederzuerkennen. Den Turnübungen, die Friedrich Ludwig Jahn ins Leben gerufen hat, bringt er die Sympathie dessen entgegen, der in jungen Jahren seinen Körper nicht verzärteln wollte. Der Student der Theologie Carl Ludwig Sand hat leichtes Spiel mit seiner Bitte an Goethe, das frühere fürstliche Ballhaus in Jena als Turnhalle freizugeben.

Daß sich die burschenschaftlich organisierten Studenten im Oktober 1817 auf der Wartburg treffen wollen, um den vierten Jahrestag der Völkerschlacht zusammen mit dem dreihundertsten des Wittenberger Thesenanschlags, des Sturmsignals der Reformation, zu feiern – auch dagegen hat Carl August nichts einzuwenden. Eine heimliche politische Verschwörung hätte ihn nicht so brav um die Genehmigung ersucht. Seine Minister von Voigt, von Fritsch junior und von Gersdorff, die ihn beraten, wissen auch, daß eine so große Versammlung ohne auffällige Gewaltanwendung gar nicht zu verhindern wäre. Für unvorhergesehene Fälle soll sich der Eisenacher Landsturm bereithalten.

Am 20. September ordnet der Großherzog an, die Säle der Wartburg für das Studententreffen zu öffnen. Für das geplante Freudenfeuer wird kostenlos Brennholz bereitgestellt. Zum Dank wird in die erste Strophe des Liedes „Die Burschenfahrt nach der Wartburg" ein Hoch auf Carl August eingebaut. Am 18. und 19. Oktober 1817 wallfahrten zwischen 500 und 600 Studenten aus mehreren deutschen Universitätsstädten zur Wartburg, dem mittelalterlichen Symbol deutscher Einheit, das als Luthers Zufluchtsort nach dem Wormser Reichstag auch als Hort der Reformation gilt, und feiern mit Reden, Gesängen und der Verkündung politischer Forderungen das Wartburgfest. Heinrich Hermann Riemann, ein tapferer Lützower aus dem Befreiungskrieg, der sich in einer romantischen Rückbesinnung aufs Germanische auch gern Arminius nennen läßt, würdigt in seiner Festrede Carl August als den einzigen Fürsten des Deutschen Bundes, der in der Verfassungsfrage Wort gehalten habe. Die Forderungen dieser ersten großen Manifestation nach dem Wiener Kongreß beschreiben liberale Grundfreiheiten und verstoßen in keinem Punkt gegen die Verfassung des Landes, auf dessen Boden sie erhoben werden, und das wiederholte Verlangen nach dem unter einer konstitutionellen Monarchie geeinten Deutschland kann eine liberale Verfassung einfach nicht verbieten.

Der offizielle Teil des Festes verläuft auch, wie erwartet, in burschenschaftlich strenger Selbstdisziplin. Nur nach dem offiziellen Schluß, an seinem Rand, ein Stück abseits, steigeren sich die Reden einiger Studenten und Professoren ins Aufrührerische, und der Schein des „Siegesfeuers" kommt nicht vom großherzoglichen Brennholz, sondern aus einem Scheiterhaufen aus verhaßten Büchern, darunter August von Kotzebues „Geschichte des deutschen Reiches", aber auch der „Code Napoléon", aus Polizeidokumenten, einem hessischen Militärzopf, einem Ulanenschnürleib und einem österreichischen Korporalstock.

Die Beschwerde läßt nicht auf sich warten, und sie kommt aus Preußen. Der Berliner Polizeidirektor Carl Christoph von Kamptz, dessen Spitzel das Geschehen aufmerksam verfolgt haben, äußert in einem Schreiben vom 9. November sein Befremden über einen „Haufen verwilderter Professoren und verführter Studenten". Unter den verbrannten Aktenstücken befand sich sein „Codex der Gensd'armerie". E.T.A. Hoffmann wird ihn in seiner Novelle „Meister Floh" als „Rat Knarrpanti" verspotten. Staatsminister von Fritsch antwortet in Carl Augusts Auftrag mit einem sachlichen Bericht, der den „religiösen Ernst" des offiziellen Teils der Feier, die in „Brudersinn und Eintracht" verlaufen sei und eine „große Sittlichkeit" ausgestrahlt habe, von den Auswüchsen und Übertreibungen danach sondert. Die Burschenschaftsbewegung habe im „Nachhall der großen Ereignisse", deren Jubiläen man feierte, die ehemals zugegebenermaßen unbefriedigenden Zustände in Jena nachhaltig gebessert.

Dennoch hören die Vorwürfe aus den Kanzleien der „Heiligen Allianz", weimarische Behörden förderten „jakobinische Umtriebe", nicht auf. Die preußischen Reformminister vom Stein und von Hardenberg zeigen gerunzelte Stirnen. Friedrich Wilhelm III. richtet an den für seine Begriffe allzu liberalen Großherzog ein besorgtes Handschreiben. Das Königreich Sachsen droht, seine Studenten von der Jenaer Universität zu rufen. Auch ein „Herr von Schmidt", hinter dem ein Spitzel Metternichs steckt, stänkert in Wien. Man unterzieht, um guten Willen zu beweisen, die namentlich verdächtigten Jenaer Professoren Fries, Kieser, Oken, Luden und Schweitzer einer „dienstlichen Befragung". Die Herren wissen sich zu rechtfertigen. Der Jurist Christian Wilhelm Schweitzer, der an der Verfassung mitgearbeitet hat, bezeichnet es als ein Gerücht, daß man auch die Bundesakte und die Akte der Heiligen Allianz verbrannt habe. 1818 macht Carl August ihn zum Minister. Der Philosophieprofessor Jakob Friedrich Fries kann nicht alles leugnen und kommt mit einer Abmahnung Carl Augusts davon. Für Goethe, der dem Willen der Jugend, „sich für das Gute zu verbinden", viel Sympathie entgegenbrachte, macht erst diese Kampagne mit ihrem Presseecho das Ereignis zum „garstigen Wartburger Feuergestank".

Ein Jahr nach dem Wartburgfest treffen sich die Studenten abermals in Jena. Am 19. Oktober 1818 wird in der „Tanne" die Allgemeine Deutsche Burschenschaft gegründet. Die Heilige Allianz protestiert schon im Vorfeld. Besonders aus Sankt Petersburg kommen bedrohliche Töne. Großherzog Carl August, dessen Enkel Carl Alexander die Burschen am 5. Juli 1818 zur Taufe einen Fackelzug dargebracht haben, so daß ihr Sprecher an die Festtafel ins Schloß geladen wurde – was Metternich erfährt und übelnimmt –, läßt sich jedoch nicht daran hindern, das Treffen zu genehmigen. Der Spitzname „Altbursche zu Weimar" verbreitet sich in Deutschland.

KARLSBADER BESCHWERNISSE

Carl August, Oberhaupt zweier Familien und zumeist loyaler Untertanen, schaut auf ein Lebenswerk zurück, und auch der Blick in die Zukunft scheint ungetrübt. Mit Herzogin Louise verbindet ihn inzwischen ein freundschaftliches Verhältnis. Die Gemahlin ist ihm die nächste, wohlgesonnene Ratgeberin und steht in allen Querelen um die Verfassung und ihre Folgen fest an seiner Seite. Sie findet sogar einen bedenklichen Widerspruch zwischen dem Beharren auf Privilegien und der Gewährung von Menschenrechten und äußert brieflich 1820 Ungeduld: „Diese Begeisterung für die Konstitutionen ist eine Manie; denn alle diese guten Völker wissen gar nicht, was das ist, was sie verlangen. Dennoch wünschte ich sehr, der König von Preußen entschlösse sich, diese Angelegenheit, die schlecht für ihn ablaufen kann, endlich zu ihrem Ende zu bringen." Die fürstliche Familie ist, was die Erbfolge betrifft, intakt. Prinz Bernhard heiratet am 30. Mai 1816 Prinzessin Ida von Sachsen-Meiningen. „Erbgroßherzog" Carl Friedrich und Maria Pawlowna, bis dahin nur Eltern von Prinzessinnen, erfreuen am 26. Juni 1818 endlich das Land mit einem Erbprinzen, der auf den Namen Carl Alexander getauft wird. Zar Alexander I. schaut sich im November 1818 den Neffen an, der seinen Namen mit dem des weimarischen Landesvaters verbindet.

Den alternden Landesherrn, der auf seine Untertanen bieder und leutselig wirkt, der mit dem ergrauten, kurzgeschorenen Haar und der bürgerlich wirkenden Schirmmütze ohne Personenschutz, nur in Begleitung seiner Lieblingshunde, spazierengeht, plagt aber eine launische Gesundheit. Genaue Diagnosen seiner Altersbeschwernisse sind heute nicht mehr zu stellen. Die Medizin jener Zeit vereitelt mit oberflächlichen und irreführenden Bezeichnungen jeden Versuch. Die Auffassungen der Ärzte, ihre Anamnesen und Therapien, liegen im Abstand von zweihundert Jahren weit auseinander. Das „Beinleiden", das sich in einem regnerischen englischen Sommer 1814 deutlich verschlimmert, mag eine Arthritis sein oder, wahrscheinlicher, ein Rheumatismus, den sich der leidenschaftliche Jäger schon früh durch Übernachtungen im Freien bei feuchtkalter Witterung zugezogen haben dürfte. Unterkühlungen im Biwak haben gewöhnlich auch schwache Nieren zur Folge. Die Badekur in Aachen – Müffling und Prinz Bernhard, sein Sohn, der sich nicht entschließen kann, Prinzgemahl der britischen Thronfolgerin Charlotte zu werden, leisten ihm Gesellschaft – hilft, wenn überhaupt, nur vorübergehend.

Carl August hat zeitlebens mit Übergewicht zu kämpfen. Schon 1780 äußert sich Goethe brieflich an Frau von Stein über seine ungesunden Eßgewohnheiten. Wein und Bier, auch „Branntwein", sind ihm eine Verlockung, der er nur selten widersteht. Das gibt seinem um die Augen zunehmend verquollenen Gesicht auf manchen Bildern die falsche Frische des Hypertonikers, das Apoplektische, das man zu seiner Zeit „zum Schlagfluß neigend" nennt. Carl Augusts Leibarzt, der Jenaer Professor der Medizin Johann Christian Stark der Jüngere, der 1812 seinen gleichnamigen Onkel ablöst, rät abwechselnd und eigentlich ratlos zu dieser und jener Badereise. Im Sommer 1817 dehnt der Großherzog eine Kur in Baden-Baden zu einem Besuch Oberitaliens aus. Im italienischen Adel, der sich mit der österreichischen Herrschaft nicht anfreundet, findet der liberale deutsche Duodezfürst Freunde. Die Gesellschaft Mailands kennt ihn bald als „il principe uomo".

Zu den bevorzugten Bädern Carl Augusts gehören aber die nordböhmischen, vor allem Teplitz, aber auch Karlsbad und Marienbad, ein ganz neuer Kurort, dessen Bau im Mai 1820 begonnen hat, der erst mit der Saison 1821 seinen Kurbetrieb aufnimmt und mit seinen unverbrauchten Anlagen sofort zahlungskräftige Patienten anlockt. Goethe zieht während der Sommer 1821, 1822 und 1823 Marienbad vor und nutzt seinen Badeaufenthalt für geologische Exkursionen zum Kammerberg bei Eger. Auch Großherzog Carl August steigt im Sommer 1822 in der „Goldenen Traube" zu Marienbad ab.

So wird er Zeuge einer letzten großen Liebesgeschichte seines Dichterfreundes. Gegenüber, im Klebelsbergschen Haus, wohnt die verwitwete, dem Besitzer sehr nahestehende preußische Adlige

Amalie von Levetzow mit ihren Töchtern Ulrike, Amalia und Berta. Goethe, der im Sommer des Vorjahres im selben Haus Quartier hatte und mit den Damen freundlichen Umgang pflegte, verliebt sich in die Älteste, die siebzehnjährige Ulrike, und die Bewunderung, die er im Verhalten des Mädchens bemerkt, nährt eine Liebe, die in dem rüstigen Witwer – Christiane starb 1816 – Heiratsgedanken weckt. Im folgenden Sommer nimmt das Interesse des Vierundsiebzigjährigen an der gerade erwachsenen Ulrike so deutlich den Charakter des Werbens an, daß die besorgte Mutter am 17. August nach Karlsbad überwechselt. Goethe zieht sich nach Eger zurück, als habe er verstanden, als wolle er resignieren. Aber am 25. August erscheint er doch im „Weißen Roß" zu Karlsbad. Ein stilles Übereinkommen versucht, obwohl die Flut der Briefe, die sein Diener bringt, nicht leicht zu übersehen ist, seinen Geburtstag am 28. August besonderer Beachtung zu entziehen. Man unternimmt gemeinsam einen Ausflug nach Elbogen, dem heutigen Loket. Der Dichter schöpft Hoffnung und rafft sich auf, ganz offiziell um die Hand der achtzehnjährigen Ulrike von Levetzow anzuhalten. Die heikle Aufgabe des Brautwerbers übernimmt der Großherzog. Er zieht einen Frack an und begibt sich zu den Levetzows. Vielleicht hält auch er die Sache nicht für so aussichtslos, wenn er seine fürstliche Autorität in die Waagschale wirft.

Carl August, erinnerte sich später die Umworbene, die nie heiratete und fast so alt wurde wie das Jahrhundert, „war es, welcher meinen Eltern und auch mir sagte, daß ich Goethen heiraten möchte. Erst nahmen wir es für Scherz und meinten, daß Goethe sicher nicht daran denke." Aber Carl August „widersprach" und wiederholte diesen Widerspruch oft. Er schilderte „es von der verlockendsten Seite, wie ich die erste Dame am Hof und in Weimar sein würde, wie sehr er, der Fürst, mich auszeichnen wolle, er würde meinen Eltern gleich in Weimar ein Haus einrichten und übergeben, damit sie nicht von mir getrennt lebten, für meine Zukunft wolle er in jeder Weise sorgen; meiner Mutter redete er sehr zu." Er habe ihr versprochen, Ulrike für den sehr wahrscheinlichen Fall, daß sie Goethe überlebe, „eine jährliche Pension von 10 000 Talern" auszusetzen. Die Ablehnung, der die Literatur die „Trilogie der Leidenschaft" verdankt, vertrieb Goethe für immer aus den böhmischen Bädern. Auch für den Großherzog muß die Enttäuschung beträchtlich gewesen sein, sonst hätte er sich als älterer Herr kaum so sehr für einen noch älteren engagiert.

Karlsbad besaß für den liberalen Großherzog längst keinen guten Klang mehr. Die politischen Beschwernisse, die Carl August die Last des Alterns noch erschwerten, hatten sich in den zurückliegenden Jahren just auf diesen Namen zugespitzt. Das Jahr nach dem Wartburgfest vergällte ihm nach und nach die Freude daran, liberal zu regieren. Um Ruhm ging es Carl August nicht, wenn er im Rahmen der Verfassung versuchte, die Wünsche des Bürgertums und vor allem die der freier denkenden nachwachsenden Generationen zu erfüllen. Er hatte genug Ruhm vergehen sehen. „Ebenso ist es mit der Gunst des Volkes" bemerkt Goethe am 23. Oktober 1828 zu Eckermann. „er suchte sie nicht und tat den Leuten keineswegs schön; aber das Volk liebte ihn, weil es fühlte, daß er ein Herz für sie habe."

Am 20. Januar 1818 erscheint der für alle sächsischen Höfe zuständige russische Gesandte Chanykow, der in Dresden residiert, in Weimar, um Carl August die Beschwerde des Zaren über das Wartburgfest zu übergeben. Ihr Ton ist ärgerlich. Rußland vermißt die in der „Heiligen Allianz" beschworene aristokratische „Solidarität". Carl August lasse es zu, daß andere Regierungen kritisiert würden, daß die Universität seines Landes Reichstag spiele. Die Huldigungen der Studenten hätten ihn als Landesherrn blamiert. Man hält ihm gerade noch zugute, daß er ahnungslos gewesen sei, und bezeichnet den Rüffel als Freundschaftsbeweis.

Carl August weist eine solche Einmischung in die inneren Angelegenheiten seines Landes zurück und verweist darauf, daß die Verfassung, die das Wartburgfest nicht habe verbieten können, durch den Bundestag sanktioniert sei. Er möchte den Grafen Albert Cajetan von Edling, seinen Oberhofmarschall und Staatsminister im Rang eines Geheimen Rates, damit betrauen, die Antwort nach Sankt Petersburg zu bringen. Seine angeheiratete russische Verwandtschaft läßt ihn für die Mission besonders geeignet erscheinen.

Doch der Graf lehnt ab und bittet aus gesundheitlichen Gründen um Urlaub. Das kommt in dieser Situation einem Entlassungsgesuch gleich und ist ein unersetzlicher Verlust. Der Diplomat, der seine Kindheit in Wien verbrachte, hat am Dresdner Hof gedient, hat 1811–1813 den Prinzen Bernhard auf seiner ausgedehnten Reise durch Frankreich und Italien begleitet und sich seitdem als Oberhofmarschall und Mitglied der Theaterkommission unentbehrlich gemacht. Er stellt Carl August von 1815 an als Staatsminister fürs Auswärtige seine sowohl in den Niederlanden als auch auf dem Wiener Kongreß gewonnenen Erfahrungen zur Verfügung.

Der Großherzog ist verstimmt. Doch dieses überraschende Verhalten zeigt ihm erst das ganze Ausmaß einer anderen unangenehmen Affäre. Zu spät ist in Jena die Nummer von Ludens „Nemesis" beschlagnahmt worden, die einen Geheimbericht August von Kotzebues veröffentlicht und den in Weimar gebürtigen prominenten Theaterdichter, dessen Ruhm für viele Zeitgenossen den Goethes und Schillers übersteigt, als russischen Agenten enttarnt. Durch diese Enthüllung fühlt sich von Edling kompromittiert, ist doch der russische Fürst aus moldawischem Adel Alexander von Stourdza, der Verfasser einer Denkschrift für den Zaren „Über den gegenwärtigen Zustand Deutschlands", die besonders die Umtriebe an den Universitäten geißelt, sein Schwager.

Legationsrat Carl Friederich Anton von Conta verfaßt an Edlings Stelle die weimarische Antwort auf die russische Beschwerde. Noch vor Ablauf des Januar geht sie an Chanykow ab. Wieder stellt sich der Großherzog darin hinter seine vom Deutschen Bund garantierte Verfassung. Wenn andere deutsche Fürsten ihr Versprechen nicht einhielten, sei es kein Wunder, daß der Unmut darüber gerade in Sachsen-Weimar-Eisenach laut werde, wo Meinungs- und Pressefreiheit gewährleistet sei. Der Boden, auf dem diese Rechte gelten, ist jedoch unsicher. Unerläßlich ist die Versicherung, alles zu tun, um Ausschreitungen zu verhindern.

Aber kann sich Carl August auf die eigenen Leute verlassen? Peter von Piquot, Weimars Gesandter in Wien, äußert sich merkwürdig erfreut über eine falsche Pressemeldung: Am 21. Februar sei in Weimar die Pressefreiheit aufgehoben worden. Das erklärt auch den drängenden Ton, in dem er am 30. Januar die Unzufriedenheit des Wiener Hofes mit den Zuständen in Weimar geschildert hat. Er macht sich verdächtig, mit Metternichs Politik zu sympathisieren, und muß sich von seinem Landesherrn in einer Zurechtweisung am 3. März die bohrende Frage stellen lassen, ob er denn selbst korrekt auftrete und in jeder Richtung wahrheitsgemäß berichte.

Carl August begreift, daß sein Weimarer Liberalismus nur überleben kann, wenn auch andere Mitglieder des Deutschen Bundes ihren Bürgern durch Verfassungen garantierte Freiheiten gewähren. Der Rechenschaftsbericht über den wirklichen Ablauf des Wartburgfestes, den er Conta nach Angaben des Jenaer Professors Dietrich Georg Kieser abfassen und den er durch seinen Gesandten Franz Josias von Hendrich auf dem Bundestag in Frankfurt vortragen läßt, verbindet Rechtfertigung und Werbung. An Artikel 13 der Bundesakte erinnernd, verteidigt das Papier die studentische Bewegung als normalen Ausdruck der Gesinnungsfreiheit, die eine Verfassung garantiere. Ein für alle Staaten verbindliches Rahmengesetz als Handhabe gegen den Mißbrauch der Pressefreiheit soll dafür sorgen, daß andere deutsche Regierungen ihre Bedenken fallenlassen. Der Vorschlag findet kein Echo.

Stattdessen verhandeln auf einem Kongreß in Aachen vom 29. September bis zum 21. November 1818 die fünf Restaurationsmächte Rußland, Österreich, Preußen, England und das wieder bourbonische Frankreich darüber, wie die alten Verhältnisse in Europa weiter gefestigt werden können. Der Großherzog schickt Jakob Ignaz von Cruishank, der als Privatmann reist, als Beobachter hin. Aber die Tarnung wird durchschaut. Chanykow tritt auf den Diplomaten zu und warnt Weimar in aller Form vor einer Wiederholung des Wartburgfestes.

Den Anlaß hat die Gründung der Allgemeinen Deutschen Burschenschaft gegeben. Begleitet von Mahnungen, „Parteisucht" und „Gesetzwidrigkeiten" zu vermeiden, ist eine erneute Gedenkfeier für die Völkerschlacht genehmigt worden. Carl August läßt sich von Aachen nicht einschüchtern. Am 14. Dezember wendet er sich wohlwollend an den Rektor und den Senat seiner Universität und lobt hoffnungsvoll den Zweck der Verbindung, eine „Veredelung des akademischen Jugendlebens". Freilich unterläßt er es nicht, darauf hinzuweisen, daß die Aufmerksamkeit Deutschlands jetzt auf Jena gerichtet sei. Ein „würdiges, sittlichen Betragen der dort so vieler Freiheiten genießenden Jünglinge" könne „allein das vollgültige Zeugnis ablegen, daß Sitte mit Freiheit, Fleiß mit Unabhängigkeit zu bestehen vermag."

Die Hoffnung, das gute Beispiel werde überzeugen und wirken, erfüllt sich nicht. Das Verhängnis, das 1819 seinen Lauf nimmt und den ganzen Deutschen Bund und darüber hinaus das Europa der „Heiligen Allianz" bewegt, kommt ausgerechnet aus Jena und Weimar: Es trägt die Namen Sand und Kotzebue. Am 23. März 1819 ermordet der in Wunsiedel gebürtige Jenaer Student der Theologie Karl Ludwig Sand den Weimarer Dichter August von Kotzebue in Mannheim, wohin der enttarnte russische Agent, der sich verfolgt fühlt, übergesiedelt ist. Der Mörder, Teilnehmer des Wartburgfestes, ist Mitglied der Burschenschaft, der Ermordete Angehöriger einer am Weimarer Hof einflußreichen Adelsfamilie. Sein Vater kam als Sekretär Anna Amalias von Braunschweig nach Weimar, seine Tante ist ihre Kammerfrau gewesen.

Für Wien, Berlin und Sankt Petersburg bedeutet das Attentat ein gefundenes Fressen. Metternich hätte es inszeniert haben können, so gut paßt es in seine Pläne. Friedrich von Gentz wird wenig später die Tat offen den Anlaß nennen, den „der vortreffliche Sand auf Kosten des armen Kotzebue" für verschärfte Maßnahmen geliefert habe. Hinzu kommt, daß der Jenaer Jurist Karl Theodor Christian Follen, selbst Burschenschafter, zuvor ein führender Kopf der im Geruch des Jakobinismus stehenden „Schwarzen" oder „Unbedingten", eines radikalen Flügels der Burschenschaften an der Universität Gießen, als Privatdozent die Gewalt als Mittel, zu einer einheitlichen, demokratischen deutschen Republik zu gelangen, durchaus gebilligt hat.

Carl August trifft die unselige Verkettung von Umständen hart. Am Tag vor dem Mord ist sein erfahrener Minister Voigt gestorben. Das Gerücht geht um, Rußland verlange, daß Preußen oder Sachsen in Sachsen-Weimar-Eisenach einmarschiere, die Universität Jena liquidiere. Die Einschränkung der akademischen Freiheit in ganz

Deutschland und parallel dazu die der bürgerlichen scheint unvermeidlich. Der Großherzog ist nun bereit, seinen Liberalismus einzuschränken. Daß ihm die Geister, die er schützen wollte, so in den Rücken fallen, beraubt ihn jeder Möglichkeit, noch zu vermitteln. am 29./30. März 1819 ergeht ein Reskript, unterzeichnet von Carl August und von August von Sachsen-Gotha, den beiden wichtigsten „Nutritoren" der Universität Jena, gegen den Mißbrauch der akademischen Freiheit. Die „verderbliche Richtung", in die der Geist der „Liberalität und Humanität" unter den Studenten gegangen sei, bezeichnet es als von außen hereingetragen. Der Grund der Mahnung, Sand und seine Mordtat, wird mit keinem Wort erwähnt, so daß man sich in Jena sehr verwundert.

Der Einspruch des Senats wird abgewiesen. Follen muß das Land verlassen und ist auch in der Schweiz und Frankreich fortan ein Gejagter. Er geht schließlich in die Vereinigten Staaten von Amerika. Aber die behördliche Härte kommt zu spät. Metternich reibt sich in Wien die Hände: „Mit Verachtung straft man den Altburschen nicht, er ist sie gewöhnt." Er plant Beschlüsse, die kein Mitglied des Deutschen Bundes mehr unterlaufen kann. Conta, der, an die schon am 26. Januar wiederholt durch Hendrich in Frankfurt vorgetragene Forderung nach einem Erlaß erinnernd, herumreist, stößt an den deutschen Höfen, die er zu beschwichtigen versucht, nur auf Ablehnung. „Auch Freiheit der Meinungen und der Lehre muß den Universitäten verbleiben, denn im offenen Kampfe der Meinungen soll hier das Wahre gefunden, gegen das Einseitige, gegen das Vertrauen auf Autoritäten soll hier der Schüler bewahrt, zur Selbständigkeit soll er erhoben werden." Goldene Worte, die niemand beachtet, die nur Argwohn wecken. Carl August sieht sich gezwungen, den bellenden Hunden noch einen Knochen vorzuwerfen, noch ein Opfer zu liefern. Am 7. Juni wird Lorenz Oken entlassen. Seine „Isis" kann fortan nur noch im bürgerlich geprägten Leipzig erscheinen. Bis 1827 gibt ihm keine Universität mehr eine Stelle. Er wird zum ersten Opfer der restaurativen Eiszeit, die nun folgt.

Zur selben Zeit nämlich schmiedet Fürst Metternich in den nordböhmischen Bädern das Werkzeug, mit dem er alle liberalen

Bestrebungen in Deutschland auf Jahrzehnte unterdrücken wird: Nach einer augenzwinkernden Verständigung mit Preußen, „Teplitzer Punktation" genannt, kommen vom 2. Juni bis zum 31. August 1819 in Karlsbad die Minister Österreichs, Preußens, Bayerns, Sachsens, Hannovers, Württembergs, Badens, beider Mecklenburg und Hessen-Nassaus zu einer Konferenz zusammen. Das Ergebnis sind die berüchtigten „Karlsbader Beschlüsse", die der Deutsche Bundestag am 20. September 1819 bestätigt. Sie heben durch Verbot die Burschenschaften auf und stellen alle Universitäten unter strengste staatliche Aufsicht durch Sonderbevollmächtigte. Wer Bursche ist, wird nicht immatrikuliert und kann nicht in den Staatsdienst treten. Professoren dürfen ohne gerichtliche Prüfung entlassen werden. Anderen Universitäten ist es untersagt, entlassene Professoren einzustellen. Wer noch den nationalen Bestrebungen und demokratischen Vorstellungen von einem einigen Deutschland das Wort redet, wird als „Demagoge" polizeilich verfolgt und mit Haftstrafen bedroht. Ein Pressegesetz unterwirft Gedrucktes bis zu 320 Seiten einer Vorzensur, die eine Drucklegung verbieten kann. Umfangreichere Publikationen unterliegen der Nachzensur durch eine zentrale Untersuchungskommission, die unliebsame Werke beschlagnahmen und vernichten und ihren Vertrieb bestrafen darf. Journalisten und Literaten müssen bei jedem Wort mit dem sprichwörtlichen Maulkorb rechnen.

Carl August nimmt sich Zeit mit der Verwirklichung der Karlsbader Beschlüsse, die ihn nicht weniger beschweren als die Gebrechen, die ihn nach Karlsbad und in andere Kurorte schicken. Für sein Land läßt er sie erst am 31. Oktober bekanntgeben. In Jena hebt der Landesherr die Burschenschaft nicht etwa auf. Er verlangt nur, daß sie sich unter den gegebenen Umständen selber auflöse. Am 11. November tut sie es. Das Ansinnen, die Aufsicht über die Universität zu übernehmen, lehnt Goethe dankend ab. Die trostlose Pflicht wird Philipp Wilhelm von Motz, dem unverdächtigen Bruder eines preußischen Staatsbeamten, übertragen. Trotzdem erreicht noch Ende November 1819 eine unwirsche russische Note Weimar, die Carl August dafür tadelt, daß er sich den Beschlüssen nur widerwillig füge und innerlich weiter den „volkstümlichen Ideen" anhänge.

Mit Ministerkonferenzen in Wien, auf denen Freiherr von Fritsch junior Weimar und die anderen ernestinischen Höfe vertritt, setzen Preußen und Österreich vereint Grundsätze für eine „Bundesverfassung" durch, die alles verhöhnen, was bis dahin unter einer Verfassung verstanden wurde. Die „Wiener Schlußakte" vom 15. Mai 1820 verkündet unmißverständlich, daß die gesamte Staatsgewalt im Oberhaupt des Staates vereinigt zu bleiben habe. Das bedeutet nicht nur uneingeschränkte Macht für einen Landesherrn, sondern auch uneingeschränkte Verantwortlichkeit für alles, was innerhalb seiner Grenzen geschieht.

Folglich hören die Ermahnungen von seiten der Mächtigeren nicht auf. Immer wieder hat Carl August sein Jena gegen preußischen Argwohn zu verteidigen. Am 7. März wird in den Habseligkeiten eines verhafteten Jenenser Studenten eine Mitschrift von Ludens Vorlesung „Kolleg über Politik" gefunden. Der preußische Polizeidirektor von Kamptz, der sie auswerten läßt, sieht darin ein „sehr wichtiges Aktenstück, das die Entstehung der verkehrten politischen Ansichten der akademischen Jugend sehr vollständig" erkläre und „Gelegenheit geben dürfte, dem politischen Unfug in Jena, wenn nicht ein Ende zu machen, so doch eine bedeutende Grenze zu setzen."

Metternich, der energischste Bremser der deutschen Verfassungsbestrebungen, hat vor allem über einen deutschen Landesherrn den Sieg davongetragen: Carl August von Sachsen-Weimar-Eisenach. Er steigt 1821 in den Rang eines „Staatskanzlers" auf. Am 13. März 1848 stürzen ihn die Revolutionäre, die er nicht hat austilgen können. Er emigriert nach England und darf erst 1851 als Privatmann zurückkehren.

Der liberale Großherzog hat in der zweiten Hälfte seines Lebens beinahe die Züge eines Demokraten angenommen und sich die beiden mächtigsten autoritären Politiker der Zeit zu Feinden gemacht: Napoleon und Metternich. Scheinbar hat er nachgegeben. Aber ohne ihn und den Geist von Weimar ist 1848 nicht zu denken.

ZWEI JUBILÄEN UND EIN ABSCHIED

Carl August hat den größten Herausforderer seiner Zeit, Napoleon Bonaparte, nicht nur überstanden, sondern überlebt. Daß er es auch Napoleons Feinden nicht recht machen konnte, ist vielleicht der sprechendste Beweis für sein außergewöhnliches Format: Er konnte sich nicht mit landläufiger Realpolitik begnügen. Es drängte ihn, seine Entscheidungen auf eine geistige Verantwortung zu gründen, wie sie ihm ein Menschenalter lang durch Wieland und Herder, Schiller und Goethe vermittelt worden war. Der seltene Fall, daß ein Politiker die Kultur nicht nur gelten läßt, nicht nur fördert, sondern ihr auch sein Denken und Handeln unterwirft und damit auf Kollisionskurs mit dem „Zeitgeist" gerät, ohne sich beirren zu lassen, scheint erfüllt.

Um damit Epoche zu machen, ist sein Land nicht groß, sein Einfluß auf europäische Verhältnisse nicht gewichtig genug. Sooft er sich dem mißtönenden Konzert der Restauration fügen muß, versucht er in seinem eigenen kleinen Machtbereich zu retten, was sich retten läßt. Er begibt sich selbst auf die Seite der Geister, die Großes wollen, deren Handeln aber widrige Umstände die Vollendung versagen.

Goethe erliegt nie der Versuchung, Carl August als ein Objekt seines Einflusses, als ein Produkt seines Wirkens in der Rolle des Mentors herauszustellen und auf solch einem Umweg sich selbst zu feiern. Er besteht in allen Würdigungen darauf, den Landesherrn als eine stets eigenständige Person zu sehen, die ihre wichtigsten Vorzüge in sich selbst fand.

„Auch der verstorbene Großherzog", hört Eckermann ihn am 2. März 1831 in einem Vergleich feststellen, „war eine dämonische Natur, voll unbegrenzter Tatkraft und Unruhe, so daß sein eigenes Reich ihm zu klein war, und das größte ihm zu klein gewesen wäre. Dämonische Wesen solcher Art rechneten die Griechen unter die Halbgötter."

Urgestein, würde man heute vielleicht sagen, politisches Urgestein.

„Er war ein Mensch aus dem Ganzen", sagt der Dichter am 23. Oktober 1828 zu seinem Sekretär, „und es kam bei ihm alles aus einer einzigen großen Quelle. Und wie das Ganze gut war, so war das Einzelne gut, er mochte tun und treiben, was er wollte. Übrigens kamen ihm zur Führung des Regiments besonders drei Dinge zustatten. Er hatte die Gabe, Geister und Charaktere zu unterscheiden und jeden an seinen Platz zu stellen. Das war sehr viel. Dann hatte er noch etwas, was ebensoviel war, wo nicht noch mehr; er war beseelt von dem edelsten Wohlwollen, von der reinsten Menschenliebe, und wollte mit ganzer Seele nur das Beste. Er dachte immer zuerst an das Glück des Landes und ganz zuletzt erst ein wenig an sich selber. Edlen Menschen entgegen zu kommen, gute Zwecke befördern zu helfen, war seine Hand immer bereit und offen. Es war in ihm viel Göttliches. Er hätte die ganze Menschheit beglücken mögen. Liebe aber erzeugt Liebe. Wer aber geliebt ist, hat leicht regieren."

Der Frieden, teuer bezahlt mit peinlichen Zugeständnissen, gibt seinem resignierenden Alter etwas melancholisch Verklärtes, das Goethes Apotheose mitgeprägt haben mag. Nachts flieht ihn nicht selten der Schlaf. Sein Übergewicht verursacht ihm zunehmend Kreislaufbeschwerden. Der pflichtbewußte Frühaufsteher, der sich bürgerlich kleidet, als stehe er einem Geschäft vor, schafft an genau eingeteilten Tagen noch ein beachtliches Arbeitspensum und opfert manchem Aktenstapel Zeit, die eigentlich seinen Pferden und seinen Hunden, der Zigarre oder einem Glas Wein vorbehalten wäre. Er liest viel, vor allem Militaria und Technisches, verfolgt die Zeitungen, vertieft sich in Kartenwerke, schlägt in seiner botanischen Handbibliothek nach. Besonders die Botanik beschäftigt den Großherzog in seinen freien Stunden seit langem. Die Gärtnerei des Schlosses Belvedere schafft auf seine Anordnung hin immer neue seltene, ausländische Pflanzen an. 1825 wird ein Katalog des „Hortus Belvedereanus" gedruckt. Die Jenaer und Weimarer Bibliotheken läßt der Großherzog neu gliedern; Neuanschaffungen bezahlt er aus der eigenen Tasche. Er experimentiert in Jena mit dem Chemiker und Pharmazeuten Johann

Wolfgang Döbereiner. Auf Anregung Goethes läßt er seine Landesteile in Thüringen mit einem Netz von Wetterwarten überziehen. Immer wieder gibt er Geld dafür aus, die durch den Schloßbrand weitgehend vernichteten Weimarer Kunstsammlungen wieder aufzubauen. Anfangs hat er die Hilfe Mercks beansprucht. Durch ihn sind Rembrandts Radierungen nach Weimar gekommen. Für die oft alptraumhaften Erfindungen des Schweizer Malers Johann Heinrich Füßli entwickelt Carl August eine Vorliebe. „Schaffen Sie sich ja alle Blätter an", verlangt der junge Herzog schon von Merck, „die nach Heinrich Füßli herausgekommen sind. Ich kaufe sie alle mit dem größten Vergnügen. Er ist der einzige jetzt lebende Maler, der erfinden und dichten kann."

Die Schwerhörigkeit macht den sonst so Leutseligen einsam. In seinem Äußeren läßt er sich von Schlichtheit und Zweckmäßigkeit bestimmen, wie sie auch von seinem Römischen Haus im Park ausgehen. Goethe fallen dazu 1828 die Verse ein:

„Römisch mag man's immer nennen;
Doch wir den Bewohner kennen,
Dem der echte deutsche Sinn,
Ja der Weltsinn ist Gewinn."

Adele Schopenhauer, die Schwester des Philosophen, wird sich erinnern: „Mir ist es am auffallendsten gewesen, daß er wie ein Pächter aussah und plötzlich sich vergeistigte und zum Fürsten wurde, wenn eine Anregung dazu da war."

Es entbehrt nicht einer gewissen Tragik, zu sehen, wie Carl August in seinem redlichen Bemühen immer irgendwann allein dasteht und sich denen anschließen muß, die er meiden wollte. Er hält seinen Freund Müffling für Weimars Interessenvertreter in Berlin. Stattdessen läßt sich der Freiherr keine Gelegenheit entgehen, preußische Interessen nach Weimar zu vermitteln. Selbst Gersdorff neigt dazu, preußischem Druck nachzugeben. So muß der Großherzog, so gern er Preußen auf Abstand hielte, sich arrangieren, sooft ihm nichts anderes übrigbleibt, und das ist oft genug der Fall, gehe es um die weimarischen Geleitsrechte in Erfurt oder um Zollabkommen.

Auch als Familienvater kann er sich Preußen nicht entziehen. Preußische Prinzen besuchen Weimar, und ihr Besichtigungsprogramm verhüllt nur notdürftig die durch den Freiherrn von Müffling angeregte Brautschau. Am 13. September 1826 verlobt sich Prinzessin Marie, geboren 1808, mit Prinz Karl; die Hochzeit folgt alsbald am 26. Mai 1827. Prinz Wilhelm, der spätere Kaiser Wilhelm I., hängt zu der Zeit noch seiner aussichtslosen Liebe zu Elisa von Radziwill nach, aus deren polnischer und russischer Verwandtschaft König Friedrich Wilhelm III. einen unwillkommenen Einfluß auf die preußischen Staatsgeschäfte argwöhnt. Aber es bahnt sich etwas an mit Prinzessin Augusta, geboren 1811. Die Verlobung am 25. Oktober 1828 und die Hochzeit am 11. Juni 1829 wird Carl August nicht mehr erleben.

Die „morganatische" Ehe des seit 1810 verwitweten Preußenkönigs mit der Gräfin Harrach, Fürstin von Liegnitz, gilt dem liberalen Großherzog, der selbst in der Gräfin von Heygendorf eine Gemahlin „zur Linken" hat, nicht als Makel. Die schlecht geregelten Liebesverhältnisse in seiner ernestinischen Verwandtschaft allerdings sind ihm suspekt. In einem Brief an seinen alten Freund Müffling beklagt er das Schwinden der sittlichen Autorität des Hochadels: „In den regierenden Häusern selbst liegt der Keim aller Revolutionen." Er meint auch die borniertn Züge der Restauration, wie sie die Mächte der Heiligen Allianz an den Tag legen. Sein Liberalismus ist im Grunde ein Konservatismus, der aus den Krisen vor 1789 und nach 1814 gelernt hat, daß die Vorrechte des Adels nichts wert sind, wenn der Adel nicht das Vorbild der Gesellschaft bleibt.

Prinz Bernhard, sein jüngerer Sohn, als niederländischer General in Gent stationiert, sammelt auf seiner vierzehnmonatigen Reise durch die Vereinigten Staaten von Amerika andere, modernere Erfahrungen. Seine Rückkehr im Juli 1826 wird am 15. September in der Freimaurerloge „Amalia" gefeiert. August von Goethe trägt ein Begrüßungsgedicht aus der Feder seines Vaters vor. Mehr als diese öffentliche Huldigung verrät ein Gedicht im IX. Teil der „Zahmen Xenien": „Amerika, du hast es besser / Als unser Kontinent..." Mit verhaltenem Neid schaut der Dichter aus dem kleinen, vergleichsweise rückständigen Weimar in die Neue Welt, die sich ohne die Last einer mittelalterlichen Geschichte, wie sie gerade von den tief beargwöhnten Romantikern verherrlicht wird, entwickeln kann.

Auch Carl August, enttäuscht, daß sich so viele Hoffnungen von 1813 nicht erfüllten, hat aufgehorcht und bittet seine Schwiegertochter Ida, deren Schwester Adelheid mit dem späteren britischen König Wilhelm IV. verheiratet ist, ihm Einsicht in die Parlamentsakten der konstitutionellen Monarchie zu verschaffen. 1828 wird Prinz Bernhards Reisebericht, von Heinrich Luden redigiert, veröffentlicht. Vielleicht sind es die amerikanischen Erfahrungen, die es dem kinderreich mit Ida von Sachsen-Meiningen verheirateten Bernhard widerraten, eine Königskrone anzunehmen: Der Freiheitskampf der Griechen gegen die Osmanen, in dem der englische Dichter Lord Byron sein Leben läßt, der den Romantiker Wilhelm Müller zu begeisterten Gesängen anregt, der auch Carl August, den Bewunderer der Antike, über die Zeitungslektüre hinaus beschäftigt, hat mit dem Londoner Abkommen vom 6. Juli 1827 einen neuen europäischen Thron geschaffen. Das Ansinnen, ihn einzunehmen, lehnt Prinz Bernhard dankend ab. Dazu ist er nicht Romantiker genug, und die Weimarer Klassik lehrt ihn auch Mißtrauen gegen rückwärts gewandten Klassizismus.

Carl August selbst hat der ungarischen Versuchung widerstanden. 1822 zeichnet sich eine realere Chance, noch eine Krone zu gewinnen, ab. Herzog August von Sachsen-Gotha-Altenburg stirbt kinderlos. Mit Herzog Friedrich IV., der, gleichfalls kinderlos, am 11. Februar 1825 seinen Krankheiten erliegt, erlischt das Haus Gotha. In der „Gradualerbfolge" könnte Carl August als Großherzog Ansprüche geltend machen. Dem steht aber eine „Linearerbfolge" entgegen. Darin sehen sich Sachsen-Meiningen, Sachsen-Coburg-Saalfeld und Sachsen-Hildburghausen als Nachfahren Ernsts des Frommen, dessen Besitz bei seinem Tod 1675 aufgeteilt wurde, erbberechtigt. König Friedrich August I. von Sachsen vermittelt als Chef des Hauses Wettin. Zum letztenmal wird Thüringen am 12. November 1826 in einem komplizierten Gebietsaustausch, der Sachsen-Weimar-Eisenach nicht berührt, neu aufgeteilt: Sachsen-Coburg-Saalfeld gibt Saalfeld an Meiningen, erhält den gothaischen Landesteil und wird Sachsen-Coburg-Gotha. Hildburghausen geht fast ganz in Sachsen-Meiningen auf. Seine fränkischen Exklaven gelangen an Coburg. Herzog Friedrich von Sachsen-Hild-

236

burghausen zieht nach Altenburg um und wird Landesherr eines wiedererstandenen Herzogtums Sachsen-Altenburg.

Die Zöllner, die, durch die Bundesakte in ihrem ärgerlichen Beruf bestätigt, den wirtschaftlichen Aufschwung hemmen, verdüstern Carl Augusts politischen Lebensabend. „Ach wenn doch Jesus Christus hinter ihnen her wäre!" stöhnt er. „Dann hätten wir alle Ruhe!" Der Großherzog läßt seinen Gesandten Hendrich im Frankfurter Bundestag nichts Geringeres vertreten als die „Verlegung aller Aus- und Eingangszölle an die Grenzen des Bundes". Aber dieser erste Ruf nach einer deutschen Zollunion verhallt ungehört. Langwierige Zollkonferenzen im Abstand mehrerer Jahre führen zu viel kleineren Lösungen, ehe Preußen sich wie in den Zeiten des Füstenbundes an die Spitze der Bewegung setzt und die Probleme 1834 mit dem Deutschen Zollverein in seinem Sinne regelt. Carl August muß fast alles, was er längst richtig sieht, Mächtigeren überlassen, die es verschleppen, nur halb erledigen oder verderben.

Der 3. September 1825, Carl Augusts 68. Geburtstag, ist zugleich sein fünfzigjähriges Regierungsjubiläum. Prunkvolle Feierlichkeiten hat sich der Großherzog verbeten. Er könne es „sich nicht recht klar machen, ob die Jubelfeier eines Menschen eine Freude sein sollte." Erst „wenn der Abschied des Gefeierten für ewig vor der Tür" stehe, falle das Urteil über ihn. „Diese meine Gesinnungen bitte ich dem Publico bekannt werden zu lassen und es dahin zu vermögen, daß es den 3. September 1825 wie alle seine Vorgänger seit etlichen sechzig Jahren vorbeigehen lassen möge." In einer Vorahnung, daß es aber doch nicht ohne Festlichkeit abgehen werde, vielleicht aber auch in einem feinen Gefühl für das Passende, verzichtet er darauf, daß am 3. Oktober seiner Goldenen Hochzeit mit Louise besonders gedacht werde. Goethe läßt es sich allerdings in seiner Verehrung für die Großherzogin nicht nehmen, auf den 14. Oktober, den Jahrestag der Schlacht von Jena ausweichend, eine Medaille zu stiften, deren Inschrift in einem Kranz aus Sternen und Eichenlaub verkündet: „Louisen, Großherzogin von Sachsen – Das gerettete Weimar."

Am doppelten Ehrentag des Großherzogs erscheint Goethe morgens sieben Uhr mit Landgraf Christian von Hessen, Carl Augusts Schwager, und anderen Honoratioren unter den Säulen des

Römischen Hauses zur Gratulation. Nach dieser Huldigung wird der Jubilar durch festlich ausstaffierte Straßen geführt. Alle Ortschaften des Landes sind mit Blumengirlanden und Früchtekränzen geschmückt. Auf dem Markt findet man sich zu einem Dankgottesdienst zusammen. Gesandte Rußlands, Preußens, Österreichs, Sachsens, Frankreichs und vieler kleinerer Staaten sind nach Weimar gekommen. Auch die preußischen Prinzen nehmen an der Feier teil, und Großherzogin Louise beobachtet, vielleicht schon in heimlicher Hoffnung auf eine Verbindung: „Der Prinz Wilhelm ist außerordentlich einnehmend, sehr verständig und hat viel Haltung." Prinzessin Auguste, obwohl erst vierzehn Jahre alt, sehe wie sechzehn aus, doch sei „ihr Wesen noch immer spröde, kaum daß sie spricht." Im wiederaufgebauten Theater – die Spielstätte des klassischen Weimar, Uraufführungsort vieler Stücke von Schiller und Goethe, ist in der Nacht vom 21. zum 22. März niedergebrannt – spricht Frau von Heygendorf einen „Prolog", den Friedrich Wilhelm Riemer, Gymnasiallehrer und Hauslehrer von Goethes Sohn August, verfaßt hat. Für die Feier in der Freimaurerloge hält Goethe ein dreiteiliges „Logenlied" bereit. Im „Zwischengesang" heißt es:

„Laßt fahren hin das allzu Flüchtige!
Ihr sucht bei ihm vergebens Rat;
In dem Vergangnen lebt das Tüchtige,
Verewigt sich in schöner Tat."

Und der „Schlußgesang" endet:

„Wie viel er ausgespendet,
Auch weit und breit vollendet,
Die Unzahl sich verbündet,
Unsäglich Glück gegründet,
Das wiederholet
Das Leben entlang."

Goethe hat die Prägung einer Gedenk-Medaille angeregt und sie seinem Souverän zum Regierungsjubiläum überreicht. Carl August revanchiert sich bald darauf mit einer anderen Medaille, die Bildnisse des Fürstenpaares und Goethes vereint unter der Widmung: „Dem ersten Staatsdiener, dem Jugendfreund, der mit unveränderter Treue, Neigung und Beständigkeit Mich bisher in allen Wechselfällen des Lebens begleitet hat." Die Freundschaft zwischen dem Dichter und dem Souverän ist nicht ohne Trübungen geblieben. Keiner von beiden hat sich dem anderen gegenüber je in Abhängigkeit gefühlt. Ihre Meinungen traten da auseinander, wo ihre Erfahrungen sich unterschieden. Was sie zusammenhielt, war ein wechselseitiges ehrfürchtiges Geltenlassen. Verständnis für den anderen vorauszusetzen war von Anfang an der Boden, auf dem eine Freundschaft zwischen Männern so unterschiedlichen Naturells, so verschiedener Aufgabenstellung gedieh. Carl August war Goethes Werken ein verständnisvoller Leser, ohne in jede Feinheit vorzudringen. Der Zweite Teil des Faust, der gerade wie kaum eine andere Dichtung Goethes aus dem Dienst am Gemeinwesen zehrt, erschloß sich ihm nie; aber damit stand er durchaus nicht allein. Goethe wiederum versagte es sich nach und nach, für die politischen Probleme, mit denen Carl August sich herumschlug, Zeit zu opfern und Gedanken zu bemühen.

Am 7. November 1825, dem zum fünfzigsten Mal wiederkehrenden Ankunftstag Goethes, den der Großherzog, als wollte er sein anfängliches Zögern ungeschehen machen, zum Dienstjubiläum erhebt, obgleich ja Dienstliches für Goethe erst mehr als ein halbes Jahr später begann, erhält der Dichter ein ehrendes Glückwunschschreiben:

„Sehr wertgeschätzter Herr geheimer Rat und Staatsminister!
Gewiß betrachte ich mit allem Rechte den Tag, wo Sie, Meiner Einladung folgend in Weimar eintrafen, als den Tag des wirklichen Eintritts in Meinen Dienst, da Sie von jenem Zeitpunkte an nicht aufgehört haben, Mir die erfreulichsten Beweise der treuesten Anhänglichkeit und Freundschaft durch Widmung Ihrer seltenen Talente zu geben. Die fünfzigste Wiederkehr dieses Tages erkenne ich sonach mit dem lebhaftesten Vergnügen als das Dienstjubelfest Meines ersten Staatsdieners, des Jugendfreundes, der mit unveränderter Treue, Neigung und beständigkeit Mich bisher in allen Wechselfällen des Lebens begleitet hat, dessen umsichtigem Rat, dessen lebendiger Teilnahme und stets wohlgefälligen Dienstleistungen Ich den glücklichen Erfolg der wichtigsten Unternehmungen verdanke und den für immer gewonnen zu haben, Ich als eine der höchsten Zierden Meiner Regierung achte. Des heutigen Jubelfestes frohe Veranlassung gerne benutzend, um Ihnen diese Gesinnungen auszudrücken, bitte Ich der Unveränderlichkeit derselben sich überzeugt zu halten.

Weimar, den 7. November 1825.   Carl August."

Die „Nachschrift", die auf die „anliegende Denkmünze" hinweist, bezieht auch die „Gesinnungen" der Großherzogin mit ein. „Mit der Jubiläumsmedaille" verbindet der Geehrte die Verse:

„Ehre, die uns hoch erhebt,
Führt vielleicht aus Maß und Schranken;
Liebe, die im Innern lebt,
Sammelt schwärmende Gedanken."

Die Frist, die nun dem seltenen Freundespaar bleibt, ist kurz. Am 29. August 1827, dem Tag nach seinem achtundsiebzigsten Geburtstag, erhält Goethe von Carl August ein sonderbares Billett: „Soeben fahre ich mit dem Könige von Bayern nach Belvedere, dann auf den neuen Gottesacker, den er sehn will, und dann zu Dir; das möchte so in der 10. Stunde sein. Hernach möchte der König die Bibliothek und daselbst Schillers Schädel sehn. Letzteres kannst Du nur möglich machen, deswegen ersuche ich Dich, die nötigen Anstalten treffen zu lassen."

Seit März 1826 liegen Schillers Gebeine, dem „Landschaftskassengewölbe" an der Jakobskirche entnommen, provisorisch in der Großherzoglichen Bibliothek. Sie werden am 16. Dezember 1827 in die nach Plänen des Oberbaudirektors Clemens Wenzeslaus Coudray erbaute Fürstengruft überführt. Einstweilen hat Goethe, der Oberaufseher aller Bibliotheken und Sammlungen im Land, Gelegenheit gefunden, den Totenschädel des seit mehr als zwei Jahrzehnten verstorbenen Freundes zu betrachten. Ein unbetiteltes Gedicht in strengen Terzinen hält am 25. September 1826 das dem eigenen nahen Ende abgewonnene Interesse, das Carl August und sein Gast, Ludwig I., der kunstsinnige Bayernkönig, teilen, fest:

„Im ernsten Beinhaus war's, wo ich beschaute,
Wie Schädel Schädeln angeordnet paßten;
Die alte Zeit gedacht' ich, die ergraute."
...
„Wie mich geheimnisvoll die Form entzückte!
Die gottgedachte Spur, die sich erhalten!
Ein Blick, der mich an jenes Meer entrückte,
Das flutend strömt gesteigerte Gestalten.
Geheim Gefäß! Orakelsprüche spendend,
Wie bin ich wert, dich in der Hand zu halten..."

Goethe ist mehrmals schon krank bis in die Nähe des Todes gewesen. Carl Augusts Weg ist der kürzere. „Ach wenn ich", schreibt der Fürst am 29. März 1828 dem Dichter, „nur all die Weisheit, die in den Büchern steht, die Du mir geschickt hast, fressen könnte! Da wäre ich gut dran, denn ich verzweifle, daß durch meine Augen ich sie in meinen Kopf werde bringen können." Das Jahr läuft wie gewohnt. Eine Badereise nach Teplitz ist für den Spätsommer geplant. Doch auch Großherzogin Louises Kränkeln gibt Anlaß zur Besorgnis. „Weder ich noch der Großherzog", schreibt sie in einem Brief am 23. Mai, „sind in guter Gesundheit. Der Großherzog, der sich heute auf vierzehn Tage nach Berlin begeben wollte, hat diese Reise wegen seines Gesundheitszustandes um acht Tage verschieben müssen." Die Reise hat einen doppelten Zweck: den Urenkel Prinz Friedrich Karl zu sehen, den Prinzessin Marie und Prinz Karl von Preußen dem großherzoglichen Paar beschert haben, „und sozusagen", wie er am 13. Mai schon Goethe vertraulich mitgeteilt hat, „von der Außenwelt bei dieser Gelegenheit Abschied zu nehmen." Am Morgen des 29. Mai, ein Viertel nach fünf Uhr, tritt er die Reise an. Daß es seine letzte sein könnte, spürt er selbst.

Die ihm im Alltag am nächsten sind, Hofrat Carl Emil Helbig und auf der Reise dann Major Friedrich Ludwig von Germar, beobachten einen fortschreitenden Verfall. Am 13. April wird Carl August „leidend" befunden, am 14. wird daraus ein Schmerz in der Magengegend und „beengte Respiration", von „Brustkrämpfen" begleitet. Der Großherzog führt, „stiller als gewöhnlich", seine Amtsgeschäfte fort. Ende April schüttelt ihn ein Schnupfen, ein „böses Auge" rührt wohl daher. Im Mai häufen sich schlaflose Nächte, jeweils gefolgt von Müdigkeit und Zittern. Und immer wieder Atemnot. Die Mattigkeit begleitet den Patienten auf der ganzen Reise. Aber er schont sich nicht, und niemand widerrät ihm Bier und Zigarre.

In Berlin werden Besuche gemacht und Besucher empfangen, Paraden angesehen, Künstlerateliers besichtigt. Festessen und Theateraufführungen steigern die Strapaze aufs äußerste. Alexander von Humboldt, der sich am Vormittag des 13. Juni lange mit Carl August unterhält, erkennt an ihm „eine solche Luzidität wie bei den erhabenen, schneebedeckten Alpen der Vorbote des scheidenden Lichts." Seine Erinnerung an Carl Augusts letzte Lebensstunden umreißt noch einmal die ganze vielseitige, nun aber physisch brechende Persönlichkeit:

„In Potsdam saß ich mehrere Stunden allein mit ihm auf dem Kanapee; er trank und schlief abwechselnd, trank wieder, stand auf, um an seine Gemahlin zu schreiben, dann schlief er wieder. Er war heiter, aber sehr erschöpft. In den Intervallen bedrängte er mich mit den schwierigsten Fragen: über Physik, Astronomie, Meteorologie und Geognosie, über Durchsichtigkeit eines Kometenkerns, über Mondatmosphäre, über die farbigen Doppelsterne, über Einfluß der Sonnenflecke auf Temperatur, Erscheinen der organischen Formen in der Urwelt, innere Erdwärme. Er schlief mitten in seiner und meiner Rede ein, wurde oft unruhig und sagte dann, über seine scheinbare Unaufmerksamkeit milde und freundlich um Verzeihung bittend: ,Sie sehen, Humboldt, es ist aus mit mir!'
Auf einmal ging er in religiöse Gespräche über. Er klagte über den einreißenden Pietismus und den Zusammenhang dieser Schwärmerei mit politischen Tendenzen nach Absolutismus und Niederschlagen aller freien Geistesregungen. ,Dazu sind es unwahre Bursche', rief er aus, ,die sich dadurch den Fürsten angenehm zu machen glauben, um Stellen und Bänder zu erhalten! – Mit der poetischen Vorliebe zum Mittelalter haben sie sich eingeschlichen.' –
Bald legte sich sein Zorn und nun sagte er, wie er jetzt viel Tröstliches in der christlichen Religion fände. ,Das ist eine menschenfreundliche Lehre', sagte er, ,aber von Anfang an hat man sie verunstaltet. Die ersten Christen waren die Freigesinnten unter den Ultras; aber als sie selbst mächtig wurden, da dichteten sie der Sache Wunder an.'"

Carl Augusts aufgeklärten deistisch-christlichen Glauben bezeugt auch Herders Nachfolger, Oberhofprediger und Generalsuperintendent Johann Friedrich Röhr: „Ein Tor ist", habe Carl August festgestellt, „wer keinen Gott glaubt." Das war nicht immer so. „In den unglücklichen Jahren 1806 und 1807", so Röhrs Zeugnis weiter, „wo viele an Gottes Weltregierung zu zweifen anfingen, wankte auch mein Glaube. Da wandte ich mich von den Menschen zu den Pflanzen, um mir meinen Glauben zu erhalten und mich an ihm aufzurichten."

Nach dem Gespräch mit Humboldt besteigt Carl August seine Kutsche und reist durch einen heißen Frühsommertag nach Wittenberg. Am Sonnabend, dem 14. Juni 1828, gibt er dem Wunsch nach, das Gestüt Graditz bei Torgau zu besichtigen. Er spürt, daß sein „Magen in Unordnung" sei, und kämpft an der Tafel über der Suppe gegen einen Brechreiz. Dennoch läßt er sich einen Nachmittag lang Rassepferde vorführen. Gegen 7 Uhr abends wird ihm so unwohl, daß er seufzt: „Ach daß Gott erbarm!" Aus den überlieferten Symptomen läßt sich schließen, daß sich ein Herzinfarkt ankündigt. Major von Germar erinnert an die Abendkühle. Der Kranke fügt sich: „So wollen wir lieber heraufgehen." Eine Zigarre begleitet das Gespräch mit den besorgten Herren der kleinen Abendrunde über Friedrich den Großen und die Schlacht bei Torgau. Kaum ist die Zigarre aus, klagt Carl August über einen Brustkrampf. Auf die Frage, ob man ihm eine Sagosuppe bringen dürfe, läßt er nur ein hohles „Hm?" hören. Er tritt ans Fenster. Die Beine knicken ihm ein. Major von Germar fängt ihn auf: Er ist tot.

Die Leiche des Großherzogs wird nach Weimar überführt und im Römischen Haus aufgebahrt. Großherzogin Louise hält sich, selbst krank, in Wilhelmsthal auf. Goethe fühlt sich in Dornburg nicht wohl genug, zu ihr zureisen. „Ich hatte gedacht", sagt er bei der Todesnachricht am 15. Juni zu Eckermann, „ich wollte vor ihm hingehen." Es ist, als erlösche das alte Weimar. Freiherr Hildebrand von Einsiedel, der skeptische Gefährte übermütiger Jugendjahre, stirbt am 9. Juli 1828, dem Tag, an dem Carl August in einem – wie das Mausoleum selbst – von Coudray entworfenen Bronzesarkophag die Allee hinaufgetragen und in der neuen Fürstengruft beigesetzt wird. Die Grabstätte, seit dem Schloßbrand von 1774 für nötig befunden, 1823 geplant und mit Korrekturen des Großherzogs 1824 so weit fertiggestellt, daß sie die verstreut und schlecht untergebrachten Gebeine der herzoglichen Ahnen aufnehmen konnte, ist mit dem 26. Januar 1827 kaum zu früh fertiggeworden.

Am 18. Februar 1830 findet Großherzogin Louise, verstorben am 14. des Monats im Fürstenhaus, wohin sie umgezogen ist, um der Familie des neuen Großherzogs Carl Friedrich Platz zu machen, an Carl Augusts Seite die letzte Ruhe. Sie hat, geschwächt durch eine Herzbeutelentzündung und unglückliche Stürze, Carl Augusts Vermächtnis vor allem durch Wohltätigkeit fortzusetzen gesucht, Stipendien für Junge und Renten für Alte, auch Stundengelder fürs

Nähen und Klöppeln ausgesetzt, die weimarische und eisenachische Almosenkasse gefüttert, Kleidung und Essen für Arme bezahlt, das Falksche Institut mit seinen sozialen Fürsorgeaufgaben unterstützt und Feuergeschädigten geholfen, nicht ohne jeden Fall zu prüfen: Hinter manchem Namen steht auf den Listen ihr strenges „Taugt nicht" oder „Darf nicht wiederkommen" oder „Ist jung und gesund". Goethe, ihr Altersfreund, stirbt am 22. März 1832 und wird am 26. März neben Schiller beigesetzt.

Das Testament Carl Augusts, am 15. Juni 1828 eröffnet, ist in mehreren Stufen entstanden. Daß es die Staatskasse mit in Anspruch nimmt, ist dem Erblasser nicht anzulasten; eine genaue Trennung privater und staatlicher Finanzen wird in Weimar erst 1850 vorgenommen. Ein früher Entwurf vom 16. März 1776 sieht schon eine Versorgung Goethes vor. 1801, 1805 und 1806 hat sich der Herzog zu Änderungen entschlossen. Die letztgültige Fassung vom 26. April 1813 enthält nicht nur genaue Verfügungen über Frau von Heygendorf und ihre Kinder; Carl August legte wert darauf, daß sein Erbe Carl Friedrich mit seiner Unterschrift die Ansprüche der Halbgeschwister anerkannte und sich als Obervormund verantwortlich fühlte.

Prinz Wilhelm von Preußen, wenig später Bräutigam der Enkelin Auguste und 1871 als Wilhelm I. erster Kaiser eines Deutschen Reiches, wie es sich Carl August nicht gewünscht hat, findet gleichwohl am 20. Juni 1828 schon in einem Brief Worte, die für einen Nachruf getaugt hätten: „Der verstorbene Großherzog war vielleicht einer der unterrichtetsten, verständigsten und gescheutesten Männer seiner Zeit. Man kann sich keinen Begriff machen, welche Masse von Kenntnissen er in allen Fächern bis in die größten Details hatte. Alles, was zu seiner Zeit ausgezeichnet in Deutschland lebte, war um ihn versammelt; mit jugendlicher Begeisterung sprach er mir oft von der schönen Zeit, wo er diese ausgezeichneten Männer bei sich in Weimar etabliert hatte." Wilhelm nennt seinen Charakter „edel und fest". Er schließt: „Das Land ist zu bedauern, das einen solchen Wechsel im Souverän erfährt."

Epilog: EIN DYNASTISCHES UND EIN GEISTIGES ERBE

Wer heute durch das historische Weimar geht, sieht ein vom 18. Jahrhundert geprägtes Stadtbild, dem das 19. Jahrhundert noch vieles hinzugefügt hat. Die Größen der Zeit, in der Carl August regierte, schauen auf ihren Sockeln in bronzenem Glanz über ihn hinweg. Vor der Stadtkirche, die wie der ehemalige Töpfermarkt Herders Namen trägt, ist es Johann Gottfried Herder, der große Theroretiker der Humanität. Im Verkehrslärm des Wielandplatzes steht ungerührt, die Hand zu einer nachdenklichen und feinfühligen Geste gekrümmt, das Standbild Christoph Martin Wielands, mit dessen Ankunft das Zeitalter begann. Vor dem Nationaltheater verbindet ein Lorbeerkranz die Schreibhände Goethes und Schillers. Aus dem ehemaligen Fürstenhaus, vor dem das Reiterstandbild des lorbeerbekränzten Großherzogs Carl August aufragt, tönen die Klangfiguren übender Studentinnen und Studenten der Franz-Liszt-Musikhochschule wie ein Widerhall des „nachklassischen" Weimar.

Das geistige und das dynastische Erbe Weimars trennten sich nach dem Ableben des Souveräns und des Dichters. Sie blieben einander verbunden, konnten aber nie zu einer Symbiose finden, wie sie zwischen Goethe und Carl August zu deren Lebzeiten stattgefunden hatte. Die Nachlässe der großen Geister wurden zunächst von deren leiblichen Erben gehütet. Die Nachkommen des Großherzogs blieben vorrangig mit ihren politischen und dynastischen Problemen beschäftigt. Einen Staatsdienst wie Goethe nahmen der Minister Theodor Stichling, ein Enkel Herders, und Justizrat Reinhold, ein Enkel Wielands, an. Goethes Enkel begnügten sich mit der Ernennung zu großherzoglichen Kammerherren.

Über den neuen Großherzog Carl Friedrich äußerte sich Goethe gegenüber Eckermann am 23. Oktober 1828 zuversichtlich. Er hob „die Herzengüte des jetzigen Regenten" hervor, die „zu großen Hoffnungen berechtige". Noch größere Hoffnungen setzte er in die Großherzogin Maria Pawlowna: „Sie ist von jeher für das Land ein guter Engel gewesen und wird es mehr und mehr, je länger sie ihm verbunden ist. Ich kenne die Großherzogin seit dem Jahre 1805 und habe Gelegenheit in Menge gehabt, ihren Geist und Charakter zu bewundern. Sie ist eine der besten und bedeutendsten Frauen unserer Zeit, und würde es sein, wenn sie auch keine Fürstin wäre. Und das ist's eben, worauf es ankommt, daß, wenn auch der Purpur abgelegt worden, noch sehr viel Großes, ja eigentlich noch das Beste übrigbleibe." Dem Kanzler von Müller hatte er schon am 23. August 1827 anvertraut, daß er „sie ganz vorzüglich wegen ihrer entschiedenen praktischen Richtung, großen Aufmerksamkeit auf alles und vorurteilsfreien Auffassung der menschlichen Zustände" verehre.

Carl August hätte lieber seinen jüngeren Sohn Herzog Bernhard als Nachfolger gehabt. Aber es gab keine Chance, die dynastischen Regeln zu durchbrechen und Carl Friedrich zurückzusetzen. Ein realistisch zupackender Sinn machte aus Bernhard einen guten Militär, aber auch einen reiselustigen Zeitgenossen. Nachdem er in den Niederlanden an Kämpfen teilgenommen hatte, aus denen später das unabhängige Königreich Belgien hervorging, bereiste er, der Amerika kannte, auch Italien, den Orient und Rußland. Sein Sohn, Prinz Hermann, erbte die – so sah es die Tradition – Neigung, aus der Art zu schlagen und heiratete 1851 in London „morganatisch" eine nicht standesgemäße Lady Auguste Gordon Lennox, die vom Großherzog zu einer Gräfin von Dornburg erhoben werden mußte.

Seinem zur Thronfolge berechtigten Bruder, der im Jahr seines Regierungsantritts bereits fünfundvierzig Jahre alt war, fehlte es bei aller Gutmütigkeit deutlich an Scharfsinn, Energie, Sicherheit und politischem Instinkt. Als Heranwachsender hatte er auf dem Hintergrund der Französischen Revolution und der Napoleonischen Kriege den Geist der Weimarer Klassik erlebt. Aber ihre literarischen Meisterwerke blieben seinem Fassungsvermögen wie seinem Geschmack fremd. Noch als Erwachsener bevorzugte er Märchen. Sein Urteil konnte sich unter den disparaten erzieherischen Einflüssen einer emigrierten französischen Adelsdame und eines Anhängers der Revolution nicht festigen. Die Frömmigkeit seiner Vorstellungswelt blieb so kindlich, wie sie der Geist der Restauration eher von den Unteratnen als von den Regierenden erwartete. Der leidenschaftliche Sammler umgab sich, besonders in seinem Sommersitz Tiefurt, mit einem Sammelsurium biedermeierlicher Nippes und paßte eher in eine Welt, wie Carl Spitzweg sie malte. Er kehrte den Souverän heraus, ohne wirklich souverän zu sein. So beantwortete er etwa die Aufforderung eines Porträtmalers, er müsse seine Position ein wenig ändern, mit der spitzen Frage: „Ein Souverän soll müssen?" Am Hoftheater blieben die Logen des Adels und des Bürgertums getrennt.

Die Regierungsverantwortung, soweit sie nicht ohnehin in den bewährten Händen des jüngeren Freiherrn von Fritsch und des Freiherrn von Gersdorff lag, denen Bernhard von Watzdorf folgte, wurde denn auch inoffiziell weitgehend von Carl Friedrichs Gattin Maria Pawlowna wahrgenommen. Alles, was Carl Friedrich mit seinen Ministern verhandelte, wurde vorher von Maria Pawlowna mit ihm bis ins Detail durchgesprochen. Die Lieblingsschwester des Zaren Alexander I., die auch Zarenschwester blieb, als dessen Bruder Nikolaus I. regierte, bezog große Summen aus Sankt Petersburg, die dem Weimarer Hof einen besonderen Glanz gaben. Der neue Zar, der als kalter Selbstherrscher in Dostojewskis Leben eine zynische Rolle spielte, besuchte 1838 den Hof von Weimar. Der erst geistig interessanteste unter den kleinen deutschen Fürstenhöfen wurde nun mit seinen Familienfesten, Hofzeremonien und Repräsentationen der prächtigste. Geld floß weiterhin auch in die Kunstförderung. Beraten durch Ludwig von Schorn, erweiterte der Großherzog die Kunstsammlungen. Der in Eisenach gebürtige Maler Friedrich Preller ließ sich nach seiner Italienreise in Weimar nieder. Bis 1877 wirkte noch der Hofkupferstecher Carl August Schwerdgeburth, dessen Werkstatt den Abendglanz des klassischen Weimar festgehalten hatte. Die Malerin Luise Seidler kehrte nach einer Studienzeit in Dresden, wo sie Gerhard von Kügelgens Schülerin war, nach Weimar zurück. An der Zeichenschule wirkte der Kunstprofessor Friedrich Martersteig. Aber es war vor allem der äußerliche Glanz der Kunst, auf den es ankam. Carl Friedrich ließ mit hohem Aufwand in einem zeitgemäß historisierenden Geschmack die Wartburg restaurieren.

Der Geist der Wartburg regte sich 1848 auch in Weimar vehement. Es kam an den Tag, daß das großherzogliche Kammerver-

mögen ebenso groß war wie das Einkommen der noch immer ver-
schuldeten „Landschaft". Bürgerversammlungen forderten schon am
8. März die Wiederherstellung der Pressefreiheit. Am 11. März
drängte der Volksauflauf bis in den Schloßhof. Jenaische Studenten
forderten die Entlassung des allzu angepaßten Ministers Christian
Wilhelm Schweitzer. Der Großherzog bewahrte vielleicht mehr aus
Unbeweglichkeit als durch Weisheit äußerste Ruhe. Er gewährte
die Forderung, die ihn wenig kostete. Die Studenten bildeten zu
Marschliedern Reihen, verließen das Schloßgelände und zogen alle
anderen Aufrührer mit sich hinaus. Die Achtundvierziger Revolution forderte in Weimar keine Toten. Eine Bürgerwehr sah auf Ruhe
und Ordnung. Prozesse und Haftstrafen für Unruhestifter mäßigten
die Stimmung. Ohne eine Kürzung der großherzoglichen Bezüge
ging es freilich doch nicht ab. In Frankfurt vertrat auch Sachsen-
Weimar-Eisenach den Antrag, ein neues erbliches deutschen Kai-
sertum wiedereinzuführen, den der Preußenkönig Friedrich Wilhelm IV. dann zurückwies mit der Begründung, dieser Krone hafte
der „Ludergeruch der Revolution" an. 1853 kam der Monarch, der
unbeirrbar an der mittelalterlichen Idee des Gottesgnadentums fest-
hielt, zum Dienstjubiläum des Großherzogs in die Residenz. Der
Einfluß des übermächtigen Nachbarn Preußen machte sich fortan
überall in Weimar bemerkbar. Um die Mitte des 19. Jahrhunderts
hatte Berlin bereits doppelt so viele Einwohner wie das ganze
Großherzogtum. Schon das 1839 nach einem Großbrand errichtete
neue Rathaus am Markt brachte den martialischen Historismus
preußischer Kasernen mitten in das Stadtbild.

Das Dienstjubiläum, das Carl Friedrich vor seinem Tod 1853 be-
ging, feierte nur die Hälfte der Regierungsjahre, auf die sein Vater
hatte zurückblicken können. Es widerstrebte seinem Standesdünkel,
daß er in der Fürstengruft neben Goethe und Schiller die letzte
Ruhe finden sollte; er trug sich mit dem Gedanken, ein neues, eigenes Mausoleum bauen zu lassen. Jedoch Maria Pawlowna ließ ihn
wissen, daß er dann allein werde ruhen müssen, und er lenkte ein.
Die Großherzogin überlebte ihn um mehr als sechs Jahre. 1860–
1862 wurde für sie die Grabkapelle im Stil einer russischen Kirche
der Fürstengruft angebaut.

248

Männer, die Goethe geistig nahegestanden hatten und in Weimar geblieben waren, Eckermann, Riemer, Kanzler von Müller, der „Kunscht-Meyer", waren schon gestorben. Riemer und Müller hatten versucht, die Werke Goethes durch die „Ausgabe letzter Hand" zu sichern. Goethes schon 1830 verwitwete Schwiegertochter Ottilie führte ein unstetes Reiseleben. Die Tochter des durch Spekulationen verarmten preußischen Junkers von Pogwisch war 1811 mit ihrer Mutter, einer Hofdame der Herzogin Louise, nach Weimar gekommen und hatte 1817 Goethes Sohn August geheiratet. Ihre romantisch-törichte Leidenschaft für Engländer hatten den Dichter nichts Gutes ahnen lassen und sie in seinem Testament nur zur Verwalterin der Erbteile ihrer Kinder gemacht. Komplizierte Liebesverwicklungen und eine gewisse Haltlosigkeit, zu der hohe Ansprüche in engen Verhältnissen führen, sollten ihm recht geben. Als Alma, Goethes jüngste Enkelin, 1844 früh verstorben war, flossen Ottilie die 70 000 Reichstaler des Vermögens, das nun ihr zufiel, in kurzer Zeit durch die Hände.

Auf Goethes Enkeln lastete der Schatten des berühmten, bald zum „Olympier" stilisierten Vaters. Walther Wolfgang von Goethe wollte, obwohl sich Felix Mendelssohn-Bartholdy in Leipzig über sein Talent skeptisch äußerte, unbedingt Musiker werden und studierte in Wien. Von den Opern, die er komponierte, führte das Weimarer Theater eine in zwei Vorstellungen auf. Von den Novellen, die er schrieb, wurde fast die gesamte Auflage eingestampft. Wolfgang Maximilian absolvierte, nachdem sein Ehrgeiz in Pforta gescheitert war, das Weimarer Gymnasium und promovierte in Heidelberg als Jurist. Auch er schriftstellerte erfolglos. Für die Diplomatie, die ihn als preußischen Legationsrat nach Dresden und Rom führte, zeigte er eine gewisse Begabung.

Die Pflege des Goetheschen Erbes kam in die Hände von Gelehrten und mit ihnen zunächst mit Hermann Grimm (1828–1901), einem Schwiegersohn Bettina von Arnims, und Wilhelm Scherer (1841–1886) nach Berlin, mit Gustav von Locper (1822–1891) und Woldemar Freiherr von Biedermann (1817–1903) nach Dresden und mit Michael Bernays (1834–1897) nach München. Auch bei den literarischen Abenden, deren Tradition bei Hofe vor allem Maria Pawlowna pflegte, dominierten Gelehrte. Alexander von Humboldt kam gern und oft. Meist hielten Jenaer Professoren, die in Hofkaleschen aus der Universitätsstadt geholt und zurückgebracht wurden, ihre Vorträge. Carl Friedrich zahlte Johanna Schopenhauer 1837 eine Pension, damit sie wieder in Weimar leben konnte, und erschien oft zum Tee in ihrem Salon.

Die Unwiederholbarkeit des Großen ließ sich nicht bestechen. Irregeleiteter Ehrgeiz und Unsicherheit im Urteil beschworen die Gefahr herauf, Scharlatanen aufzusitzen, das Epigonale zu kultivieren. Jean Paul hatte seinen Ruhm in Weimar nur unter der Bedingung genießen können, andere Berühmtheiten nicht zu beachten. Die Opposition der Romantik verlagerte sich vom nahen Jena nach Heidelberg. Goethes furchtbares Wort schien durch alle Salons zu hallen: „Weh dir, daß du ein Enkel bist!" Auch der kranke Johann Gottfried Seume konnte sich nicht mit dem Gedanken befreunden, mit einer durch Maria Pawlowna vermittelten Pension des Zaren nach Weimar zu ziehen. Heinrich Heine beeilte sich als Student, der einen „Faust" plante, die Audienz des mit der Tragödie Zweitem Teil ringenden Dichters von sich aus zu beenden. Nach Goethe wagte es kein bedeutender Dichter mehr, sich in Weimar niederzulassen. Karl Leberecht Immermann hielt es 1837 und 1839 nicht lange. 1856 besuchte der englische Romancier William Makepeace Thackeray Weimar. Das Weimarer Theater, dessen Niveau die Schauspielerehepaare Genast, Streit und Seidel zu halten suchten, pflegte die Werke der Klassiker. Doch Kotzebue und andere, heute vergessene Modeautoren wurden weiterhin häufiger gespielt.

Walther von Goethes unglückliche Liebe zur Tonkunst mag aus einem bedeutenden Wechsel der Stimmung gekommen sein, der sich früh ankündigte: Nachdem die Männer des Wortes gegangen waren, öffnete sich der Musenhof von Weimar den Genies der Musik. Der Österreicher Johann Nepomuk Hummel, Schüler Mozerats, Haydns Nachfolger in Eisenstadt, Freund Beethovens, war ihr Wegbereiter. Er kam 1820, von Maria Pawlowna gerufen, als Hofkapellmeister nach Weimar und brachte mit seinen Kompositionen einen Nachklang der Wiener Klassik an die Stätte der Weimarer Klassik. Am 30. Mai 1840 dirigierte Felix Mendelssohn-Bartholdy in der Stadtkirche sein Oratorium „Paulus". Noch mehrere Male ließ er sich gern aus Leipzig an den Weimarer Hof rufen. Als Zehnjähriger hatte er dem greisen Goethe einen Klavierauszug der Fünften Sinfonie von Beethoven vorgespielt und damit mehr Verwunderung als Bewunderung geerntet.

Allein in der Musik gelang es Weimar, dem Ruf eines faden Epigonentums zu entgehen. Im November 1841 konzertierte Franz Liszt zum erstenmal bei Hofe. Er wiederholte sein Konzert bei den Genasts, und auch die sechzigjährige Gräfin Heygendorf saß unter den Zuhörern. 1842 wurde Liszt zum Hofkapellmeister berufen. Er reiste allerdings viel als Konzertvirtuose, residierte aber auch mehrere Jahre mit seiner Lebensgefährtin, der Gräfin Carolyne von Sayn Wittgenstein, der Mutter Cosima Wagners, auf der „Altenburg". Er machte das Weimarer Publikum früh mit dem Werk Richard Wagners, des anderen „Neutöners", bekannt, führte am 12. November 1848 die Ouvertüre zum „Tannhäuser" und am 16. Februar 1849 die ganze Oper auf. Der Komponist und Revolutionär erschien am 13. Mai 1849, aus Dresden kommend, als Flüchtling in der Altenburg. Steckbrieflich gesucht, mußte er sechs Tage später mit einem falschen Paß, den Liszt besorgt hatte, die Residenz wieder verlassen. Sein „Lohengrin" kam 1851 nicht recht an. Mit Genasts Hilfe versuchte Liszt, dem Werk durch Streichungen zu mehr Gunst zu verhelfen. 1852 machte Liszt die Musik seines französischen Kollegen Hector Berlioz durch eine eigens ihr gewidmete Woche in Weimar bekannt. Doch 1858 führten schwerwiegende Differenzen mit dem neuen, seit 1853 regierenden Großherzog Carl Alexander dazu, daß Liszt sein Amt niederlegte. Erst 1867 kehrte der Virtuose und Tondichter, der mit seiner symphonischen Dichtung „Tasso" an Goethe angeknüpft hatte, aus Rom, wo er die niederen Priesterweihen empfangen hatte, nach Weimar zurück. Bis zu seinem Tod 1886 in Bayreuth bewohnte er ab 1869 die ehemalige Hofgärtnerei am Park, wenn ihn sein Reiseleben nicht in die römische Villa d'Este oder in die Musikakademie am Budapester Fischmarkt entführte.

Großherzog Carl Alexander, gleichaltrig mit Walther von Goethe, hatte in seiner Kindheit viel Zeit mit Goethes Enkeln verbracht und die Sammlungen das Hauses am Frauenplan kennengelernt. Dennoch stand er dem geistigen Erbe, das sein Großvater Carl August hatte gedeihen lassen, noch ferner als Carl Friedrich. Sein Jähzorn war bei Hofe gefürchtet. Bei den Untertanen fand er kaum Sympathie. Der Sohn Maria Pawlownas war ein Vetter des Zaren Alexander II., den am 1. März 1881 ein Attentat der Narodnaja wolja tötete.

Nach einem Militärdienst, der ihn ab 1839 als preußischen Kürassieroffizier in Breslau hielt, heiratete er 1842 Prinzessin Sophie von Oranien. Unvergeßlich war ihm eine Italienreise nicht durch Eindrücke der Kunst, sondern durch Vergnügungen. Als Schwager Wilhelms I., des preußischen Königs, den Bismarck am 18. Januar 1871 im Spiegelsaal von Versailles zum deutschen Kaiser proklamierte, stand er Preußen und dem preußisch dominierten Reich besonders nahe. Der greise Franz Grillparzer, in Österreich, das seine Ausgrenzung freilich selbst mitbetrieben hatte, ein Dichter von Goethes Rang, rief betroffen: „Ihr glaubt, ihr habt ein Reich gegründet, und ihr habt ein Volk zerstört!"

Carl Alexanders Bekenntnis zu Goethe klingt platt: „Ich könnte alles entbehren, nur Goethe nicht!" Wie hinter der Regierung seines Vaters unschwer die seiner Mutter zu erkennen war, so wirkte hinter allem, was in der Pflege der Weimarer Klassik seinen Namen trägt, die Hand seiner Frau, der Großherzogin Sophie, die als ernst, wahrhaftig und unbestechlich geschildert wird. 1859, zum hundertsten Geburtstag des Dichters, wird er Protektor der Schiller-Stiftung, 1864 Schirmherr der Deutschen Shakespeare-Gesellschaft. 1885 begibt sich die Goethe-Gesellschaft unter seine Fittiche, im Jahr darauf das Goethe-Nationalmuseum. Als am 18. April 1885 Walther von Goethe, der letzte Nachfahr des Dichters, kinderlos starb, wurde Großherzogin Sophie von Sachsen-Weimar-Eisenach Erbin des Nachlasses, in den die beiden Goethe-Enkel, seit 1844 seine Verwalter, nur sehr selten Besuchern oder Forschern Einblick gewährt hatten. Großherzogin Sophie verkündete nach der Testamentseröffnung: „Ich habe geerbt, und Deutschland und die Welt soll mit mir erben." In diesem Ruf, der das Signal zur Gründung eines umfassenden Archivs wurde, fanden das geistige und das dynastische

Erbe wieder zueinander – zu einem Zeitpunkt, an dem sie sich fast unerreichbar voneinander entfernt hatten. Noch im selben Monat wurde Goethes Nachlaß ins Stadtschloß überführt. Eine Handskizze der Großherzogin diente als Grundlage für den Entwurf eines Archivgebäudes. Am 28. Juni 1896 wurde es eingeweiht. Ankäufe, Schenkungen und Stiftungen hatten die Bestände bereits erweitert. Schillers Nachkommen, vertreten durch die Freiherren Ludwig und Alexander von Gleichen-Rußwurm, übergaben dem Archiv den bis dahin schlecht gelagerten Nachlaß Schillers. Andere Nachlässe, so der Hebbels, und Teilnachlässe kamen hinzu. Neben dem Goethe-Nationalmuseum und dem Schiller-Nationalmuseum ist das Goethe-Schiller-Archiv seit über hundert Jahren die Heimstatt des geistigen Erbes, das man als Weimarer Klassik bezeichnet.

Auf eigentümlichen und widersprüchlichen Wegen ist auch der Nachlaß Friedrich Nietzsches ins Goethe-Schiller-Archiv gelangt. Nietzsche fühlte sich gern als geistiger Nachfahr Goethes. Einer seiner Verwandten war Herders Nachfolger geworden. Seine Kritik des paulinischen Christentums hat manche Ähnlichkeit mit Carl Augusts letzten Worten an Alexander von Humboldt. Fragen, die Goethe noch in sein den Zeitgenossen rätselhaft anmutendes Wesen gehüllt hatte, stellte er der europäischen Kultur bestürzend offen. Als seine Mutter, die den seit Anfang 1889 geistig umnachteten Philosophen gepflegt hatte, 1897 starb, zog seine Schwester Elisabeth Förster-Nietzsche, mit der er wegen der antisemitischen Ausfälle vor allem ihres Ehemannes längst gebrochen hatte, mit dem Kranken nach Weimar in die „Villa Silberblick". Der Versuch der ehrgeizigen, halbgebildeten unlauteren Schwester eines großen gebrochenen Geistes, sich im geistigen Erbe Weimars einzunisten, nahm einen peinlichen bis skandalösen Verlauf. Sie fälschte mit Nietzsches Sekretär Peter Gast Teile des Nachlasses, gründete ein „Nietzsche-Archiv", diente sich damit den Nationalsozialisten an, wurde Gastgeberin Hitlers und hißte 1933 die Hakenkreuzflagge. Eine historisch-kritische Nietzsche-Ausgabe gedieh nicht über die Jugendschriften hinaus. 1935 wurde die Fälscherin im Beisein ihres Führers auf dem Kirchhof Röcken neben dem großen Bruder begraben: Auch Gräber können lügen. Der Streit über ein Einvernehmen, das es niemals gab, ist bis heute nicht beendet. Während das Werk des Philosophen in einer anderen Diktatur noch unerwünscht war bis an die Grenze des Verbots, erarbeiteten die beiden italienischen Forscher Giorgio Colli und Mazzino Montinari in den Beständen des Nietzsche-Nachlasses, der sich inzwischen im Goethe-Schiller-Archiv Weimar befindet, die heute gültige Kritische Studienausgabe von Nietzsches Sämtlichen Werken. Aus dem Garten der Villa ist Buchenwald zu sehen. Als Gesunder wäre Nietzsche, der die barbarischen Rückfälle des 20. Jahrhunderts, seine blutigen Diktaturen voraussagte, von den Nazis wegen zahlreicher Äußerungen über den unverzichtbaren Beitrag der Juden zu unserer Kultur eingesperrt worden, als Kranker der Euthanasie zum Opfer gefallen.

Das dynastische Erbe ging den Weg aller kleinen deutschen Monarchien am Ende des großmannssüchtigen wilhelminischen Kaiserreiches. Großherzog Wilhelm Ernst, Neffe und Nachfolger des 1901 verstorbenen Carl Alexander, geboren 1876, mußte nach der Novemberrevolution 1918 „für alle Zeit auf den Thron und die Thronfolge im Großherzogtum Sachsen-Weimar-Eisenach" verzichten. Er starb 1923 in Heinrichau in Schlesien. Während der Weimarer Republik stützte die Fürstliche Schatullverwaltung das Goethe-Schiller-Archiv weiter mit 32 % der Kosten, an denen sich das Land Thüringen, dessen Hauptstadt Weimar geworden war, mit 48 % und die Goethe-Gesellschaft mit 20 % beteiligten.

Heute ist Weimar weder die Hauptstadt eines Landes noch die Residenz eines Fürsten. Als Prinz Michael Benedikt, ein 1946 in Bamberg geborener Nachfahr des Großherzogs Carl August von Sachsen-Weimar-Eisenach, 1987 seine Tochter Leonie Mercedes in der Herderkirche taufen ließ, bewegte ihn sicher nicht nur die Erinnerung an das dynastische Erbe zu diesem Schritt, sondern auch das Ansehen, das die Stadt seiner Vorväter mit ihrem geistigen Erbe erworben hatte. Mit diesem Erbe ist Weimar 1999 „Kulturstadt Europas".

VERZEICHNIS WICHTIGER PERSONEN

258

ZEITTAFEL

1756, 16. März, Hochzeit Ernst August II. Constantins von Sachsen-Weimar-Eisenach mit Anna Amalia von Braunschweig-Wolfenbüttel.

1756, 24. März, Einzug des Paares in Weimar.

1756, 29. August, Beginn des Siebenjährigen Krieges.

1757, 30. Januar, Louise Auguste von Hessen-Darmstadt, die spätere Gemahlin Carl Augusts, geboren.

1757, 3. September, Carl August geboren.

1758, 28. Mai, Tod des Vaters Ernst August II. Constantin.

1758, 8. September, Geburt des Bruders Constantin.

1759, 9. Juli, Anna Amalia wird Vormundschaftsregentin von Sachsen-Weimar-Eisenach. 30. August, Regierungsantritt.

1761 Sachsen-Weimar-Eisenach muß Preußen Truppen zur Verfügung stellen.

1761, 3. September, Einstellung des Grafen Görtz als Prinzenerzieher.

1763, 15. Februar, Ende des Siebenjährigen Krieges mit dem Frieden von Hubertusburg.

1763 Carl August spricht als Sechsjähriger zum Landtag.

1765 Besuch des Erbprinzen in Eisenach.

1771, 27. März, Carl August wird konfirmiert.

1771, 7. Juni, Gespräch Friedrichs II. mit Carl August in Salzdahlum.

1771, 5. Dezember, Louise Auguste von Hessen-Darmstadt konfirmiert.

1772 Christoph Martin Wieland wird als Fürstenerzieher in Weimar gewonnen.

1772, 29. September, Übersiedlung Wielands nach Weimar.

1773, 17. Juli, Dienstantritt Wielands.

1774, 6. Mai, Brand des Weimarer Schlosses.

1774, Oktober, Carl Ludwig von Knebel wird Erzieher des Prinzen Constantin.

1774, 8. Dezember, Abreise der Prinzen mit Knebel nach Paris.

1774, 11. Dezember, Besuch bei Goethe in Frankfurt.

1774, 19. Dezember, Verlobung Carl Augusts mit Louise Auguste von Hessen-Damstadt.

1775, 28. Februar, Ankunft in Paris.

1775, 7. März, Audienz bei Ludwig XVI. und Marie Antoinette.

1775, 9. Mai, Abschiedsaudienz am königlichen Hof.

1775, 12. Mai, Abreise.

1775, 22. Mai, Karlsruhe, Wiederbegegnung Carl Augusts mit Louise, erneute Begegnung mit Goethe.

1775, 20. Juni, Rückkehr der Prinzen nach Weimar.

1775, 30. Juni, Entlassung des Grafen Görtz.
1775, 3. September, Volljährigkeit Carl Augusts und Beginn seiner Regierung.
1775, 18. September, Abreise nach Karlsruhe.
1775, 3. Oktober, Hochzeit Carl Augusts und Louises.
1775, 17. Oktober, Einzug des herzoglichen Paares in Weimar.
1775, 7. November, Ankunft Goethes in Weimar.
1776, März/April, Goethes Reise nach Leipzig.
1776, 21. April, Goethe bezieht sein Gartenhaus.
1776, 11. Juni, Goethes Aufnahme ins Geheime Consilium.
1776, 1. Oktober, Ankunft Herders in Weimar.
1776, 16. November, Corona Schröter kommt nach Weimar.
1779, 3. Februar, Geburt der Prinzessin Louise Auguste Amalie.
1779, 12. September–14. Januar 1780 Reise Carl Augusts mit Goethe nach Südwestdeutschland und in die Schweiz. Im November Besuch bei Lavater in Zürich.
1781, 10. September, Totgeburt einer Prinzessin.
1781–1783 Kavalierstour des Prinzen Constantin nach Zürich, Paris und London.
1783, 2. Februar, Geburt des Erbprinzen Carl Friedrich.
1784, 3. Februar, Tod der Prinzessin Louise Auguste Amalie.
1785, 8. Juli, Dreikurfürstenbund.
1785 Erstes Angebot an Carl August, als Militär in preußische Dienste zu treten.
1785, 29. August, Beitritt Sachsen-Weimar-Eisenachs zum „Haupttraktat" des Dreikurfürstenbundes.
1786–1788 Goethe in Italien.
1786, 18. Juli, Geburt der Prinzessin Caroline.
1787, 25. September, Eintritt Carl Augusts als Generalmajor in preußische Dienste.
1787, 16. Dezember, Ernennung zum Chef des Kürassierregiments Nr. 6 „von Rohr".
1788, Februar, und in den Jahren darauf steht Carl August als Generalmajor Herzog von Weimar, meist April/Mai und September/Oktober in Aschersleben.
1789, 12. April, Totgeburt eines Prinzen.
1790, 27. Juli, Vertrag von Reichenbach, Ende des Fürstenbundes.
1790, 17. August, Ernennung Carl Augusts zum Inspekteur der Magdeburgischen Kavallerie.
1791, 27. August, Deklaration von Pillnitz.
1791, 5. April, Goethe wird Schauspieldirektor in Weimar.
1791–1797 Bau des Römischen Hauses.
1792, 20. April, Kriegserklärung Frankreichs an Österreich.
1792, 19. Juli, Auszug Jenaischer Studenten nach Nohra.
1792–1797 Erster Koalitionskrieg gegen Frankreich.

1792, 30. Mai, Geburt des Prinzen Carl Bernhard.
1792, 25. Juli, Manifest des Herzogs von Braunschweig in Koblenz.
1792, 20. September, Kanonade von Valmy.
1792, 22. Oktober, Mainz von französischen Truppen besetzt.
1793, 10. April bis 23. Juli, Belagerung von Mainz.
1793, 6. September, Tod des Prinzen Constantin.
1794, 1. Januar, Beförderung Carl Augusts zum preußischen Generallieutenant.
1794, 2. Februar, Erste Entlassung aus dem preußischen Militärdienst auf eigenen Wunsch.
1796, 18. Januar, Geburt des unehelichen Sohnes Carl Wilhelm.
1797, 18. Februar, Debüt der Caroline Jagemann in Weimar.
1798, 21. August, Carl August wird Generalinspekteur der Magdeburgischen Kavallerie unter dem preußischen König Friedrich Wilhelm III.
1801, 20. Dezember, Beginn der Liaison mit Caroline Jagemann.
1802, 21. Mai, Carl August wird General der Kavallerie.
1803, 1. August, Die Herzogliche Familie bezieht das wiederaufgebaute Schloß.
1804, 3. August, Heirat des Erbprinzen Carl Friedrich mit Maria Pawlowna, der Schwester des Zaren Alexander I. und Enkelin Katharinas II.
1806, 20. September, Ernennung Carl Augusts zum Kommandeur der preußischen Avantgarde.
1806, 14. Oktober, Doppelschlacht bei Jena und Auerstädt, 15. Oktober, Napoleon in Weimar. Carl August zieht von Ilmenau über Arnstadt nach Erfurt. Rückzug nach Braunschweig, Norddeutschland und Berlin.
1806, 24. Oktober, Zweite Entlassung Carl Augusts aus dem preußischen Militärdienst.
1806, 24. Dezember, Beitrittserklärung Sachsen-Weimar-Eisenachs zum Rheinbund.
1807, 29. Januar, Aufnahme Sachsen-Weimar-Eisenachs in den Rheinbund.
1807, 18. Juli, Treffen Carl Augusts mit Napoleon in Dresden.
1808, 26. September bis 14. Oktober, Napoleon zum „Fürstentag" in Erfurt.
1808, 6. Oktober, Napoleon in Weimar.
1809, 25. Januar, Caroline Jagemann wird Frau von Heygendorf.
1809 Die Vereinheitlichung der landesständischen Verfassungen von Weimar und Eisenach bildet die Vorstufe zu einer Verfassung für Sachsen-Weimar-Eisenach.
1812, 19. Mai, Unterredung Carl Augusts und Napoleons in Dresden.
1813, 11. bis 18. April, Weimar preußisch besetzt.
1813, 16. Oktober, Nach der Völkerschlacht bei Leipzig besetzen Russen Weimar.
1813, 24. Oktober, Zar Alexander I. in Weimar.
1813, 11. November, Beitritt Sachsen-Weimar-Eisenachs zu den Verbündeten.
1813–1815 Teilnahme Carl Augusts an den Befreiungskriegen und am Wiener Kongreß.

1814 Carl August Gouverneur in den Niederlanden. Frühjahr in Paris. Sommer in England. Am 1. September wieder in Weimar.

1814, 17. September, Carl August trifft zum Wiener Kongreß in der Donaumetropole ein.

1815, 11. Februar, Erhebung Carl Augusts zum Großherzog. Sein Sohn Carl Friedrich wird damit Erbgroßherzog.

1815, 1. Juni, Abkommen Sachsen-Weimar-Eisenachs mit Preußen und Rußland über neue Grenzen des Großherzogtums.

1815, 8. Juni, Unterzeichnung der Bundesakte in Wien.

1815, 22. September, Vertrag zwischen Sachsen-Weimar-Eisenach und Preußen.

1815, 26. September, Bildung der „Heiligen Allianz" zwischen Franz I., Alexander I. und Friedrich Wilhelm III.

1815, 18. Oktober, Erneuerung des Hausordens der Wachsamkeit oder vom weißen Falken durch Großherzog Carl August.

1816, 20. Januar, Tod der Prinzessin Caroline.

1816, 5./6. Mai, Erste ständische Verfassung in Sachsen-Weimar-Eisenach.

1816, 30. Mai, Heirat des Prinzen Bernhard mit Ida von Sachsen-Meiningen.

1817, 18. April, Rücktritt Goethes von der Schauspieldirektion.

1817, 18. Oktober, Wartburgfest in Eisenach.

1818, 24. Juni, Geburt des Erbprinzen Carl Alexander.

1818, November, Besuch des Zaren Alexander I. in Weimar.

1819, 23. März, Ermordung des weimarischen Theaterdichters August von Kotzebue durch den ehemaligen Jenaer Studenten und Burschenschaftler Sand in Mannheim.

1819, 20. September, „Karlsbader Beschlüsse".

1820, 15. Mai, „Schlußakte von Wien".

1822, 15. September, Carl August übernimmt das 8. Kürassierregiment.

1823, Ende August, Carl August wirbt für Goethe um Ulrike von Levetzow.

1825, 21./22. März, Brand des Weimarer Theaters.

1825, 3. September, Feier zum 50-jährigen Regierungsjubiläum Carl Augusts.

1825, 7. November, Carl August gratuliert Goethe zum 50-jährigen Dienstjubiläum.

1825–1826 Amerikareise des Prinzen Bernhard.

1828, 14. Juni, Carl August stirbt auf Schloß Graditz bei Torgau. 15. Juni, Testamentseröffnung. 9. Juli, Beisetzung in der Fürstengruft.

LITERATURVERZEICHNIS (Auswahl)

Andreas, Willy: Carl August von Weimar. Ein Leben mit Goethe. Stuttgart 1953.

Andreas, Willy: Aus der Kindheit Carl Augusts von Weimar. In: Archiv für Kulturgeschichte XXX, Weimar 1941.

Andreas, Willy: Erziehungspläne für Carl August von Weimar. In: Archiv für Kulturgeschichte XXVIII, Weimar 1938.

Andreas, Willy: Kämpfe und Intrigen um den Regierungsantritt Carl Augusts von Weimar. Historische Zeitschrift, Band 169, 1949.

Andreas, Willy: Carl August von Weimar in und nach der Kampagne in Frankreich. Sitzungsbericht der Bayr. Akademie der Wissenschaften, 1954/5.

Andreas, Willy, Goethe und Carl August während der Belagerung von Mainz 1793. Sitzungsberichte der Bayr. Akademie der Wissenschaften 1955.

Andreas, Willy: Carl August von Weimar und Napoleon. Leipzig 1942.

Andreas, Willy/Tümmler, Hans (Hsg.): Politischer Briefwechsel des Herzogs und Großherzogs Carl August von Weimar, 3 Bände. 1954-1958.

Aretin, Karl Otmar Frh. von: Höhepunkt und Krise des deutschen Fürstenbundes. Die Wahl Dalbergs zum Coadjutor von Mainz (1787). In: Historische Zeitschrift, Band 183, 1963, S. 36-73.

Bailleu, Paul: Der Ursprung des deutschen Fürstenbundes. In: Historische Zeitschrift, Band 41, 1879, S. 410-433.

Bailleu, Paul: Herzog Carl August, Goethe und die ungarische Königskrone. In: Goethe-Jahrbuch, Band 20, 1899, S. 144-152.

Bahls, Georg: Carl August von Weimar als Soldat. Berlin-Charlottenburg 1931.

Bamberg, Eduard von (Hsg.): Die Erinnerungen der Karoline Jagemann. Nebst zahlreichen unveröffentlichten Dokumenten aus der Goethezeit. Dresden 1926.

Bergmann, Alfred: Carl-August-Bibliographie. Jena 1933 (= Jenaer Germanistische Forschungen, hsg. von Albert Leitzmann, Band 20).

Bergmann, Alfred (Hsg.): Briefe des Herzogs Carl August von Sachsen-Weimar an seine Mutter, die Herzogin Anna Amalia (Oktober 1774 bis Januar 1807). Jena 1938.

Bergmann, Alfred/Maltzahn, Helmut von: Carl Augusts Begegnungen mit Zeitgenossen. Ein Bild seiner Persönlichkeit in Briefen und Berichten. Weimar 1933.

Bergmann, Alfred: Krankheit und Tod des Prinzen Constantin von Sachsen-Weimar. In: Zeitschr. des Vereins für thüringische Geschichte, NF., Band 31, Jena 1935, S. 160-170.

Bessenrodt, Otto: Die äußere Politik der thüringischen Staaten von 1806 bis 1815. Mühlhausen (Thür.) 1925.

Biedrzynski, Effi: Goethes Weimar. Das Lexikon der Personen und Schauplätze. Zürich 1993.

Blesken, Hans: Der Landtag im Großherzogtum Sachsen-Weimar-Eisenach vom Erlaß des Grundgesetzes (1816) bis zum Vorabend der Revolution von 1848. In: Zeitschr. des Vereins für thüringische Geschichte, Band 38, N.F. Band 30, 1933, S. 117–214.

Bode, Wilhelm: Karl August von Weimar, Jugendjahre. Berlin 1913.

Bode, Wilhelm: Der Weimarische Musenhof. Berlin 1925.

Bode, Wilhelm: Damals in Weimar. Leipzig 1922.

Bode, Wilhelm: Charlotte von Stein. Berlin 1927 (1926).

Bode Wilhelm: Goethes Liebesleben. Leipzig 1996.

Bode, Wilhelm (Hsg.): Goethe in vertraulichen Briefen seiner Zeitgenossen. Berlin und Weimar 1979.

Böthlingk, Arthur: Die holländische Revolution 1787 und der deutsche Fürstenbund. Mit besonderem Bezug auf Carl August von Sachsen-Weimar. Bonn 1874.

Bojanowski, Eleonore von: Louise Großherzogin von Sachsen-Weimar und ihre Beziehungen zu den Zeitgenossen. Nach größtenteils unveröffentlichten Briefen und Niederschriften. Stuttgart 1903.

Bojanowski, Paul von: Sophie, Großherzogin von Sachsen. Braunschweig 1898.

Bradish, Joseph A. von: Goethes Beamtenlaufbahn. New York 1937.

Brandenburg, Erich: Die Ahnen Carl Augusts von Weimar, Generation I bis XIII. Abhandlungen der Sächsischen Akademie der Wissenschaften, Philos.-Histor. Klasse, Band XLIV, Nr. 4, Leipzig 1943.

Braun, Paul: Die Franzosen in Weimar. In: Thüringisch-sächsische Zeitschr. f. Geschichte und Kunst, Band 10, Halle 1920.

Burg, Paul: Leben und Lieben des Herzogs Carl August von Weimar. Weimar 1928.

Carl August, Großherzog von Sachsen-Weimar. Niederschriften, hsg. von Paul von Bojanowski. O.O. 1902.

Carl August. Noch etwas über Napoleon. In: Jahrbuch der Sammlung Kippenberg, 6. Band, Leipzig 1926, S. 320 ff.

Carl-August-Büchlein, siehe Schöll, Adolf...

Conrady, Karl Otto: Goethe. Leben und Werk. München und Zürich 1994.

Crämer, Ulrich: Carl August von Weimar und der Deutsche Fürstenbund 1783–1790. Wiesbaden 1961.

Eckermann, Johann Peter: Gespräche mit Goethe. Berlin und Weimar 1962.

Egloffstein, Hermann Frh. von: Carl August auf dem Fürstentage in Dresden 1812. In: Deutsche Rundschau, Band 129 (1906).

Egloffstein, Hermann Frh. von: Carl Augusts Reise nach Paris und England 1814. In: Deutsche Rundschau, Band 136 (1908).

Egloffstein, Hermann Frh. von: Carl August während des Krieges von 1813. Berlin 1913.

Egloffstein, Hermann Frh. von: Carl August auf dem Wiener Kongreß. Festschrift zur Jahrhundertfeier des Bestehens des Großherzogtums Sachsen-Weimar-Eisenach. Jena 1915 (= Beiträge zur neueren Geschichte Thüringens, Band 3).

Ehrentreich, Hans: Die freie Presse in Sachsen-Weimar von den Freiheitskriegen bis zu den Karlsbader Beschlüssen. Halle 1907 (= Hallesche Abhandlungen zur mittleren und neueren Geschichte, Heft 5).

Eissler, K.R.: Goethe. Eine psychoanalytische Studie 1775–1786. Basel und Frankfurt/Main 1983.

Fellmann, Walter: Maitressen. Leipzig 1994.

Fischer, Paul (Hsg.): Goethe-Wortschatz. Leipzig 1929.

Franz, Günther: Johann Heinrich Merck als landwirtschaftlicher Berater des Herzogs Carl August. In: Staat und Gesellschaft im Zeitalter Goethes. Festschrift für Hans Tümmler zu seinem 70. Geburtstag. Köln und Wien 1977, S. 255–277.

Friedenthal, Richard: Goethe. Sein Leben und seine Zeit. München 1963.

Geppert, Ernst-Günther: Die Herkunft, die Gründer und die Namen der Freimaurerlogen in Deutschland seit 1737. Hamburg 1976.

Geschichte der Universität Jena 1548/58–1958.Festgabe zum vierhundertjährigen Universitätsjubiläum, hsg. von M. Steinmetz. 2 Bände. Jena 1958 und 1962.

Geschichte der Stadt Weimar, hsg. von Gitta Günther und Lothar Wallraf. Weimar 1976.

Germar, Bruno von: Napoleon I. und Carl August von Weimar. Ruhla 1912.

Goethe, Johann Wolfgang von: Berliner Ausgabe. Berlin und Weimar 1965 ff.

Goethe, Johann Wolfgang von: Briefe an Charlotte von Stein, 2 Bände. Berlin 1960.

Golz, Jochen: Das Goethe- und Schiller-Archiv in Geschichte und Gegenwart. In: Das Goethe- und Schiller-Archiv 1896–1996. Weimar, Köln, Wien 1996, S. 13–70.

Gothe, Rosalinde: Goethe, Carl August und Merck. Zur Frage der Reformansätze im Agrarbereich. In: Goethe-Jahrbuch, Band 100, Weimar 1983.

Graevenitz, G. von, Die Trilogie der Leidenschaft. In: Goethe-Jahrbuch, Band 29, Frankfurt/Main1908.

Griewank, Karl: Die politische Bedeutung der Burschenschaft in den ersten Jahrzehnten ihres Bestehens. In: Wiss. Zeitschr. der Friedrich-Schiller-Universität, Jena 1952/53, S. 27–35.

Hahn, Karl-Heinz: Im Schatten der Revolution. Goethe und Jena im letzten Jahrzehnt des 18. Jahrhunderts. In: Jahrbuch des Wiener Goethe-Vereins, Band 81–83 (1977–1979).

Hammerich, Louis L.; Großherzogin Louise von Sachsen-Weimar – eine politische, keine schöne Seele. Zwei kleine Goethestudien. Kobenhavn 1962.

Hartung, Fritz: Das Großherzogtum Sachsen-Weimar unter der Regierung Carl Augusts 1775–1825. Weimar 1923.

Hartung, Fritz: Carl August von Weimar als Landesherr. In: Historische Zeitschrift, Band 124, 1921.

Haupt, Hermann: Großherzog Carl August und Goethe in ihren Beziehungen zur Jenaischen Burschenschaft. In: Burschenschaftliche Blätter, Jg. 27 (1912/13).

Haussherr, Hans: Carl August in seinem politischen Briefwechsel. In: Goethe, NF. des Jahrbuchs der Goethe-Gesellschaft, Band 21 (1959), S. 212–222.

Heuschele, Otto: Herzogin Anna Amalia. Die Begründerin des weimarischen Musenhofes. München 1947.

Hosäus, Wilhelm: Großherzog Carl August und Goethe in ihren Beziehungen zu Herzog Leopold Friedrich Franz von Anhalt-Dessau. In: Mitteilungen des Vereins für Anhaltische Geschichte und Altertumskunde, Band 1, 1877.

Huschke, Wolfgang: Die Geschichte des Parkes von Weimar. Weimar 1951.

Huschke, Wolfgang: Unebenbürtige Sprossen Carl Augusts von Weimar. In: Familie und Volk, Jg. 6. Neustadt/Aisch 1957.

Janton, Anne Marie: Johann Caspar Lavater, Philosoph und Gottesmann, Schöpfer der Physiognomik. Zürich 1988.

Kieser, Dietrich Georg: Das Wartburgfest am 18. Oktober 1817. In seiner Entstehung, Ausführung und Folgen. Nach Actenstücken und Augenzeugnissen. Jena 1818.

Kindermann, Heinz: Theatergeschichte der Goethezeit, Wien 1948.

Klauss, Jochen: Carl August von Sachsen-Weimar-Eisenach. Fürst und Mensch. Sieben Versuche einer Annäherung. Weimar 1992.

Koch, Herbert: Der Auszug der Jenaischen Studenten nach Nohra am 19. Juli 1792. In: Wiss. Zeitschr. der Friedrich-Schiller-Universität Jena, Jg. 5, Gesellschafts- und Sprachwissenschaftliche Reihe, Heft 4/5.

Koch, Herbert: Geschichte der Stadt Jena. Stuttgart 1966.

Koenigsegg, Adda von: Fürstin im Schatten. Luise von Weimar. Leipzig und Berlin 1940.

Kühn, Hugo: Friedrich der Große und Carl August als Bahnbrecher der deutschen Einheit. Langensalza 1912.

Kühn, Hugo: Das Wartburgfest am 18. Oktober 1817. Zeitgenössische Darstellungen, archivalische Akten und Urkunden. Weimar 1913.

Kühnlenz, Fritz: Weimarer Porträts. Rudolstadt 1965.

Lyncker, Karl Freiherr von: Am Weimarischen Hof unter Amalien und Karl August. Einnerungen. Hsg. von Maria Scheller. Berlin 1912.

Maltzahn, Helmut von: Carl August von Weimar. Jena 1950.

Mann, Golo: Deutsche Geschichte des 19. und 20. Jahrhunderts. Frankfurt/Main 1958.

Marlo Werner, Charlotte: Goethes Herzogin Anna Amalia. Düsseldorf 1996.

Mentz, Georg: Aus den Papieren des Grafen Görtz, des Erziehers Carl Augusts. In: Beiträge zur thüringischen und sächsischen Geschichte. Jena 1929.

Müller, Friedrich von: Unterhaltungen mit Goethe. Weimar 1982.

Müller, Karl Alexander von: Karl Ludwig Sand. München 1925.

Müller-Harang, Ulrike: Das Weimarer Theater zur Zeit Goethes. Weimar 1991.

Muthesius, Karl: Lavater und Carl August. Zürich 1926.

Naumann, Martin: Karl Augusts Testamente. In: Das Thüringer Fähnlein 5/1936.

Olser, Karl: Zu Wielands Übersiedlung nach Weimar. In: Euphorion VIII, Leipzig und Wien 1901.

Salentin, Ursula: Anna Amalia, Wegbereiterin der Weimarer Klassik. Köln, Weimar und Wien 1996.

Schoell, Adolf: Carl-August-Büchlein. Lebenszüge, Aussprüche, Briefe, Anekdoten von Carl August, Großherzog von Sachsen-Weimar-Eisenach. Weimar 1857.

Schorn, Adelheid von: Das nachklassische Weimar unter der Regierungszeit Karl Friedrichs und Maria Paulownas. Weimar 1911.

Schorn, Adelheid von: Das nachklassische Weimar unter der Regierungszeit von Karl Alexander und Sophie. Weimar 1912.

Schrickel, Leonhard: Geschichte des Weimarer Theaters. Weimar 1928.

Schweitzer, Christian Wilhelm: Öffentliches Recht des Großherzogtums Sachsen-Weimar-Eisenach. Weimar 1825.

Sengle, Friedrich: Das Genie und Sein Fürst. Die Geschichte der Lebensgemeinschaft Goethes mit dem Herzog Carl August von Sachsen-Weimar-Eisenach. Stuttgart 1993.

Seuffert, Bernhard: Wielands Berufung nach Weimar. In: Vierteljahresschrift für Literaturgeschichte I/II. Weimar 1888/89.

Steiger, Günter: Ideale und Irrtümer eines deutschen Studentenlebens 1817 bis 1820. Jena 1966.

Stotzingen, Othmar Frh. von: Beiträge zur Jugendgeschichte Karl Augusts von Sachsen-Weimar. In: Jahrbuch des Freien Deutschen Hochstifts. Frankfurt/Main 1910.

Stümcke, Heinrich: Corona Schröter. Bielefeld 1926.

Troebs, Fritz: Die Weimarer Erbfolgepolitik in der Zeit Carl Augusts. Jena 1931.

Tümmler, Hans: Carl August von Weimar, Goethes Freund. Eine vorwiegend politische Biographie. Stuttgart 1978.

Tümmler, Hans: Freiherr von Stein und Carl August von Weimar. Köln und Berlin 1974.

Tümmler, Hans: Herzog/Großherzog Carl August von Sachsen-Weimar-Eisenach. Förderer und fürstlicher Mittelpunkt der deutschen Klassik. Bonn 1989.

Tümmler, Hans: Carl August und die Wahl Dalbergs zum Koadjutor von Mainz. In: Jahrbuch der Akademie gemeinnütziger Wissenschaft zu Erfurt, Heft 55, 1941.

Tümmler, Hans: Fürstenbund und kleindeutscher Reichsgedanke. In: Vergangenheit und Gegenwart, Jg. 32, Leipzig und Berlin 1932.

Vehse, Eduard: Der Hof zu Weimar. Leipzig 1991.

Virck, Hans: Carl August und die deutsche Politik. Weimar 1915.

Wahl, Hans: Carl August von Weimar. Ein Leben in Briefen. Weimar 1928.

Wahl, Hans (Hsg.): Carl August von Sachsen-Weimar-Eisenach in seinen Briefen. Weimar 1918.

Wahl, Hans: Carl Augusts letzte Reise. In: Jahrbuch der Sammlung Kippenberg, Band 7 (1927/28), S. 75–103.

Wahl, Hans: Die Bildnisse Carl Augusts von Weimar. Weimar 1925.

Weigelt, Horst: Lavater und die Stillen im Lande. Göttingen 1988.

Weimar im Urteil der Welt. Berlin und Weimar 1977.

Wentzcke, Paul: Geschichte der deutschen Burschenschaft, Band 1: Von der Frühzeit bis zu den Karlsbader Beschlüssen. Heidelberg 1919, 1966.

Zeiß, Gustav: Der Großherzog Carl August als Freimaurer. Zur Säkularfeier des Großherzogs Carl August in der Loge Amalia zu Weimar am 1. September 1857. Als Manuskript für Brüder.

BILDNACHWEIS

Stiftung Weimarer Klassik:
Umschlag, Abb. 1, 2, 3, 7, 8, 9, 10, 11, 13, 14, 15, 16, 17, 18, 19, 20, 21, 23, 24, 25, 26, 27, 28, 34, 35, 36, 37, 39

Kunstsammlungen zu Weimar:
Abb. 22, 33

Goethe-Museum Düsseldorf:
Abb. 5, 6, 12, 31, 32

Wartburg-Stiftung Eisenach:
Abb. 38

Archiv für Kultur und Geschichte:
Abb. 30

Stadtmuseum Weimar:
Abb. 29

Niedersächsisches Staatsarchiv Wolfenbüttel:
Abb. 4

Ursula Salentin

Anna Amalia

Wegbereiterin der Weimarer Klassik

1996. 236 Seiten. 40, teils farbige Abbildungen.
Gebunden mit Schutzumschlag.
ISBN 3-412-11595-9

Ohne sie hätte die Weimarer Klassik nie stattgefunden. Anna Amalia, Nichte Friedrichs des Großen und Herzogin von Sachsen-Weimar-Eisenach, gilt als das charismatische Zentrum des Weimarer Hofes. Sie holte Wieland als Prinzenerzieher in ihre Residenz, unterhielt freundschaftliche Kontakte zu Goethe und Herder. Ursula Salentin zeichnet ein lebendiges Bild dieser Fürstin, von der Goethe rückblickend sagte, sie habe Erhabenes verehrt, Schönes genossen, Gutes bewirkt und damit all das gefördert, was die Menschheit ehre, ziere und bestätige.

BÖHLAU VERLAG KÖLN WEIMAR WIEN

Theodor-Heuss-Str. 76, D - 51149 Köln

Jurij M. Lotman

Rußlands Adel

Eine Kulturgeschichte von
Peter I. bis Nikolaus I.

Aus dem Russischen von Gennadi Kagan

1997. V, 456 Seiten. 69 s/w Abbildungen.
Gebunden mit Schutzumschlag. ISBN 3-412-13496-1
(Bausteine zur Slavischen Philologie und Kulturgeschichte.
Neue Folge. Reihe A: Slavistische Forschungen, Band 21)

Wie erlebte der russische Adel das sogenannte goldene Zeitalter Rußlands? Wie reagierte die Adelsschicht auf die tiefgreifenden Umwälzungen im Rußland des 18. und beginnenden 19. Jahrhunderts, auf die Reformen Peters des Großen, die Erschütterungen der Napoleonischen Kriege und das Aufkommen moderner liberaler Geisteshaltungen? Welchen Anteil hatte der russische Adel am geistigen Leben und an der russischen Literatur, die in dieser Zeit zu einer seltenen Blüte gelangte?
Jurij M. Lotman, einer der bedeutendsten Kulturhistoriker Rußlands, beantwortet diese Fragen auf sehr anschauliche und lebensnahe Weise. Er richtet sein Augenmerk vor allem auf die konkrete Alltagswirklichkeit der Menschen und beschreibt ihre Rituale, ihren Habitus, ihre Frisuren, ihre Gesten und ihre Redeweise. Sein Buch führt in Kinderstuben und Ballsäle, auf Schlachtfelder und an die Kartentische, auf die Landsitze und an die Austragunsorte erbitterter Duelle. Es läßt uns an allem teilhaben, was das Leben dieser Menschen ausmachte, was sie fühlten, dachten, sich erträumten.

BÖHLAU VERLAG KÖLN WEIMAR WIEN
Theodor-Heuss-Str. 76, D - 51149 Köln

Carl Wilhelm
Heinrich Freiherr von Lyncker

Ich diente am Weimarer Hof

Aufzeichnungen aus der Goethezeit

Zum ersten Mal vollständig herausgegeben mit Anmerkungen und einem
biographischen Nachwort von Jürgen Lauchner

1997. 314 Seiten. 20 Abbildungen. Gebunden mit Schutzumschlag.
ISBN 3-412-05297-3

Carl Wilhelm Heinrich Freiherr von Lyncker diente zwischen 1780
und 1783 als Page am Weimarer Hof und kehrte später als Verwal-
tungsbeamter in verantwortungsvoller Stellung in dessen Dienste zurück. Gegen Ende seines Lebens schrieb er seine Erinnerungen an die
Tage unter Herzogin Anna Amalia und ihrem Sohn Carl August
nieder. Er wurde Zeuge von Weimars Aufstieg zum Zentrum des
deutschen Geisteslebens.
Wir hören, wie er die Ankunft solcher Geistesgrößen wie Goethe und
Herder erlebt, wie er an großen Hoffesten und Maskenbällen, Theateraufführungen und Landpartien teilnimmt. Aber auch die herzögliche
Heeresreform, die politische Arbeit und das kulturelle Leben in der
Residenz werden aus nächster Nähe geschildert.
Mit spitzer und oft ironischer Feder zeichnet Lyncker in seinen Erinnerungen ein scharfes Bild der Weimarer Hofgesellschaft. Doch bietet
der Text nicht nur eine amüsante Lektüre für all jene, die die Weimarer
Klassik lieben. In Ihrer Detailtreue und Unbefangenheit stellen die
Erinnerungen zugleich eine reiche kulturgeschichtliche Quelle dar, die
hier erstmals in einer vollständigen, ausführlich kommentierten Edi-
tion vorgestellt wird. In einem umfassenden biographischen Nachwort wird die bislang unbekannte Lebensgeschichte Lynckers nachge-
zeichnet und vor allem seine lebenslange Beziehung zu Goethe erhellt.

BÖHLAU VERLAG KÖLN WEIMAR WIEN
Theodor-Heuss-Str. 76, D - 51149 Köln

Geschichte
des sächsischen Adels

Im Auftrag der Sächsischen Schlösserverwaltung
herausgegeben von Katrin Keller und Josef Matzerath

1997. 383 Seiten. 92, zum Teil farbige Abbildungen.
Gebunden mit Schutzumschlag.
ISBN 3-412-16396-1

Die Geschichte des sächsischen Adels ist bislang fast ausschließlich
aus familiengeschichtlicher Perspektive geschrieben worden. Die viel-
fältigen politischen, gesellschaftlichen, ökonomischen und kulturellen
Aspekte adeliger Herkunft blieben dabei weitgehend unberücksich-
tigt. Der Band unternimmt nun erstmals den Versuch, dieses unzurei-
chend erforschte Themengebiet aus einem sozialhistorischen Erkennt-
nisinteresse heraus grundlegend zu erschließen.
Die Beiträge reichen inhaltlich von der Untersuchung des Ritterguts
als Basis adeliger Herrschaft und Ökonomie über die Rolle des land-
sässigen Adels in den Ständevertretungen bis hin zu mentalitäts- und
alltagsgeschichtlichen Fragestellungen. So wirft der Band einen Blick
hinter die Mauern adeliger Frauenstifte, berichtet von der Kavalierstour des 17. Jahrhunderts und gibt anschauliche Beispiele adeliger
Standeskultur. Den Zeitraum vom ausgehenden Mittelalter bis zur
Gegenwart behandelnd, entwirft das Buch ein umfassendes Panorama
adeligen Lebens in Sachsen.

BÖHLAU VERLAG KÖLN WEIMAR WIEN

Theodor-Heuss-Str. 76, D - 51149 Köln